REDUÇÃO DA POBREZA E DINÂMICAS LOCAIS

COLEÇÃO FGV PRÁTICA

REDUÇÃO DA POBREZA E DINÂMICAS LOCAIS

Ilka Camarotti e Peter Spink

organizadores

FGV EDITORA

ISBN — 85-225-0354-0

Direitos desta edição reservados à
EDITORA FGV
Praia de Botafogo, 190 — 14º andar
22253-900 — Rio de Janeiro — Brasil
Tel.: 0-XX-21-2559-5533 — Fax: 0-XX-21-2559-5541
e-mail: editora@fgv.br
http://www.fgv.br/publicacao

Impresso no Brasil / *Printed in Brazil*

1ª edição — 2001

Revisão de originais: Luiz Alberto Monjardim

Editoração eletrônica: Jayr Ferreira Vaz

Revisão: Fatima Caroni e Mauro Pinto de Faria

Capa: Tira linhas studio

Ficha catalográfica elaborada pela Biblioteca
Mario Henrique Simonsen/FGV

Redução da pobreza e dinâmicas locais / Organizadores Ilka Camarotti e Peter Spink. — Rio de Janeiro: Editora FGV, 2001.
328p. — (Coleção FGV Prática)

Inclui bibliografia.

1. Ação social — Brasil. 2. Pobreza — Brasil. 3. Brasil — Política social. I. Camarotti, Ilka. II. Spink, Peter, 1926- III. Fundação Getulio Vargas. IV. Série.

CDD-361.61

Sumário

Apresentação

A constatação de níveis alarmantes de pobreza no Brasil vem sendo amplamente divulgada na mídia escrita e televisiva. Dados estatísticos, fotografias e relatos sobre casos específicos ilustram o debate nacional em torno da necessidade de ações concretas para reduzir a pobreza e as desigualdades sociais. Reconhece-se que, lamentavelmente, a má distribuição de renda se mantém inalterada nos últimos 30 anos, e tal situação exige uma discussão mais voltada para as políticas distributivas e redistributivas no país. Como constatou um grupo de mais de 120 pesquisadores, militantes, técnicos, políticos e gestores públicos reunidos para refletir e analisar o impacto das soluções locais para a redução da pobreza, política econômica é também política social. Nessas discussões itinerantes, realizadas ao longo de três anos com o apoio da Fundação Ford, houve consenso de que existe também um espaço possível de atuação no âmbito local, especialmente quando se considera que a pobreza, na prática, se manifesta pelo acesso inexistente, precário ou desigual aos serviços públicos, configurando processos de exclusão social.

Sem dúvida, já houve uma grande sensibilização no tocante ao agravamento das condições de vida da maioria da população brasileira, seja pela imprensa, seja pelos institutos nacionais de estudos estatísticos, econômicos e sociais. Assistimos também a significativas mobilizações no Congresso Nacional e a numerosos debates públicos em torno da temática da pobreza e seu enfrentamento. Porém, faz-se ainda necessário chamar a atenção sobre as ações simples e concretas que emergem diariamente, do norte ao sul do país, revelando o fortalecimento da capacidade local de encontrar respostas para essas questões.

Há seis anos, o Programa Gestão Pública e Cidadania do Centro de Administração Pública e Governo, da Escola de Administração de Empresas de São Paulo, da Fundação Getulio Vargas, vem-se dedicando a identificar e disseminar práticas inovadoras implementadas com êxito por governos subnacionais brasileiros. Tais práticas não somente inovam em relação à provisão de serviços públicos, mas também contribuem para a construção da cidadania. O Programa é uma iniciativa da Fundação Getulio Vargas e da Fundação Ford, contando com o apoio do BNDES.

Foi esta a base utilizada para elaborar um projeto especial focalizando — entre as mais de 4 mil experiências registradas nos ciclos de premiação do Programa Gestão Pública e Cidadania — algumas das ações que parecem ter um impacto mais específico sobre a redução da pobreza, das desigualdades e da exclusão social. Nesse trabalho, assim como no Programa Gestão Pública e Cidadania, há importantes lições a serem aprendidas, desde ações simples e aparentemente óbvias, até aquelas que articulam recursos dos mais variados tipos por meio de novos arranjos institucionais. Na maioria das experiências, as organizações estatais trabalham em parceria, ora com outras organizações do mesmo setor, ora com organizações privadas e da sociedade civil e com notável envolvimento das comunidades locais. Saberes populares se juntam a conhecimentos técnicos e idéias práticas derivadas de outras experiências.

Com o apoio do escritório do Banco Mundial em Brasília, foram elaborados estudos de caso a fim de mostrar um pouco da diversidade dessas experiências e os impactos gerados. Em alguns dos casos apresentados, mecanismos complexos de relações interinstitucionais, redes de alianças e parcerias, e a articulação de múltiplas possibilidades de apoio podem parecer, quando descritos aqui, soluções impressionantes e bastante criativas, para além da capacidade organizacional normalmente encontrada no local das ações diárias. Mas, ao contrário, as experiências começaram no espaço do cotidiano e foram encontrando caminhos de ação num processo de tentativas, erros e acertos. Assim, as alianças e parcerias se manifestam pela busca de oportunidades e pela mobilização e o aproveitamento de recursos os mais variados.

No caso da Fundação Acesita, descrito por Heitor Battaggia, vemos o compromisso de uma fundação empresarial de promover o desenvolvimento social num território do qual ela é parte integrante. Essa fundação privada está presente no Vale do Aço, cidade de Timóteo, em Minas Gerais, exercendo uma ação complementar ao poder público no atendimento às necessidades básicas da população. Trabalhando em conjunto com o governo e as comunidades locais, a Fundação Acesita impulsiona — com sucesso — práticas de responsabilidade social nas mais diversas áreas, como educação, cultura e meio ambiente.

A experiência do Grupo Cultural Afro Reggae de Vigário Geral, retratada por Atila Roque, revela que a mobilização comunitária e os projetos voltados para a promoção dos jovens e de suas manifestações culturais podem ser instrumentos de transformação eficazes num ambiente social desprovido de equipamentos e serviços urbanos. Os moradores da favela de Vigário Geral são obrigados a conviver diariamente com a violência, o tráfico de drogas e o preconceito racial.

Nelson Alessio descreve a intervenção do governo do Amapá no apoio à organização social dos castanheiros para estimular a produção e comercialização da castanha-do-brasil e seus derivados. Aqui as alianças envolvem o governo e as cooperativas locais de produtores agroextrativistas na busca de relações mais justas de trabalho. A ênfase desse projeto está na articulação da cadeia produtiva, que envolve a extração, o processamento e a comercialização desse produto da floresta. O governo auxilia os castanheiros na organização da produção ao promover a transferência de tecnologias, o financiamento das atividades e a capacitação de pequenos produtores. Dessa forma o governo se contrapõe a velhas formas de organização produtiva da região, estabelecendo relações de trabalho igualitárias, ao mesmo tempo em que preserva a floresta e as culturas das populações tradicionais da Amazônia.

Do sertão do Araripe, extremo oeste do estado de Pernambuco, apresentamos as ações desenvolvidas pela organização não-governamental Caatinga. Este Centro de Assessoria e Apoio aos Trabalhadores e Instituições Não-Governamentais Alternativas trabalha com o desenvolvimento rural, gerando tecnologias para a convivência com o semi-árido. Contando com o apoio de agências internacionais e nacionais de desenvolvimento, ONGs, a Igreja Católica e universidades, o Caatinga produz soluções adaptadas à realidade do sertão nordestino. O relatório elaborado por Sevy Madureira demonstra que as parcerias podem estimular e garantir a sustentabilidade necessária à vitalidade de projetos de promoção da agricultura familiar.

Também de Pernambuco, mas da região metropolitana de Recife, é o Programa de Administração Participativa do Município de Camaragibe analisado por Jan Bitoun. Esse programa foi implementado em 1997 pela prefeitura e visa à construção de uma gestão pública participativa. A intenção é dividir a responsabilidade pela gestão do município entre a prefeitura e a população local. Há uma estratégia socioadministrativa que privilegia a participação de lideranças comunitárias nos processos decisórios e na prestação de serviços. Um dos resultados desse modelo de gestão é a universalização do acesso ao ensino fundamental e a redução da mortalidade infantil.

Belo Horizonte é outro exemplo de gestão participativa bem-sucedida. A política municipal de abastecimento e segurança alimentar da prefeitura de Belo Horizonte, descrita no estudo de Marco Teixeira, estimula o desenvolvimento da pequena produção rural, criando oportunidades de emprego e renda. Tal política visa a reduzir a pobreza no município, facilitando a aquisição de alimentos de qualidade a preços menores. O incentivo à produção e comercialização de alimentos e à defesa do consumo alimentar com ampla participação da sociedade legitima a ação da Secretaria Municipal de Abastecimento de Belo Horizonte e garante a continuidade administrativa, mesmo diante de possíveis mudanças no cenário eleitoral. Dividir responsabilidades e dialogar com os vários parceiros parece ser um bom caminho para a execução de políticas voltadas para atender às necessidades das populações pobres.

Experiências na área de microcrédito são freqüentemente lembradas nos debates sobre medidas para reduzir a pobreza. Assim, Caio Silveira analisa os Centros de Apoio a Pequenos Empreendedores (Ceapes) em dois estados brasileiros: Maranhão e Pernambuco. O estudo descreve os impactos gerados com o apoio creditício a pequenos empreendimentos. O sistema Ceape origina-se de um projeto-piloto desenvolvido pelo Fundo das Nações Unidas para a Infância (Unicef) cuja idéia inicial era melhorar a renda e o consumo das mulheres de famílias de baixa renda. Em 1987, o Ceape institucionalizou-se como entidade civil sem fins lucrativos, envolvendo organizações empresariais locais. Hoje, esses centros estão presentes em mais de 100 cidades brasileiras, e seu público-alvo são mulheres e homens, pequenos empreendedores, que não têm acesso ao crédito institucional e que têm na atividade autônoma uma alternativa de vida.

A construção de cooperativas e de formas alternativas de gestão está relatada em dois estudos de caso: o da Incubadora Tecnológica de Cooperativas Populares da Universidade Federal do Rio de Janeiro, realizado por Pedro Cláudio Cunca Bocayuva, e o da Associação Nacional de Trabalhadores em Empresas de Autogestão e Participação Acionária (Anteag), elaborado por Maria Magdalena Alves. Na iniciativa da UFRJ, a transferência de idéias de incubadoras tecnológicas para os projetos populares é uma estratégia de ação que se diferencia ao estabelecer uma nova relação entre a Universidade e a comunidade local. As incubadoras inovam como prática de extensão universitária e como conjunto de metodologias desenvolvidas para apoiar projetos de inclusão social e combate à pobreza, demonstrando que a redistribuição passa também pelo acesso aos espaços técnicos de conhecimento e qualificação. A experiência da incubadora foi disseminada e implantada em 13 universidades. Essas universidades estão estruturadas em forma de rede, dentro de um programa da Fundação Unitrabalho que reúne diferentes e variadas universidades brasileiras, aproximando grupos ligados à área do trabalho.

Com a experiência da Anteag percebe-se o papel relevante das organizações da sociedade civil como espaços de criatividade, de inovação e de experimentação, apontando soluções em face de universos de exclusão e de vulnerabilidade. A Anteag surgiu no início dos anos 1990 como resposta à inexistência de políticas voltadas para a geração de emprego, permitindo aos trabalhadores assumir o controle acionário e a gestão das empresas. O apoio e assessoria a projetos de autogestão estão no centro das atividades da Anteag, demonstrando que é possível estabelecer novas relações de trabalho e estimular a formação de atores capazes de liderar e implementar ações de desenvolvimento.

Completando o mosaico de experiências, há o caso da Câmara Regional do Grande ABC paulista. Pedro Jacobi descreve um novo modelo de gestão e planejamento regional, baseado na formação de redes sociais de caráter horizontal. A negociação e o consenso entre poder público e distintos atores da sociedade civil abrem um novo espaço de governabilidade, favorecendo o fortalecimento da democracia participativa e a ampliação da cidadania. A câmara é uma instituição não-formal envolvendo o governo do estado, sete prefeituras, parlamentares da região, empresários, profissionais liberais, sindicatos de trabalhadores, ambientalistas, organizações comunitárias e instituições sociais, com o objetivo de discutir — coletivamente — questões de natureza regional e problemas de desenvolvimento econômico, social e ambiental. A câmara mostra que atores diferenciados podem se articular e se mobilizar para implementar iniciativas de interesse geral.

A partir desses estudos de caso, promovemos em maio de 2000 um fórum de discussão sobre as realidades e os desafios das alianças para a redução da pobreza, visando a confrontar "saberes e fazeres" que emanam de diferentes ações locais. As lições aprendidas com os estudos desenvolvidos e com as discussões realizadas durante esse encontro demonstraram que há não só uma crescente tendência a estabelecer alianças e parcerias, mas também a necessidade de aprofundar as análises sobre seus alcances e suas contribuições. A atuação conjunta, quando eficaz, permite ampliar o controle social, contribuindo sobremaneira para a democratização e a transparência dos recursos a serem aplicados em determinado espaço territorial.

Diante dessa constatação, deve-se buscar uma arquitetura institucional mais adequada para o ambiente complexo em que o Estado está inserido nos dias atuais. Especialmente nos governos locais, espera-se que o Estado cumpra um papel mais regulador, coordenando uma ação múltipla e diversificada que envolve vários setores da sociedade civil, do mercado e das agências nacionais e até mesmo internacionais.

O que ficou claro com as discussões realizadas durante o fórum é que estamos à procura de novas redefinições do que é público e do que é privado, para assim recompor uma visão do social, do político e do territorial. Já estão emergindo várias políticas públicas que revelam uma nova filosofia de gestão e o compromisso do governo local de cooperar ativamente para a promoção e construção da cidadania.

A estratégia de ação a ser estimulada parece ser aquela que procura trabalhar o espaço territorial como agente de mudança e também como agente de desenvolvimento sustentável. Nessa ótica, é fundamental que o espaço de ação seja conduzido pela necessidade de construção de sujeitos e pela necessidade de construção de lógicas cooperativas que promovam a inclusão social.

O que também percebemos nas experiências analisadas é que houve a coragem de se trabalhar com a população de forma democrática, desde a formulação de idéias até o desenvolvimento das atividades. Em conseqüência, pode-se afirmar que há governos extremamente dinâmicos que dialogam abertamente com a sociedade. Há também ONGs e associações locais que inovam em experiências de ação direta, buscando articular amplas alianças no sentido de resolver velhos problemas que dizem respeito ao acesso a direitos universais básicos, como educação e saúde. Em todas as iniciativas bem-sucedidas que trabalham em parceria e que foram aqui analisadas existe a vontade e a disposição de aprender com a população, objeto da ação, e também com outras experiências que vêm apresentando respostas simples e eficazes de melhoria da qualidade de vida, fortalecimento do poder local e estímulo ao protagonismo social.

Por fim, gostaríamos de agradecer ao Banco Mundial, à Fundação Ford e ao BNDES pela possibilidade de pesquisar, debater e disseminar essas práticas locais de redução da pobreza no Brasil. Agradecemos ainda aos pesquisadores que foram a campo para conhecer e analisar o sucesso, os limites e os desafios dessas iniciativas, bem como aos colegas que nos ajudaram a identificar e selecionar as experiências aqui descritas, aos participantes dos nossos fóruns de discussão, à equipe do Programa Gestão Pública e Cidadania, e aos incansáveis e sinceros colaboradores que nos vêm acompanhando ao longo dos anos, permitindo a permanente e arejada troca de idéias. Queremos ainda transmitir um especial agradecimento aos homens e mulheres que estão presentes em cada página dos relatórios apresentados e cuja atuação, habilidade e competência demonstram que o conhecimento prático pode antecipar teorias e influenciar ações, favorecendo a implementação de políticas de interesse verdadeiramente público.

Ilka Camarotti e Peter Spink

CAPÍTULO 1

Fundação Acesita

Heitor Battaggia*

Na região do Vale do Aço, em Minas Gerais, essa instituição privada desenvolve diversos projetos nas áreas de educação, meio ambiente, cultura e ação comunitária, tornando-se uma referência em iniciativas sociais.

Introdução

A região onde se localiza a cidade de Timóteo, em Minas Gerais, iniciou seu primeiro ciclo de desenvolvimento econômico há apenas 50 anos. O Vale do Aço, como a região é conhecida por concentrar intensa atividade siderúrgica, apresenta uma topografia acidentada, que dificulta a atividade agrícola em larga escala, e passou imune ao ciclo do ouro vivido em Minas Gerais no século XVIII. O marco de seu desenvolvimento foi a instalação da Cia. de Aços Especiais de Itabira (Acesita), no final da década de 1940. O local foi escolhido pelos três sócios do empreendimento — Amynthas Jacques de Moraes, Percival Farqhuar e Athos Lemos Rache — por ser plano, estar próximo da fonte de matéria-prima e de uma queda d'água (que foi transformada em fonte de energia) e também por situar-se à beira da estrada de ferro que liga a região ao porto de Tubarão (ES).

O início das operações se deu em 1949, e já em 1951 o controle da empresa (79%) foi transferido para o Banco do Brasil, por meio da conversão em ações de débitos existentes com o banco em razão de empréstimos concedidos à empresa.

---

* Sociólogo, mestre em administração pública pela Escola de Administração de Empresas de São Paulo, da Fundação Getulio Vargas (EAESP-FGV), e assessor-chefe do Centro Estadual de Educação Tecnológica Paula Souza (Ceeteps).

Apesar de todas as cidades do Vale do Aço sofrerem a influência das grandes empresas da região, há uma grande heterogeneidade entre os índices socioeconômicos dos municípios. As cidades que receberam as grandes empresas têm uma arrecadação muito superior às outras, o que se reflete na qualidade dos serviços oferecidos. Em Timóteo, não se vê na rua nenhum mendigo e nenhuma criança esmolando ou em situação aparente de risco social. Entretanto, a cidade de Coronel Fabriciano, a maior da região e que dispõe de pequena atividade industrial, apresenta sinais maiores de pobreza.

Índices socioeconômicos das cidades do Vale do Aço

Município	População total	População urbana (%)	População masculina (%)	População com 11 a 14 anos de estudo (%)	Despesa orçamentária municipal (R$ mil)
Ipatinga	195.793	99,27	49,17	10,68	123.067
Coronel Fabriciano	93.012	98,29	48,57	9,90	17.391
Timóteo	65.501	86,38	48,67	13,01	43.447
Açucena	24.127	60,98	50,21	2,77	4.527
Belo Oriente	18.060	79,68	50,60	5,30	9.098
Santana do Paraíso	15.647	45,13	50,57	3,62	4.847
Ipaba	13.278	83,34	50,59	2,62	2.057
Antônio Dias	9.595	37,11	51,88	2,84	3.083
São João do Oriente	8.332	75,14	50,25	4,62	2.293
Joanésia	6.687	19,55	50,76	2,57	1.169
Mesquita	6.580	42,17	50,88	3,24	3.827
Dom Cavati	5.826	82,96	49,38	7,14	1.447
Braúnas	5.699	22,65	50,39	3,19	1.363
Sta. Efigênia de Minas	4.847	44,44	49,12	1,79	1.780
Marliéria	3.800	21,34	50,00	4,20	2.329
Jaguaraçu	2.595	49,94	50,33	5,11	1.154

Fonte: IBGE.

A instalação da empresa significou um enorme progresso para a região e a cidade de Timóteo. Uma vaga para um filho na Acesita, que chegou a ter aproximadamente 10 mil funcionários em seus quadros, passou a ser o anseio de todas as famílias da cidade. O distrito (bairro) em que se localiza a empresa, o comércio à sua volta, as residências e tudo o mais foi por ela construído até a década de 1970. A parte da cidade em que ela se situa é conhecida como Acesita. Nas propagandas regionais, são apregoados os endereços de lojas e magazines em Timóteo e em Acesita, como se o bairro fosse outro município. O centro comercial é constituído de prédios baixos e de estilo uniforme que lembram os centros comerciais existentes entre as superquadras de Brasília, enquanto a parte antiga da cidade apresenta a heterogeneidade das construções de uma típica cidade do interior, sem estilo definido. Até poucos anos atrás, a empresa era responsável pela horta, pela energia elétrica fornecida aos empregados, pelo armazém de mantimentos, pela farmácia dos funcionários, pela limpeza da cidade (somente dos bairros construídos por ela) e por alguns outros serviços.

Desde sua fundação, a empresa passou por diversos programas de expansão. Inaugurada com capacidade para produzir 60 mil toneladas de aço por ano, a Acesita recebeu investimentos importantes no primeiro e no segundo PNDs. Em 1977, tornou-se a primeira siderúrgica na América do Sul a produzir aço inoxidável plano. A partir de 1998, ano de sua última expansão, tornou-se capaz de produzir 290 mil toneladas por ano de aço.

A partir de meados da década de 1980, com a difusão das idéias sobre a necessidade de diminuir a participação do Estado em setores produtivos, iniciou-se o processo de transferência de inúmeras empresas estatais para o setor privado. O setor siderúrgico foi um dos primeiros a ser privatizado, com a venda da Usiminas (outubro de 1991), da Companhia Siderúrgica de Tubarão (outubro de 1992), da CSN (abril de 1993), da Cosipa (agosto de 1993) e de outras.

A Acesita foi privatizada em outubro de 1992. Aos funcionários foram oferecidos 10% das ações, ao preço de 27% do valor mínimo. Com a venda antecipada de 2% dessas ações pelo valor de mercado, foi possível pagar os 8% remanescentes e distribuí-los igualmente entre todos os funcionários. Essas ações só puderam ser negociadas um ano depois do leilão de privatização. Para orientar os novos acionistas — muitos deles enganados por especuladores — foi montado um sistema de informação sobre o valor das ações.

Com a venda das empresas metalúrgicas pertencentes ao Estado, iniciou-se uma grande reestruturação do setor no país. Além dos antigos grupos que atuavam no setor, a privatização incentivou a formação de novos grupos, provenientes de setores financeiros e de outras áreas industriais, além de uma grande participação dos fundos de pensão. Os novos grupos passaram a disputar a hegemonia do setor, no qual a escala de produção, os canais de vendas e a logística de distribuição são importantes fatores de sucesso. A Acesita participou ativamente desse processo, incorporando outras empresas, quer pelo arremate de companhias estatais, quer pela incorporação de empresas privadas. Como resultado desse processo, o grupo Acesita compõe-se hoje das seguintes empresas:

- Acesita International Ltd. (100%),[1] que representa comercialmente a empresa no exterior, além de dar suporte a operações financeiras;
- Acesita Empreendimentos (100%), *holding* que administra a participação do grupo nas Indústrias Villares S.A. (20,75%), Aços Villares (11,59%) e Ascipar;
- Aços Planos do Sul (50,1%), empresa que administra a participação que a Acesita e a Usinor detêm na Companhia Siderúrgica de Tubarão;
- Ascipar — Acesita Comércio, Indústria e Participação Ltda. (100%), empresa que presta serviços de acabamento e corte em aços inoxidáveis e aços ao carbono. A Ascipar também participa do capital de outras empresas:
    - Acesita Energética (100%), empresa reflorestadora e produtora de carvão vegetal;
    - Acesita Argentina (30%), responsável pela comercialização dos produtos da Acesita na Argentina;
    - Inoxtubos (26,35%), empresa de tubos com costura;
    - Sifco (97,47%), que fabrica forjados e faz usinagem de peças para a indústria automotiva;
    - Panax Trading (100%), representante comercial no exterior, além de atuar como suporte em operações financeiras.

---

[1] As percentagens indicadas referem-se à participação no capital total. Esta, eventualmente, pode ser diferente da participação no capital votante das empresas indicadas.

De acordo com a revista *Exame*, esse conjunto de empresas era, em 1998, o 76º maior aglomerado empresarial privado do país em vendas (US$896.448 mil) e patrimônio (US$927.329 mil).[2] Essas incorporações foram financiadas por empréstimos, o que acarretou um grande endividamento para a empresa, responsável pelo prejuízo de R$620 milhões. Para equacionar esse passivo, houve um aporte de capital em 1998, realizado pelo grupo francês Usinor, que não fazia parte dos acionistas originais da empresa e passou a ser o maior acionista do conglomerado.

Composição acionária do grupo

	Participação (%)	
Acionista	**Capital votante**	**Capital total**
Usinor Empreendimentos e Participações	38,94	27,68
Previ — Cx. de Prev. dos Funcionários do BB	18,94	13,27
Sistel — Fundo Telebrás da Seguridade Social	12,13	7,57
Petros — Fundo Petrobras de Seguridade Social	5,74	3,28
Previ Banerj — Cx. de Prev. dos Func. Sist. Banerj	1,08	0,54
Postalis — Inst. Seg. Social Correios e Telégrafos	0,59	0,34
Real Grandeza Fundo de Prev. Assist. Social	0,37	0,19
Ciga — Clube de Invest. dos Emp. Grupo Acesita	0,40	0,20
Total do grupo de controle	78,19	53,07
Ações em tesouraria	0,60	0,51
BNDESPAR	–	18,84
Outros	21,21	27,58
Total de ações	100,00	100,00

Fonte: Acesita.

[2] Em 1997, esse conglomerado ocupava o 53º lugar no mesmo *ranking*.

A Fundação Acesita

A Fundação Acesita para o Desenvolvimento Social foi criada em junho de 1994, ainda sob o impacto gerado pelo processo de privatização da empresa, ocorrido dois anos antes. Nessa época, em pleno processo de demissões, a fundação foi recebida pela comunidade com boa dose de desconfiança, pois não estava claro seu papel, tampouco o interesse da empresa ao instituir essa fundação.

Além da desconfiança inicial, o próprio sistema de trabalho da fundação teve de ser pouco a pouco absorvido pela comunidade. Quando a fundação passou a ser conhecida pela população, houve grande quantidade de pedidos de todo tipo — desde material de construção e equipamentos até doação de dinheiro e mantimentos —, acompanhando a tradição de atendimento assistencialista que esse tipo de instituição realiza, principalmente aquelas ligadas a empresas.

A fundação, entretanto, estruturou-se de outra maneira, recusando-se a prestar esse tipo de atendimento. Por meio de um processo de planejamento estratégico, definiu suas crenças, sua missão e sua visão de trabalho e estabeleceu suas metas, que transcrevemos a seguir.

Visão

Síntese da visão

Até o ano 2000, a Fundação Acesita será um centro de referência na elaboração, implantação e difusão de projetos sociais e na promoção de estratégias de desenvolvimento comunitário.

Visão de futuro

A Fundação Acesita está prioritariamente concentrada na melhoria da qualidade de vida em Timóteo e no Vale do Aço. Procura não só gerar programas próprios, mas também apoiar aqueles desenvolvidos por entidades já constituídas na região, acreditando que as forças comunitárias são capazes de promover soluções criativas e auto-sustentadas para os problemas da população.

Em coerência com essa visão, a Fundação Acesita se propõe mobilizar recursos de diferentes fontes e promover o desenvolvimento de competências nos agentes da comunidade, de modo a tornar possível não apenas o desencadeamento, mas sobretudo a sustentação de processos de melhoria da qualidade dos projetos desenvolvidos nas áreas de educação, cultura, meio ambiente e ação comunitária.

A Fundação Acesita pretende ser uma entidade alavancadora de recursos para desenvolvimento local. Ou seja, aos fundos derivados de sua própria mantenedora a fundação quer somar a contribuição de outros parceiros, públicos e privados. A reunião de recursos e competências de várias fontes deverá permitir o aumento da eficácia das ações, evitando a dispersão e a fragmentação.

Ao promover parcerias, a Fundação Acesita também estará prestando um serviço às empresas e doadores privados que desejam colaborar com a comunidade, mas não têm meios nem experiência para tanto.

Os três eixos de sua visão

Relevância local. Ser promotora e parceira de um esforço abrangente e sistemático de atendimento às necessidades de Timóteo, visando a torná-lo um município-padrão no que diz respeito a práticas de desenvolvimento comunitário auto-sustentado e eqüitativo.

Desenvolvimento do *know-how*. Ser capaz de aperfeiçoar e criar estratégias e metodologias inovadoras, eficazes e multiplicáveis de mobilização de recursos e parcerias e de desenvolvimento local, nas suas áreas de atuação;

Difusão. Ser capaz de compartilhar e difundir para outras localidades e organizações da sociedade conhecimentos e experiências relevantes de desenvolvimento social, nas suas áreas de atuação. (www.acesita.com.br)

Missão

Participar da construção de uma sociedade mais justa e igualitária, apoiando e gerando programas nas áreas de educação, cultura, ação comunitária, saúde e meio ambiente, fundamentados nas reais necessidades da comunidade e no respeito à sua cultura.

Crenças

1. Todo ser humano é sujeito de sua própria transformação social, desde que lhe seja dada a oportunidade para buscá-la.

2. A Fundação Acesita exercerá uma ação complementar ao poder público no atendimento às necessidades básicas da população, em sinergia com os demais agentes sociais.
3. A organização da sociedade civil é fundamental para a disseminação de práticas sociais solidárias.
4. Práticas sociais solidárias se fundamentam no respeito aos direitos humanos e no fortalecimento da autonomia das comunidades.
5. Os projetos de desenvolvimento social devem priorizar as parcelas menos favorecidas da população.
6. A Fundação Acesita apoiará projetos de desenvolvimento social que considerem a cultura e a história da comunidade, suas potencialidades, estruturas e recursos existentes.
7. O trabalho voluntário é um importante recurso para o desenvolvimento dos projetos da Fundação Acesita.
8. A responsabilidade social da iniciativa privada é fundamental para o desenvolvimento de projetos sociais e deve ser estimulada e desenvolvida.
9. A parceria com a iniciativa privada e agentes sociais é imprescindível para a viabilização de projetos sociais.
10. A metodologia participativa é essencial na implantação dos projetos sociais, por envolver as pessoas na definição de rumos e na avaliação de resultados.

Esse conjunto de crenças, visão e missão efetivamente orienta a ação da instituição, quer a curto, quer a longo prazo, como poderemos ver na descrição dos programas a seguir. Dessa maneira, o caráter assistencial que alguns grupos esperavam de sua ação não se efetivou. Tampouco se implementou uma atuação de apoio e linha auxiliar à empresa mantenedora, como previam outros grupos. Ao contrário, surgiu na comunidade um novo parceiro institucional, com orientação muito clara e muito firme em seus propósitos e independência em relação à mantenedora. Essa postura desvinculou rapidamente a imagem da fundação da imagem da empresa. Exemplo bem característico é o do Sindicato dos Metalúrgicos de Timóteo e Coronel Fabriciano, que apresenta uma postura de combate e oposição sistemática a todas as medidas adotadas pela empresa, mas que não tem nenhuma posição em relação à fundação.

A Fundação Acesita atua em quatro áreas distintas. Cada uma delas desenvolve mais de um programa, dirigido a diferentes públicos-alvo. O quadro a seguir mostra as atividades e os programas desenvolvidos pela entidade e o público-alvo de cada ação. Alguns projetos dividem-se em subprojetos; outros são desenvolvidos em parceria com o poder público ou com outras organizações ou empresas. Cada um deles estabelece um planejamento estratégico (apoiado no planejamento estratégico da Fundação), um conjunto de objetivos e um plano de metas específico, ao qual está associado um orçamento.

Resumo de atividades da Fundação Acesita

Área de atuação	Projeto/subprojeto	Principal atividade	Público-alvo
Educação	Gerência da qualidade total da educação	Consultoria de qualidade desenvolvida junto às escolas	Corpo técnico, pedagógico, administrativo e de apoio das escolas
	Capacitação profissional (em parceria com o estado de Minas Gerais e com o município de Timóteo)	Aulas e palestras num sistema de capacitação permanente do corpo docente de Timóteo	Professores das escolas públicas de Timóteo
	Minha carteira, minha amiga	Recuperação do mobiliário escolar	Alunos da rede pública escolar, seus parentes e a comunidade escolar
	Coral infantil	Educação musical para crianças	Meninos em situação de risco social de Timóteo
	Transitolândia (em parceria com o município de Timóteo e o Rotary Club local)	Aulas de comportamento no trânsito, em espaço construído especialmente para este fim	Alunos da rede escolar de Timóteo
	Projeto Estudar (em parceria com a empresa Acesita)	Ensino regular supletivo com apoio de professores, adequado ao nível de escolaridade do aluno e à sua disponibilidade de tempo	Empregados da empresa que não completaram o 1º e o 2º graus

continua

Área de atuação	Projeto/subprojeto	Principal atividade	Público-alvo
	Renovar e Faça de sua escola um jardim	Recuperação das instalações físicas das escolas públicas de Timóteo	Comunidade escolar da rede pública de Timóteo
	Informática nas escolas (em parceria com a prefeitura e a IBM)	Montagem de redes de micros para uso dos professores e administração das escolas	Professores e gestores das escolas públicas
Meio ambiente	Brincando e aprendendo no Oikós	Grupos de jovens que se reúnem para debater questões ecológicas	Jovens de Timóteo
	Dia mundial do meio ambiente	Ações de conscientização para a preservação ambiental	Comunidade de Timóteo
	Visitas escolares programadas	Visitas orientadas ao parque ecológico mantido pela fundação	Comunidade escolar da rede pública de Timóteo e de cidades circunvizinhas
	Educação ambiental e economia no lar	Capacitação de pessoas para atitudes cotidianas ecologicamente adequadas	Donas de casa e moradores em geral
	Atuação junto a escolas	Capacitação de professores e alunos para atitudes ecologicamente adequadas	Professores e alunos das escolas públicas de Timóteo
Ação cultural	Museu	Preservação da história do município	Público em geral, população de Timóteo e do Vale do Aço
	Teatro e dança	Apresentação de vários espetáculos destinados ao público adulto e infantil	Público em geral, população de Timóteo e do Vale do Aço
	Artes plásticas	Exposição de artistas consagrados Exposição de artistas locais	Público em geral, população de Timóteo e do Vale do Aço, artistas locais
	Cursos e oficinas	Vários cursos, desde artes plásticas até história da arte ou *workshops* de teatro	Público em geral, população de Timóteo e do Vale do Aço

continua

Área de atuação	Projeto/subprojeto		Principal atividade	Público-alvo
Ação comunitária	Apoio a entidades filantrópicas		Assessoria e capacitação administrativa	Gestores de entidades assistenciais
	Instituto de artesãos		Treinamento de mão-de-obra especializada para trabalhar com aço inox	Aposentados
	Geração de trabalho	Microprodutores agrícolas	Apoio a programa de microprodutores rurais, através de assessoria específica	Microprodutores rurais e população do bairro do Macuco
		Fundação Vovô João Azevedo	Apoio à instituição na definição de programas e solução de problemas específicos	Adolescentes e jovens adultos em situação de risco social
	Programa Andanças	Práticas alternativas de saúde	Aulas de ginástica e atividade física orientada	Grupos de terceira idade
		Seminários e jornadas	Seminários desenvolvidos pelos próprios participantes	Grupos de terceira idade
		Cursos e ciclos de palestras	Palestras e cursos ministrados por especialistas em assuntos específicos	Grupos de terceira idade
		Construindo o saber	Programa de integração social, incluindo alfabetização de pessoas da terceira idade	Grupos de terceira idade
		Cultura e lazer	Atividades de dança, apoio à participação comunitária, passeios etc.	Toda a comunidade de Timóteo e região
		Oficina de multiplicadores da ação participativa	Capacitação para a participação comunitária respeitando a visão, a missão e os objetivos da Fundação Acesita	Grupos de terceira idade

Ação educacional

A área educacional foi escolhida para o início das atividades da Fundação Acesita, ainda em 1994. O problema do acesso à escola já havia sido resolvido no município com a oferta de vagas para todas as crianças na 1ª série do ensino fundamental. Era necessário, entretanto, realizar um programa de melhoria da qualidade do ensino oferecido pelas escolas públicas. Por meio de um convênio com os governos estadual e municipal, a Fundação Acesita iniciou o primeiro projeto nas escolas do município. O Programa de Melhoria da Qualidade de Ensino envolve hoje 21 escolas públicas de Timóteo. Com a recente reforma do ensino regular, houve a municipalização do ensino fundamental (1ª à 8ª série), e o estado de Minas Gerais manteve-se somente no ensino secundário. Além da atuação no sistema escolar, a Fundação Acesita desenvolve outros programas desvinculados do sistema oficial, mas que se inserem na área educacional.

Programa de Gestão de Qualidade Total na Educação (GQTE)

Para desenvolver esse programa, foi contratada a consultoria do Grupo Pitágoras, grupo educacional privado, sediado em Belo Horizonte, que desenvolve atividades em todo o Brasil, quer atuando com escolas próprias, quer com sistemas de franquias, quer implantando seu sistema de ensino mediante contratos de consultoria.

Essa primeira iniciativa desenvolvida pela instituição foi recebida com certa suspeição. O primeiro aspecto a gerar desconfiança, como já mencionado, referia-se ao próprio interesse da fundação — reconhecida como um braço da empresa — em atuar junto às escolas municipais. A Acesita, que há pouco passara pelo processo de privatização e estabelecera uma política de dispensa de funcionários, era vista com uma desconfiança que inexistiu durante seu período como estatal. As pessoas se perguntavam qual seria o interesse da empresa em atuar no setor de educação do município. Naquele momento, para a população da cidade, tal iniciativa devia estar ligada a algum interesse especulativo. A influência da empresa na cidade era suficientemente expressiva para que toda a população, incluindo os professores da rede pública, tivesse algum parente ou amigo recém-dispensado. Mesmo entre aqueles que permaneceram havia o risco iminente da perda de emprego, o que acirrava a suspeita acerca das boas intenções da empresa no setor educacional.

O segundo foco de desconfiança vinculava-se ao conteúdo da parceria proposta. A consultoria de Gestão de Qualidade Total na Educação é um trabalho que enfrenta resistências no meio educacional. Alguns professores julgam que não há como aplicar no setor educacional um sistema desenvolvido inicialmente para atender às necessidades da indústria. Para uma organização originária do setor industrial, entretanto, o sistema de gerenciamento da qualidade total é uma ferramenta útil e com a qual seus administradores tinham grande familiaridade, pois já a haviam implantado na empresa.

O público-alvo desse programa era e continua sendo os professores e os funcionários do ensino, que tiveram de ser conquistados para o programa. O primeiro passo foi convencer os diretores das escolas a adotar o programa. Nas escolas de periferia houve maior facilidade para implantar o programa e maior adesão dos professores e funcionários aos comitês de qualidade. Com o tempo, o programa alcançou todas as escolas públicas de Timóteo.

Resumindo seus objetivos, o programa informa que pretende:

- "sensibilizar a equipe escolar para iniciativas que busquem a melhoria dos processos e relações na escola;
- instrumentalizar a equipe escolar para tomadas de decisão que possam ser norteadas pelos recursos de ferramentas da GQTE;
- capacitar os professores da escola a implantar e monitorar os processos e metodologias ligados à GQTE;
- estimular a equipe escolar a elaborar e pôr em prática seu plano de busca contínua da qualidade."

Esse programa foi incorporado pelas escolas do município, as quais, mesmo depois de encerrado o contrato com o Grupo Pitágoras, continuam utilizando as ferramentas de gestão de qualidade implantadas pelo programa e estendendo-o, com o apoio da Fundação Acesita, a funcionários de apoio das escolas, como serventes, merendeiras, faxineiras etc.

Capacitação pedagógica

O programa de capacitação pedagógica foi uma decorrência do programa anterior e veio complementar o programa de capacitação desenvolvido pelo estado de Minas Gerais. Nesse programa, as escolas recebem verbas do estado para contratar diretamente seus cursos de capacitação. A Fundação Acesita atuou de forma complementar à ação do estado e teve como público-alvo todos os professores do município. Implantado em 1997, o programa vem-se repetindo desde então, com maior ou menor participação do poder público. Muitas vezes, a instituição arca sozinha com as despesas de alguns cursos cuja necessidade tenha sido diagnosticada pelo sistema de ensino.

Esse programa é desenvolvido por meio de aulas e encontros realizados com professores e palestrantes escolhidos pelas autoridades oficiais de ensino.

Programa de Aceleração da Aprendizagem

Esse programa[3] tem como meta a adequação idade/série dos alunos matriculados na rede pública de ensino de Timóteo. A Fundação Acesita não tem vínculo direto com o programa, que é desenvolvido essencialmente pelo poder público. A participação da fundação, entretanto, é muito importante, devido ao processo de treinamento e capacitação dos professores que trabalham com os alunos defasados. Essas crianças, geralmente com graves problemas de auto-estima, estão prestes a abandonar a escola.

O programa, conhecido e aplicado em diversas localidades do Brasil, adapta o conteúdo das disciplinas ministradas a alunos mais velhos, resgatando-lhes o interesse pelo aprendizado.

Minha Carteira, Minha Amiga

Nascido da constatação de que o mobiliário escolar estava muito deteriorado pelo uso, esse programa tem dois objetivos: o primeiro é recuperar as mesas e cadeiras utilizadas pelos alunos; o segundo é trazer os pais dos alunos para dentro da escola e despertar na comunidade maior interesse e participação nas atividades escolares.

No momento da implementação do programa, antes de iniciar a reforma, o tema da conservação dos bens públicos é trazido para a sala de aula e transforma-se num tema gerador.[4] Entre as atividades que compõem o programa, há a escolha, em eleição direta, da cor da fórmica que irá revestir as novas carteiras. As carteiras são então enviadas para uma empresa, que faz o trabalho mais especializado de recuperação. Nos dois ou três dias em que o mobiliário está nessa empresa, as crianças assistem às aulas nas salas vazias, o que as leva a perceber a importância do equipamento. Quando o material retorna, a reforma é terminada — através de pequenas operações — em regime de mutirão, pelos pais e alunos da escola. A verba necessária para essa reforma é arrecadada entre a comunidade escolar. A Fundação Acesita complementa o valor necessário para comprar o material e contratar a empresa especializada.

---

[3] Denominado Aceleração de Aprendizagem, para alunos da 1ª à 4ª série, e Acertando o Passo, para os alunos da 5ª à 8ª série.

[4] Tema gerador é um assunto de interesse de toda a comunidade escolar e sobre o qual se desenvolvem os conteúdos de todas as disciplinas ministradas na escola.

Oferta de vagas nas escolas envolvidas em programas da Fundação

		1ª à 4ª série			5ª à 8ª série			
Escolas	**Pré**	**Regular**	**Aceler. aprendiz.**	**Suplência**	**Regular**	**Acertando o passo**	**Ensino médio**	**Total**
E. E. Antônio Silva					637		1.793	2.430
E. E. Cap. Egídio Lima		627						627
E. E. Getúlio Vargas		704						704
E. E. João Cotta F. Barcelos		112			608	168	412	1.300
E. E. José Ferreira Maia		626						626
E. E. Juscelino K. de Oliveira		239			340	400		979
E. E. Leôncio de Araújo	50	178			232	224		684
E. E. Profª Ana Letro Staacks					440	440	1.115	1.995
E. E. Profª Hilda de A. O. Zauza					415	85		500
E. E. São Sebastião					828	243	803	1.944
E. E. Ten. José Luciano	25	420						445
E. M. Ana Moura		463						463
E. M. Angelina A. de Carvalho	101	282	76	37				496
E. M. Clarindo Carlos Miranda	106	300						406
E. M. de Timóteo de 1º e 2º graus					630		211	841
E. M. Joaquim F. de Souza	138	462						600
E. M. José Moreira Bowen	123	405		90				618
E. M. Limoeiro	148	439						1.311
E. M. Maria A. M. Prado	116	430	48					1.061
E. M. Virgínia de S. Reis	142	435						577
Imett					470		428	898
Total	949	6.112	124	127	5.681	1.560	4.762	19.505

Fonte: Fundação Acesita.

Renovar e Faça de sua escola um jardim

Esse programa está intimamente vinculado ao Programa de GQTE. Trata-se de uma intervenção em parceria entre a comunidade escolar, uma das empresas do grupo Acesita e a Fundação Acesita, destinada a recuperar as instalações físicas deterioradas das escolas, construir bicicletários e estimular a instalação e a manutenção de jardins e hortas.

O projeto é desenvolvido a partir de manifestação da comunidade escolar e condicionado ao compromisso de manutenção das instalações depois de recuperadas. Com os mesmos objetivos do programa Minha Carteira, Minha Amiga, esse programa tem uma abrangência menor.

Prêmio Fundação Acesita de valorização da educação de qualidade

Esse prêmio anual, instituído em 1999, reconhece experiências bem-sucedidas — quer no âmbito pedagógico, quer no âmbito da gestão escolar — implantadas nas 21 escolas que integram o Programa de Melhoria da Qualidade do Ensino, todas elas de Timóteo. Há três categorias de premiação: ensino fundamental de 1ª à 4ª série; ensino fundamental de 5ª à 8ª série e, por último, ensino médio.

Podem concorrer todos os profissionais ligados às escolas do programa, em qualquer uma das categorias, e o valor da premiação é de R$1 mil, destinada ao profissional ou grupo de profissionais idealizador do projeto.

O objetivo do prêmio é divulgar experiências originais e bem-sucedidas nas escolas da região. Para isso está prevista a publicação das experiências vencedoras.

Informática nas escolas

Computadores da Acesita, considerados obsoletos para a empresa, mas que tinham condições de atender às necessidades escolares, foram doados às escolas, para uso dos professores e da administração. Em cada escola foram instaladas redes de quatro ou cinco máquinas. Alguns professores receberam treinamentos de 40 horas e repassaram os conhecimentos aos colegas. A IBM participou do programa, assessorando a Fundação Acesita.

Hoje, vários professores preparam suas aulas nos micros. Também estão informatizadas diversas etapas da rotina administrativa das escolas.

Como resultado dessas ações, houve avanços consideráveis no sistema escolar. O primeiro deles foi a criação de um sistema de acompanhamento da progressão dos alunos, necessário para a avaliação do trabalho. Outro foi a própria redução dos índices de evasão e reprovação, conforme mostra a tabela a seguir.

Evasão e reprovação

	Evasão				Reprovação			
Escola	**1995**	**1996**	**1997**	**1998**	**1995**	**1996**	**1997**	**1998**
E. E. Antônio Silva	18,2	7,0	11,0	12,0	15,3	34,9	8,8	3,0
E. E. Cap. Egídio Lima	0,8	0,8	0	0	8,4	3,2	0,2	0
E. E. Getúlio Vargas	0	0	0	0	0,9	0,1	0	0
E. E. João Cotta F. Barcelos	18,2	15,6	15,9	1,5	9,8	8,3	3,2	5,2
E. E. José Ferreira Maia	1,5	6,4	2,5	1,3	2,0	1,5	2,0	1,0
E. E. Juscelino K. de Oliveira	24,8	25,4	17,3	14,8	23,8	9,2	5,5	7,0
E. E. Leôncio de Araújo	39,5	19,7	16,6	15,5	17,3	16,2	8,0	7,8
E. E. Prof[a] Ana Letro Staacks	11,1	8,6	9,2	0,2	11,8	9,9	7,8	7,2
E. E. Prof[a] Hilda de A. O. Zauza	19,2	12,8	18,0	9,4	16,1	14,2	3,6	5,2
E. E. São Sebastião	15,5	12,8	9,0	13,0	21,3	11,0	2,9	5,9
E. E. Ten. José Luciano	0,3	0,7	0	0	2,8	2,4	0,4	2,5
E. M. Ana Moura	2,6	2,5	1,1	3,5	7,9	11,3	5,2	11,0
E. M. Angelina A. de Carvalho	5,0	3,0	0,9	1,8	8,0	18,0	0,9	4,4
E. M. Clarindo Carlos Miranda	6,0	7,0	5,4	3,7	9,3	12,0	12,3	10,4
E. M. de Timóteo de 1º/2º graus	15,2	9,7	11,7	5,3	17,0	14,3	6,2	1,8
E. M. Joaquim F. de Souza	1,1	0,2	1,0	0,4	0,8	0,9	0	1,0
E. M. José Moreira Bowen	0,3	0	0	0,7	5,2	0	0	0,6
E. M. Limoeiro	14,0	12,3	15,8	9,0	16,0	20,4	11,2	16,0
E. M. Maria A. M. Prado (início: 1996)	–	1,8	1,2	1,9	–	3,1	11,5	14,2
E. M. Virgínia de S. Reis	3,0	1,3	1,9	1,7	16,9	33,5	10,1	8,0
Imett	12,5	6,8	11,2	6,5	9,2	23,3	11,4	11,6
Média geral	10,4	7,3	7,1	5,0	10,9	11,7	5,2	5,4

Fonte: Fundação Acesita.

Como foi dito anteriormente, a Fundação Acesita desenvolve outros projetos na área educacional, fora do sistema público de ensino. Esses programas têm origens variadas e, algumas vezes, complementam o trabalho em áreas distintas da educação.

Transitolândia

Esse projeto nasceu da constatação do grande número de acidentes de trânsito com vítimas — um acidente a cada dois dias — ocorridos em Timóteo. A iniciativa partiu do Rotary Clube local, com a participação do Batalhão da Polícia Militar de Minas Gerais. A Acesita cedeu uma área, o Rotary construiu as instalações, e a Fundação Acesita mantém o programa.

O espaço compõe-se de um conjunto de ruas simulando uma cidade, com sinalização de trânsito — horizontal e vertical — e a ajuda de guardas de trânsito, que orientam as crianças que circulam no local em bicicletas.

Coral infantil

Os participantes do coral infantil são meninos de sete a 12 anos, em situação de risco social, provenientes de uma região muito carente da cidade de Timóteo. Sua função é resgatar a auto-estima das crianças, em geral muito baixa. Além do ensaio musical, feito por um maestro contratado pela fundação, essas crianças recebem acompanhamento escolar.

A supervisão musical das crianças continua mesmo depois de sua saída do coral, por conta da mudança de voz que se verifica naturalmente ao longo de sua fase de crescimento. O coral já se apresentou em diversas cidades e, todo final de ano, exibe-se, juntamente com o coral adulto da fundação, numa cantata de natal que acontece na sacada do Museu da Acesita.

Projeto Estudar

O projeto Estudar é uma parceria entre a Fundação Acesita e a própria empresa Acesita. Esse é o único projeto da fundação que se destina exclusivamente aos funcionários da empresa. Trata-se de um programa de educação formal que, ministrando ensino supletivo de 1º e 2º graus, pretende levar todos os funcionários da empresa a concluírem o 2º grau até 2002. O estudo é individual e por disciplinas. O aluno recebe material específico e orientação para o estudo individual. Há professores plantonistas que auxiliam os alunos em caso de dúvidas.

Além desse, a empresa mantém outros programas voltados aos empregados. Há programas na área de formação profissional, como o Centro de Formação Profissional (CFP), que existe desde 1953 em parceria com o Senai. O CFP recebe 44 novos aprendizes por ano e lhes oferece um curso de 11 meses e um estágio de seis meses na empresa. O CFP já formou 2.232 profissionais.

A empresa mantém, ainda, outros programas que merecem destaque. Há programas de habitação — aluguel simbólico ou venda facilitada — que beneficiam empregados e aposentados, de complementação de aposentadoria, de assistência à saúde extensivo à família, de motivação, de alimentação, de remuneração pelo cumprimento de metas e outros.

Ação cultural

A área de atuação da Fundação Acesita que lhe dá maior visibilidade é, provavelmente, a área cultural.

A principal referência física da Fundação Acesita é um prédio existente em frente à entrada principal da fábrica e construído originariamente para abrigar a hospedaria dos recém-contratados pela empresa. A princípio era um grande sobrado com vários quartos destinados aos empregados graduados da empresa que ainda não tinham onde morar. Esse espaço foi transformado num Centro Cultural que abriga atualmente galeria de arte, teatro, museu, salas para oficinas e centro de capacitação. As características externas do prédio, além de dois quartos originais — um de solteiro e outro de casal —, foram preservados. No Centro Cultural são desenvolvidos quase todos os projetos da área cultural, além de inúmeras outras atividades patrocinadas por outras áreas da fundação.

Timóteo e todo o Vale do Aço fazem parte de uma região de desenvolvimento econômico recente e que por isso mesmo recebeu um grande fluxo migratório nos últimos 30 ou 40 anos. Esse ciclo de crescimento deu à região características da modernidade, ou seja, em tudo se encontra a marca da fase de maior desenvolvimento do processo industrial. Assim, as relações sociais se desenvolvem sob a égide da produção industrial. Não se nota, na região, uma base social e cultural pré-industrial. Não queremos com isso dizer que antes da indústria siderúrgica não havia vida social nem suas conseqüentes manifestações culturais e lúdicas. O desenvolvimento recente e rápido levou o fluxo migratório a encobrir a tradição local e, do ponto de vista cultural, a região passou a ter vínculos muito mais fortes com as grandes metrópoles, principalmente por intermédio da televisão e de outros meios de comunicação, do que com a própria tradição local. Todavia, ocorre que, apesar de estabelecer vínculos culturais com os grandes centros, a cidade está fora do circuito cultural comercial, o que não lhe proporciona uma identidade cultural própria: nem a tradicional nem a metropolitana. Essa característica acaba influenciando todos os projetos dessa área de atuação desenvolvidos pela Fundação Acesita, que procura de diversas maneiras contemplar as necessidades culturais da região.

A implantação da atuação cultural enfrentou uma série de dificuldades. O fato de o Centro Cultural estar instalado no prédio onde se hospedavam os funcionários graduados da empresa transformou-se num obstáculo ao ingresso dos funcionários menos qualificados ou da população mais humilde da cidade. Essa barreira, apesar de atenuada, ainda está presente. Para superá-la, a área cultural desenvolveu um projeto chamado Cultura e Cidadania, cujo objetivo é estimular a produção cultural local e a formação de artistas, agentes culturais e espectadores. Para isso, promove desde *shows* populares com artistas de televisão até cursos e oficinas de diversas técnicas de artes plásticas ou de história da arte. Esses cursos acabam aproximando as pessoas e popularizando as ações do Centro Cultural.

Essas atividades não contam com nenhum recurso proveniente das leis de incentivo à cultura, tendo em vista os vínculos entre a empresa mantenedora e a própria fundação.

Museu

Reproduzindo as palavras do material de divulgação da fundação, o museu "objetiva resgatar a história da comunidade, da empresa e do desenvolvimento da região". Ocorre que, em Timóteo, comunidade, empresa e desenvolvimento significam Acesita, ou seja, não há como desvincular qualquer desses três elementos. Assim, o museu passa a ser um museu da própria empresa, embora em nenhum momento deixe de pertencer também à comunidade. As peças, fotos e documentos expostos são todos da própria companhia.

Há um programa de identificação de personagens e rotinas do cotidiano do passado, desenvolvido através do resgate da memória de antigos moradores, em sua maioria aposentados da empresa.

Galeria de arte

A galeria de arte é um espaço aberto a diversas formas de manifestação, quer de concursos realizados pelas escolas, cujo resultado é exposto nesse espaço, quer de artistas plásticos da região e de nomes nacionalmente consagrados. Essa forma de trabalho acaba gerando dois benefícios. O primeiro deles é o intercâmbio entre artistas da região e artistas de outras partes do país. O segundo é a oportunidade oferecida à população de entrar em contato com manifestações artísticas às quais nem sempre está habituada.

Teatro

O teatro, com 200 lugares, está aberto, tal qual a galeria de arte, aos mais diferentes tipos de manifestação: aulas, palestras, debates, apresentações de artistas regionais e nacionais na área da música erudita e popular, teatro, dança ou *show* de entretenimento. Os espetáculos que trazem grande afluência de público são realizados nos jardins do Centro Cultural ou no ginásio poliesportivo.

Música

O Centro Cultural mantém um coral adulto, formado por funcionários da empresa e por outras pessoas da cidade. Esse coral já gravou seu primeiro CD, e sua agenda de apresentações é intensa. Nos finais de ano, o coral se apresenta numa cantata de natal, em conjunto com o coral infantil, também mantido pela fundação.

A programação do Centro Cultural é ampla e heterogênea, envolvendo desde artistas locais e regionais até artistas consagrados nacionalmente. Ao mesmo tempo em que se esforça para colocar Timóteo na agenda de artistas consagrados, também abre espaço para talentos regionais nas modalidades de música popular e erudita.

Meio ambiente

A atuação da Fundação Acesita na área de preservação do meio ambiente, apesar de repartir-se em várias ações, tem como base o Projeto Oikós — Centro de Educação Ambiental Acesita. Esse projeto foi criado em 1993, desenvolvido originariamente na própria empresa Acesita e transferido para a fundação somente em 1997. Envolve uma área de 16 hectares, vizinha do Parque do Rio Doce, que já serviu de área de plantio experimental de eucaliptos. A reserva protege e preserva a mata ciliar do córrego José Adão, que atravessa o parque em toda a sua extensão. A vegetação de encosta, constituída originariamente de mata atlântica, encontra-se em diversos estágios de regeneração. Vivem na área vários espécimes da flora e da fauna da região, incluindo alguns ameaçados de extinção. Os programas baseiam-se, em sua maioria, no conceito de educação e reeducação para a preservação.

O Oikós tem um planejamento estratégico específico, com missão e objetivos gerais definidos, bem como um conjunto de elaboradas diretrizes pedagógicas. A maioria de seus programas é voltada para crianças e adolescentes, objetivando despertar-lhes o interesse pelas questões ecológicas e de preservação do meio ambiente. A fundação estimula nas crianças a adoção de valores e atitudes ambientalmente corretos, por meio de visitas monitoradas, grupos permanentes de jovens, oficinas artísticas, palestras e todo um conjunto de atividades. Assume a postura de que o ser humano é parte integrante desse hábitat e que a necessidade de preservá-lo é tarefa de todos.

Por meio do conjunto de ações desenvolvidas, o Oikós acaba envolvendo, além dos jovens do município de Timóteo, um número expressivo de pessoas da comunidade. Transformou-se, assim, num ponto de referência para o estudo das questões ambientais da localidade. Apesar disso, a área que cuida do meio ambiente exime-se de tratar de um problema importante, que é a ausência de tratamento do esgoto coletado no município, todo despejado no rio Piracicaba.

Atuação nas escolas

O Centro de Educação Ambiental privilegiou o público escolar para desenvolver seus programas, no intuito de iniciar a formação ambiental dos alunos e contribuir para essa formação nas escolas. Esse trabalho, feito com professores e alunos, é realizado por intermédio de iniciativas nas escolas, como treinamento de professores, elaboração de jornadas ecológicas interdisciplinares, capacitação de alunos monitores (que desenvolvem ações e incentivam atitudes ecologicamente adequadas nas escolas) e desenvolvimento de jornadas ecopedagógicas, ou então no Espaço Oikós, por meio de visitas programadas, caminhadas em trilhas específicas, programas de férias etc.

Atuação na comunidade

Os programas do Centro de Educação Ambiental destinados aos núcleos comunitários da região pretendem despertar nos moradores atitudes ecologicamente adequadas em relação ao ambiente em que vivem. São cursos que objetivam o melhor aproveitamento dos recursos disponíveis, de modo a diminuir os resíduos gerados pelo dia-a-dia das famílias.

Atuação entre os empregados da Acesita

O Centro de Educação Ambiental incentiva o uso de tecnologias alternativas e a formação de Círculos de Controle de Qualidade Verdes, mediante a realização de ciclos de conferências e a implantação de gestão ambiental do local de trabalho.

Ação Comunitária

A área denominada Ação Comunitária da Fundação Acesita é talvez a que traz maior impacto sobre a população de Timóteo e de toda a região do Vale do Aço. Seus programas atingem público bastante heterogêneo. Vários deles se subdividem em outros programas e subprogramas, muitos deles ganhando vida e estrutura próprias. Além disso, é através da ação comunitária que se estabelece maior número de vínculos com outras instituições — públicas ou privadas — da região. Merece destaque o fato de todos esses programas e subprogramas adotarem uma metodologia de trabalho em que agentes e beneficiários participam da elaboração e da execução das ações.

Apoio a entidades filantrópicas

Um dos problemas enfrentados na implantação da Fundação Acesita foi o enorme volume e variedade de solicitações, vindos de todos os tipos de instituições, quer públicas, como escolas, creches e hospitais, quer privadas, como entidades assistenciais. Confundida algumas vezes com entidade pública ou vista como uma nova fonte de recursos, a fundação teve de estabelecer critérios para o atendimento dessas solicitações. Todas as entidades que enviaram solicitações foram visitadas por assistentes sociais, que avaliavam a justificativa para o pedido e as alternativas de atendimento, sempre envolvendo as próprias instituições.

O trabalho levou à constatação de que as entidades filantrópicas da região necessitavam de capacitação para a auto-sustentabilidade. Essa conclusão acabou credenciando a fundação para o gerenciamento de uma ação, financiada pelo BNDES, que influencia todo o Vale do Aço e será comentada adiante.

Geração de trabalho e renda

São diversas as ações destinadas à geração de trabalho e renda promovidas pela Fundação Acesita. Além dos cursos de qualificação de mão-de-obra para adolescentes de baixa renda em situação de risco social e pessoal, a fundação apóia duas instituições importantes.

Uma delas é a Associação Comunitária de Produção Agropecuária de Timóteo (Acopat). Essa comunidade, existente no bairro do Macuco, periferia de Timóteo, está organizada desde a década de 1980, quando a prefeitura cedeu um terreno de sua propriedade e algumas cabras para a comunidade produzir uma horta comunitária e laticínios, sendo o excedente vendido na cidade de Timóteo. Esse programa foi extinto no início da década de 1990. Em 1993, foi fundada a Associação dos Microprodutores Agropecuários do Bairro do Macuco, que plantava nos lotes vagos da região. Essas áreas, entretanto, atendiam somente a 15% da necessidade dos moradores do bairro. Houve então um incentivo ao plantio ou revitalização dos bananais da região, principalmente em encostas de morros pouco aproveitáveis para outro tipo de cultura. Junto com o plantio, foi alugada uma casa para a fabricação de doce de banana, produto que passou a ser comprado pela Secretaria Municipal de Educação para distribuição na merenda escolar. O alto custo de produção e o baixo preço de venda dos doces, entretanto, acabaram ameaçando o projeto. A solução encontrada foi eliminar o gasto com o aluguel da casa utilizada para a fabricação dos doces. Para isso, a associação buscou parcerias no governo de Minas Gerais, por meio do Programa de Mobilização de Comunidades (PMC), da diocese de Timóteo e da Empresa de Assistência Técnica e Extensão Rural (Emater). Em 1997, o PMC financiou 50% da obra necessária para instalar a nova fábrica, e a prefeitura de Timóteo cedeu o terreno para a construção e parte da mão-de-obra, que foi completada pela diocese. A Emater forneceu assessoria técnica para a escolha do melhor tipo de fruta e para o cultivo de banana. A Fundação Acesita forneceu o equipamento necessário à fabricação, uma pequena quantia em dinheiro para o capital de giro da associação e assessoria para a gestão do negócio. A nova fábrica foi inaugurada em setembro de 1999 e atende a 28 produtores de banana. O público beneficiado soma 34 famílias, além de sete cooperados envolvidos na fabricação do doce. A meta do programa é ampliá-lo para atender 120 pessoas.

A outra instituição apoiada é a Fundação Vovô João Azevedo. Trata-se de iniciativa de um empresário local visando a atender jovens do bairro de periferia onde sua empresa está instalada. Fundada em 1990, essa fundação foi originariamente responsável pela manutenção da creche que recebia os filhos dos funcionários desse empresário. Com o crescimento do bairro e o acirramento dos problemas sociais enfrentados na região, a Fundação Vovô João Azevedo ampliou suas atividades e, em 1997, construiu um espaço para o convívio dos jovens da região, em especial aqueles em situação de risco social. Nesse espaço, oferece cursos profissionalizantes que dão a esses jovens condições imediatas de geração de renda. Os cursos são ministrados pelo Senai e pelo Senac, mas tiveram de ser adaptados para o público local, de sorte que algumas das exigências daquelas instituições — escolaridade e idade mínima — foram abrandadas para que fosse possível atender a um público mais amplo.

A Fundação Acesita assessora a Fundação Vovô João Azevedo na administração do espaço, na definição do público-alvo e no encaminhamento de soluções específicas.

Instituto de Artesãos

O Instituto de Artesãos é uma associação entre a empresa Acesita, a Fundação Acesita e a Associação dos Aposentados de Timóteo. Numa oficina montada pela empresa na Associação, ministram-se cursos sobre técnicas de trabalho com o aço inox — dobra e soldagem —, que envolvem alguma complexidade, dadas as características físicas da matéria-prima. Esses cursos são oferecidos a aposentados (70% do público) e a outras pessoas que tenham interesse e escolaridade mínima igual à 7ª série. Do ponto de vista da ação social desenvolvida pela Fundação, o treinamento dado aos aposentados significa um complemento importante de renda, além de geração de emprego, uma vez que essas pessoas acabam montando suas próprias empresas. Já existem aproximadamente 20 empresas, entre as que se encontram em fase de estruturação e montagem e as que estão efetivamente funcionando.

Do ponto de vista da empresa, há interesse, ainda que a longuíssimo prazo, em aumentar o consumo de aço inox no Brasil. Para difundir esse curso em outros grandes centros, está sendo formada uma parceria com o Senai. A Acesita também financia uma cooperativa de nove dessas pequenas empresas surgidas do Instituto dos Artesãos, a qual trabalha num projeto de fabricação de grandes bandejas industriais, próprias para o cultivo de mudas de árvores. Tal projeto foi desenvolvido especialmente para a Celulose Nipo-Brasileira (Cenibra), ao custo aproximado de US$1,5 milhão, gerando cerca de 100 empregos.

Para a prefeitura, essa parceria significa maior geração de renda na cidade. O consumo de inox em Timóteo saltou de 5t/mês em 1977 para 41t/mês[5] em 1999.

---

[5] É importante lembrar que a empresa produz hoje, em média, mais de 24 mil toneladas por mês.

Programa Andanças

O Programa Andanças é o maior programa entre todos os desenvolvidos pela Fundação Acesita. Sua origem remonta à ação social da empresa Acesita. Desenvolvido em parceria com a prefeitura municipal de Timóteo e com a Associação dos Aposentados e Pensionistas de Timóteo, o programa subdivide-se em inúmeros subprogramas e projetos específicos. Seu objetivo é a melhoria da qualidade de vida dos aposentados, de suas esposas e dos pensionistas de Timóteo, mediante o incentivo à participação social e ao resgate da auto-estima de cada um. Nessa linha de atuação, os subprogramas são desenvolvidos de forma a serem independentes e autônomos, ou seja, todo o trabalho é feito pelos próprios beneficiários. Os programas servem como ponte para a socialização ou ressocialização do público-alvo.

A participação da Fundação se dá na identificação e no diagnóstico de alguns problemas e na proposta de soluções, mais tarde encampadas pelos próprios participantes. Depois disso, a Fundação continua participando por meio de apoio institucional, logístico e financeiro, quando necessário.

Práticas alternativas de saúde. Trata-se de um conjunto de atividades físicas — aulas de dança diversificada, ginástica localizada, hidroginástica e natação — visando à melhoria da saúde física e psicológica dos participantes. Envolve mais de 400 beneficiários.

Seminários e jornadas. Discutem-se assuntos de interesse dos próprios participantes, que se encarregam de organizar os seminários. Para tanto eles se dividem em comissões de divulgação, inscrição, montagem, decoração, recepção, distribuição e guarda de material didático etc. Especialistas são convidados para orientá-los nas discussões. Já foram realizados os seminários: Aprenda a cuidar de seu coração; Viva bem a idade que tem; Cuide da saúde e seja feliz; O melhor da festa é esperar por ela; e Vivendo e celebrando o Natal.

Cursos e ciclos de palestras. Como extensão do subprograma anterior, muitos dos temas levantados nos seminários e jornadas são discutidos por palestrantes e professores especializados, em cursos mais dirigidos. Os temas dos cursos abrangem qualquer área de interesse, desde aspectos ligados à saúde até cursos de artesanato. Já foram abordados, entre outros, os seguintes tópicos: diabetes e hipertensão, Aids, depressão, sexualidade na terceira idade, espiritualidade do corpo, osteoporose, menopausa, andropausa, o prazer da boa forma e fabricação de cestos com jornal.

Cultura e lazer. Esse subprograma tem como público-alvo toda a comunidade, através de atividades artísticas e corporais e de apresentações que resgatam manifestações culturais locais, regionais e nacionais e integram grande número de pessoas.

Oficina de multiplicadores da ação participativa. Muitas das necessidades sociais locais e regionais são supridas por entidades que dependem do trabalho voluntário para atingir seus objetivos. Para esses voluntários, tais atividades também têm uma função terapêutica, melhorando sua auto-estima à medida que eles passam a se sentir úteis para a comunidade.

Construindo o saber. Esse programa tem como público-alvo grupos de terceira idade, tradicionalmente excluídos do acesso aos benefícios do Estado e aos confortos do mercado. Seu objetivo é resgatar, por meio de ações simples, a cidadania dessas pessoas (algumas vezes, trata-se de *apresentar* a cidadania a essas pessoas). A primeira ação é a alfabetização, ressaltando-se, entretanto, que o resgate do convívio social é mais importante que aprender a ler e escrever. Também envolve treinamentos e palestras sobre vários temas, como orientação para sacar a aposentadoria nos caixas automáticos dos bancos, instruções sobre seus direitos junto à Previdência Social, obrigações do estado e do município etc. Todo o programa é conduzido por voluntários, também da terceira idade, que desenvolvem esse trabalho para se sentir úteis. Isso torna tanto os condutores quanto o público-alvo os beneficiários finais do programa.

Prêmios conquistados

O conjunto de ações aqui apresentadas foi reconhecido por inúmeras entidades que destacam organizações da sociedade civil e, premiando experiências bem-sucedidas, divulgam e incentivam o trabalho social das empresas. O conjunto desses prêmios transformou a Fundação Acesita numa referência nacional de eficiência e atesta a qualidade do trabalho desenvolvido. A fundação já conquistou os seguintes prêmios:

Prêmio Eco 1997. Concedido pela Câmara Americana de Comércio, é considerado o mais importante prêmio de reconhecimento à cidadania empresarial. Em 1997, apenas dois anos depois de trabalho efetivo, a Fundação Acesita recebeu o prêmio especial do júri pelo conjunto de atividades desenvolvidas.

Prêmio Nansen Araújo. Em 1977, a Federação das Indústrias de Minas Gerais (Fiemg) conferiu esse prêmio à Fundação Acesita, como o exemplo mais notável de parceria entre empresa e escola pública no estado de Minas Gerais.

Prêmio Cidadania. Em 1997, a Promotoria Especializada de Fundações e a Federação Mineira de Fundações concedeu o prêmio Cidadania à Fundação Acesita na categoria Ação Social.

Prêmio CNI de Ecologia. Em 1997, o Centro de Educação Ambiental Oikós foi distinguido com o Primeiro Prêmio Nacional de Ecologia, na categoria Educação Ambiental.

Prêmio Educação para a Qualidade do Trabalho. Instituído pelo Ministério da Educação, visando a divulgar experiências bem-sucedidas na área de educação de jovens e adultos, o prêmio na categoria Instituição Sem Fins Lucrativos coube, em 1997, à Fundação Acesita, pelo projeto Estudar.

Prêmio Eco 1999. Em 1999, a Fundação Acesita foi novamente distinguida com o prêmio Eco na categoria Cultura. A programação variada de sua área cultural foi o que distinguiu a fundação de outros 122 concorrentes.

Novos projetos

A Fundação Acesita, a Inter-American Foundation e o BNDES estabeleceram uma parceria para um trabalho de resgate social de populações em situação de risco no Vale do Aço, com financiamento de R$1,6 milhão, bancado pela Inter-American Foundation e pelo BNDES e gerenciado pela Fundação Acesita. O programa estabelecerá, ao final de três anos, uma rede de atendimento social formada por entidades sociais sem fins lucrativos instaladas na região e que trabalhem com o público-alvo selecionado pelos parceiros — crianças, jovens e adultos em situação de risco social.

O programa atuará especificamente no fortalecimento de 40 entidades sociais, por meio da capacitação de seus dirigentes e técnicos, de modo a permitir que essas entidades melhorem o atendimento ao seu público e aprimorem a sua gestão, preparando-as assim para o planejamento de suas ações, para o trabalho em rede e para a auto-suficiência ao final do programa.

Pretende-se informatizar as instituições participantes e oferecer cursos de capacitação para os funcionários de tais instituições. Juntamente com a informatização, está prevista a criação de uma *home page* que possibilite a articulação e a divulgação do trabalho desenvolvido pela rede. O programa apoiará a realização de novos projetos, com assessoria permanente às entidades e apoio às suas necessidades emergenciais. Também criará uma central de voluntariado e prestação de serviços que atenda a todas elas. Por último, esse programa estabelecerá uma rotina, entre as entidades, de permanente avaliação, sistematização e divulgação dos resultados alcançados.

Serão atendidos 1.200 profissionais que atuam em 42 entidades selecionadas, beneficiando um público de 11 mil pessoas. O primeiro curso do programa — Cidadania e exclusão social —, com 20 horas de duração, já foi ministrado para 450 pessoas.

O sistema de gerenciamento da fundação

A Fundação Acesita é controlada pela Assembléia Geral — órgão deliberativo — constituída pelos instituidores da fundação, com direito a voto na proporção dos fundos a ela destinados na época da sua criação. Abaixo da assembléia há o Conselho Curador, composto de sete membros, responsável pela orientação das operações da Fundação e pelo controle da diretoria.

Para gerenciar esse conjunto de ações, a Fundação Acesita montou uma estrutura bastante simples. Há um presidente, responsável por todos os programas, e quatro diretorias específicas: Educação; Cultura; Meio Ambiente; e Ação Comunitária. Cada técnico vinculado a essas gerências especializa-se em um ou mais programas, não havendo, entretanto, exclusividade de vínculo entre técnico e programa. Por último, há uma diretoria administrativa e financeira responsável pelo acompanhamento burocrático e financeiro da instituição. Ao todo, são 28 funcionários: dois deles cedidos pela própria empresa mantenedora, seis professores cedidos pela Prefeitura Municipal de Timóteo e os 20 restantes mantidos pela própria fundação. Há, ainda, a participação de voluntários em vários programas.

Uma das impressões mais marcantes de quem visita a instituição é o profissionalismo com que é dirigida. Esse profissionalismo se manifesta desde o processo de planejamento estratégico — que funciona — até o controle do orçamento pelos diretores das respectivas áreas. O processo de planejamento da fundação é muito criterioso e profissional. Todo ano, seus departamentos estabelecem um conjunto de metas, vinculadas aos programas e subprogramas, bem como o orçamento necessário para alcançá-las. Há reuniões periódicas para avaliação dessas metas.

A fundação mantém, em parceria com a empresa Acesita, um jornal bimestral, com tiragem de 20 mil exemplares e distribuição gratuita, que divulga as ações da instituição e da empresa, além de projetos em desenvolvimento, programação de eventos, entrevistas e outros artigos de interesse da comunidade. O orçamento anual da Fundação Acesita é da ordem de R$1,8 milhão.

Conclusão

No Brasil, temos assistido, nos últimos anos, a um aumento da participação da comunidade na criação de uma sociedade mais justa e no resgate de camadas sociais privadas das condições mínimas de sobrevivência e bem-estar material. Essa participação tem acontecido de duas formas:

- por meio da pressão sobre os poderes constituídos, para que estes desenvolvam políticas públicas adequadas à população excluída dos benefícios do mundo moderno;
- por meio do trabalho voluntário de pessoas organizadas em instituições criadas para esse fim e também de empresas cuja contribuição para a sociedade vai além de suas obrigações fiscais e trabalhistas.

Há duas discussões relevantes sobre a participação das empresas nesse processo. A primeira diz respeito aos motivos que as levam a se empenhar no resgate social desses excluídos. Para responder a essa questão, o Instituto de Pesquisa Econômica Aplicada (Ipea) está realizando uma pesquisa chamada "Ação social das empresas do Sudeste". O relatório preliminar dessa pesquisa surpreende positivamente quando se constata que a participação social das empresas é maior do que se supunha. Dois terços das instituições empresariais da região, correspondendo a 300 mil empresas, têm alguma forma de participação social. Essa mesma pesquisa deixou para uma segunda etapa a tarefa de "conhecer em detalhes o que fazem, como fazem e *por que* fazem as empresas que declararam ter realizado ações sociais".[6] No caso da Acesita, essa questão do "por que" gerou uma desconfiança muito grande, em especial num momento de diminuição do quadro de funcionários. Se havia preocupação social, por que não manter o emprego das pessoas que estavam sendo dispensadas?

Temos assistido, no mundo todo, a uma supremacia dos valores de mercado em relação a todas as outras dimensões da vida e da organização social. No Brasil, esses valores muitas vezes entram em choque com a ética social do mundo cultural, profundamente influenciado pela tradição católica da qual somos herdeiros. Valores como responsabilidade, solidariedade, fraternidade e justiça são considerados atributos exclusivamente pessoais e aceitos sem reserva somente quando aplicados a uma atuação desvinculada de interesse

---

[6] Ipea (grifo nosso).

profissional ou comercial. O universo das empresas, para a maioria das pessoas, pertence exclusivamente à ética de mercado, incompatível com os valores de solidariedade. Assim, quando uma empresa se apresenta como articuladora de interesses sociais, ela é vista com reserva. Para se contrapor a essa reserva, surgiu a expressão *empresa cidadã*, designando a organização que participa de atividades comunitárias e de projetos sociais. Talvez a designação mais correta seja *empresas solidárias*.

A segunda questão relevante diz respeito à melhor forma de realização dessa ação social. Francisco Azevedo, presidente da Fundação Acesita e da Federação Mineira de Fundações, em artigo publicado na revista *O Estado de Minas — Economia*,[7] defende que a melhor forma de realizar essa ação é através de fundações ligadas a empresas. O articulista apresenta um conjunto de argumentos, todos eles vinculados à eficácia da ação desenvolvida pelas fundações, fruto do profissionalismo e da dedicação de seus funcionários. Diz ele, entre outras considerações, que as fundações têm maiores possibilidades de focar a ação e maior possibilidade de captação e de economia de recursos. Os resultados também são melhores, quer considerando a capacidade de articular trabalho voluntário, quer considerando o apoio da comunidade ou o espaço conquistado na mídia.

Todos os argumentos utilizados pelo autor são facilmente demonstrados pelo trabalho da Fundação Acesita. Seus funcionários aplicam os preceitos desenvolvidos no planejamento estratégico da instituição e acreditam que o envolvimento das pessoas que compõem o público-alvo dos programas desenvolvidos é fator fundamental para seu sucesso. Assim, há um esforço permanente para incluir novas pessoas nos programas da instituição, quer como visitantes de uma exposição de arte, quer como especialistas voluntários em alguma instituição de atendimento a necessitados, quer como atores ou dançarinos num auto de Natal encenado todo ano.

Esse constante envolvimento das pessoas talvez explique o sucesso do trabalho da Fundação Acesita, que, aliando a participação do público a uma visão profissional do trabalho, obtém uma notável articulação entre os inúmeros programas desenvolvidos pelas suas diversas diretorias.

---

[7] Esse artigo, cujo título é "Fundação — o melhor caminho para o exercício da cidadania empresarial", já foi divulgado no seminário Empresas e Investimentos Sociais, realizado pelo BNDES em 15-10-1999.

Tal eficácia acaba por encobrir o único ponto frágil do trabalho realizado pela instituição, que é a falta de um diagnóstico dos problemas a serem enfrentados. Apesar de Timóteo não ter grandes problemas sociais, não se percebe no processo de tomada de decisão de apoio a uma ou outra área social um estudo aprofundado das reais necessidades da comunidade. Esse tipo de estudo, no entanto, é mais urgente nos grandes centros urbanos, onde as condições sociais são mais complexas do que nas cidades médias e pequenas, onde elas são mais homogêneas e as diferenças econômicas entre indivíduos e entre grupos sociais saltam aos olhos, sem a necessidade de complexos diagnósticos sociais.

Um dos argumentos mais veementes na defesa das organizações da sociedade civil é o caráter público de sua ação, associado à eficácia de seu processo decisório e de sua capacidade de implementação de programas. Espera-se que essa característica se acentue numa fundação vinculada a uma empresa. A eficácia própria do mundo empresarial seria automaticamente transferida para essas organizações, e o público atendido seria o maior beneficiado. Ocorre que o processo decisório dessas organizações, apesar de estar no âmbito do mundo privado, também sofre pressões políticas, quer do poder público, quer dos segmentos sociais organizados.

Por último, há que se analisar o vínculo que a fundação possui com sua mantenedora. Devemos, nesse caso, conhecer algumas características da empresa. A primeira é que a Acesita não fornece diretamente para o público. Seus produtos, essencialmente industriais, são pouco influenciados pela marca. Não é razoável, portanto, considerar que o motivo de tal ação seja valorizar a marca Acesita. Mais razoável é considerar que a influência que a empresa tem na comunidade é suficiente para que esses investimentos sociais repercutam dentro da própria empresa, na satisfação e no conforto dos próprios empregados.

O mesmo não ocorre com empresas estabelecidas em grandes centros, onde a origem de seu pessoal é muito mais diversificada e o vínculo social estabelecido entre o pessoal é somente a própria empresa. Fora desse espaço, estabelecem-se outros vínculos sociais, nos quais os investimentos privados têm menos chance de exercer o impacto que exercem numa localidade como Timóteo.

Apesar do curto tempo de existência, a Fundação Acesita cumpriu sua missão de tornar-se uma referência no campo da ação social não só no Vale do Aço e em toda a região ferrífera de Minas Gerais, mas em todo o Brasil. Resta, agora, saber utilizar essa referência e ampliar esse exemplo.

Bibliografia

Associação dos Municípios da Microrregião do Vale do Aço. Vale do Aço. Ipatinga, 1995. 27p. xerog.

Fundação Acesita. Cultura e cidadania: incentivando e desenvolvendo a cultura no Vale do Aço. Timóteo, 1999. 81p. xerog. (Relatório das atividades desenvolvidas pela instituição na área de cultura, enviado para o prêmio Eco/99.)

———. Catálogo trilíngüe de ações. Timóteo, s.d.

———. Projeto pedagógico (política de educação ambiental, estrutura organizacional e plano de ação) do Departamento de Meio Ambiente — Oikós. Timóteo, Centro de Educação Ambiental Acesita, s.d. 17f.

www.acesita.com.br/fundação

www.ipea.gov.br/

CAPÍTULO 2

Cultura e cidadania: a experiência do Afro Reggae*

Atila Roque**

Utilizando como ponto de partida a arte e a comunicação, um grupo cultural transforma o cotidiano de duas comunidades do Rio de Janeiro, marcadas pela violência e pela exclusão social.

Introdução

O objetivo deste trabalho é descrever de maneira sucinta a experiência que, desde 1993, o Grupo Cultural Afro Reggae (GCAR) vem desenvolvendo na favela de Vigário Geral e nas comunidades de Cantagalo e Cidade de Deus, todas na cidade do Rio de Janeiro. Vale observar que não se trata de uma avaliação formal, mas de uma análise da trajetória histórica da instituição e dos elementos que a caracterizam como um exemplo bem-sucedido de ação social. Haverá maior ênfase nos aspectos que levaram o grupo a tornar-se um importante ator político-cultural na vida da cidade. A referência principal são as atividades desenvolvidas na favela de Vigário Geral, devido à centralidade dessa experiência na conformação da identidade institucional do GCAR. Destaque especial será dado à metodologia de trabalho e ao processo de construção e consolidação das parcerias.

---

* O autor agradece a eficiente e inestimável colaboração de Cristina Lopes, sem a qual o trabalho de levantamento das informações, as visitas aos projetos e as entrevistas não teriam sido tão produtivos. Moema Valarelli, Shirley Villela e Carlos Fico foram leitores e críticos valiosos de uma primeira versão deste trabalho. Finalmente, sem a cooperação, transparência e confiança dos integrantes do Grupo Cultural Afro Reggae, este trabalho não teria sido possível.

** Coordenador do Programa de Políticas Públicas e Globalização do Ibase e diretor da Associação Brasileira de ONGs (Abong).

O terreno que percorremos para chegar a este trabalho foi delimitado, em primeiro lugar, pelas visitas aos projetos e pelas entrevistas com os dirigentes e participantes das atividades mantidas pelo grupo. Uma segunda fonte de informações foram os relatórios e documentos institucionais. Por fim, beneficiamo-nos de alguns poucos e preciosos estudos que têm o GCAR como objeto de análise. No entanto, o tempo relativamente curto de existência institucional, as inúmeras mudanças ocasionadas pelo próprio desenvolvimento da iniciativa e a quase inexistência de materiais sistematizadores sobre a experiência deram às informações colhidas nas visitas e entrevistas um peso fundamental para a realização do trabalho.

Desde o início, ficou claro que estávamos diante de uma experiência que enseja adesões fortes e paixões à primeira vista. Essa, aliás, é uma das principais características do grupo: a enorme capacidade de motivar adesões sinceras, mantendo as portas sempre abertas às novas idéias. Uma característica crucial numa organização que orienta seu trabalho para a conquista da confiança e a promoção da auto-estima de jovens que vivem constrangidos pela violência e sujeitos ao poder de atração do tráfico de drogas.

Sabemos que os jovens estão entre os que pagam o preço mais alto pelo aumento da violência. Dados coletados recentemente em pesquisa realizada nas capitais do país, coordenada pela Unesco e pelo Instituto Ayrton Senna, revelam uma realidade devastadora. Analisando informações referentes ao período de 1979-96, a pesquisa mostra um crescimento de 166% no número de óbitos na população jovem (na faixa de 15 a 24 anos) causados por homicídio e outras violências. Somente no ano de 1996, mais da metade das mortes de jovens no Rio de Janeiro e em São Paulo decorreram de homicídios e outras violências.[1]

Um levantamento publicado recentemente no jornal *O Globo* (9-1-2000), com estatísticas da 2ª Vara de Infância e Juventude, mostra clara tendência de crescimento no envolvimento de jovens com o tráfico de drogas, em comparação com os pequenos furtos e os crimes contra o patrimônio. Em 1991, foram registrados 204 casos de envolvimento com tráfico, contra 2.061 de crimes contra o patrimônio (furto e roubo). Em 1998, foram 3.211 registros de tráfico e 1.337 de crimes contra o patrimônio.

---

[1] Waiselfisz, 1998.

Esses dados, embora merecedores de maior discussão e detalhamento, são indicadores relevantes da importância de estratégias de integração social focalizadas nos jovens. Essa questão adquire contornos ainda mais complexos quando situada num contexto de acentuada marginalização social, como o que encontramos em muitas favelas do Rio de Janeiro. Escapar às visões estigmatizadoras da favela e de seus moradores é o primeiro — e talvez o principal — desafio para aqueles que se propõem atuar nessa área.

Trabalhos recentes demonstram que a favela não se presta a visões homogeneizadoras e simplistas.[2] Acostumados que estamos a associar a favela à degradação das condições de vida, não somos capazes de reconhecer o quanto de preconceito e falsidade tal visão carrega. Na sociedade, costuma-se ver a favela apenas como território dos problemas sociais. Isso pressupõe uma unidade que não corresponde à realidade diversificada e multidimensional encontrada nas favelas do Rio de Janeiro, que devem ser objeto de políticas públicas e ações integradas que as considerem parte da cidade, e não um apêndice isolado a ser combatido ou extirpado.

É justamente de encontro a esse tipo de preconceito que se desenvolve a ação educativa e cultural do Afro Reggae. Centradas principalmente na valorização dos talentos e manifestações culturais das próprias comunidades nas quais se desenvolvem, as atividades coordenadas pelo grupo estão contribuindo para um processo de inversão das expectativas que a sociedade em geral e as próprias comunidades guardam em relação aos jovens moradores das favelas. Um novo universo de valores começa a se constituir — com ênfase no potencial de realização, na capacidade de liderança e na criatividade dos jovens — como campo de atração de crianças e adolescentes marcados pelo estigma da violência e da falta de perspectivas.

Contexto

Cidadania e violência

No início da década de 1990, o Brasil foi palco de acontecimentos que, na sua radicalidade, revelaram o pior e o melhor de nossa sociedade. Essa década, sobre a qual pairavam expectativas de realização plena da democracia, começou com um governo que rompeu com todos os padrões éticos e morais de gestão pública.

---

[2] Valladares & Preteceille, 1999.

Mas também foi um período em que uma parte da sociedade reagiu, mobilizando-se amplamente por meio do Movimento pela Ética na Política, que resultou no *impeachment* do presidente da República. Embora as conseqüências desse processo ainda não tenham sido plenamente incorporadas à institucionalidade política do Brasil, seu impacto sobre a sociedade brasileira é inegável e permanece até hoje. A cultura cívica democrática, gerada nos anos de resistência contra o regime autoritário, saiu fortalecida e renovada da campanha pelo *impeachment*.

Aproveitando o impulso do Movimento pela Ética na Política, a Ação da Cidadania contra a Miséria, a Fome e pela Vida ou, simplesmente, a Campanha da Fome, como ficou conhecida — liderada pelo sociólogo Herbert de Souza, o Betinho —, inverteu a pauta de prioridades da sociedade e pôs a questão da fome e da miséria em primeiro plano. E sobretudo convocou, com um êxito sem precedente, milhões de cidadãos a assumirem responsabilidades na solução do problema. Milhares de comitês se formaram pelo Brasil afora, por iniciativa dos próprios cidadãos. O mote da campanha era a pergunta "O que eu posso fazer?" (sozinho ou, preferencialmente, em parceria com outros). E as parcerias floresceram, renovando as redes sociais e criando novos sentidos para as práticas tradicionais de assistência social e filantropia. O impulso individual das pessoas foi resgatado e a solidariedade reforçada como valor ético e político essencial para a mudança social.[3]

Foi também nesse período que dois episódios dramáticos chocaram o Brasil e o mundo por sua violência e covardia: a chacina de crianças na Candelária e o massacre de Vigário Geral. Separados por apenas um mês de diferença, julho e agosto de 1993, esses dois episódios inauguraram tragicamente uma nova perspectiva da violência. Oito crianças assassinadas enquanto dormiam em pleno Centro do Rio de Janeiro, na porta da principal igreja católica da cidade. Vinte e uma pessoas, inclusive uma família inteira de evangélicos que se preparava para dormir, foram massacradas na favela de Vigário Geral. Em ambos os casos, o envolvimento de policiais militares e membros de grupos de extermínio levou a um intenso debate sobre a tolerância com a qual a sociedade carioca tratara, até então, a ação desses grupos. Pela primeira vez, de maneira explícita, a violência contra crianças e moradores das favelas foi abordada na mídia como uma chaga social que pesa sobre os ombros de toda

---

[3] Landim, 1998.

a sociedade, uma agressão deliberada a uma política de direitos humanos que lutava para se firmar na área de segurança do estado do Rio de Janeiro.

A indiferença social ao tema da violência havia sido superada. A responsabilidade da sociedade em fatos tão chocantes era um fator crucial para abolir essa indiferença em relação ao problema da violência que atinge cotidianamente as populações pobres, os moradores da periferia e das favelas. Pesquisa da época mostrava que 50% da população carioca aprovavam o massacre da Candelária. Ao comentar essa pesquisa, Luiz Eduardo Soares chama a atenção justamente para esse aspecto:

> O inferno não eram os "outros"; o inferno éramos nós. (...) O mal estava instalado no centro da sociedade: metade da população carioca era cúmplice do massacre por aprová-lo. Lidar com a violência, enfrentar a barbárie significaria, então, enfrentar também a violência simbólica e política da sociedade carioca, que demanda ordem a qualquer preço, aceita empregos de meios cruéis, legitimando, assim, a barbárie.[4]

A Ação da Cidadania começava a lutar contra a pobreza e a fome, mas o desafio agora era enfrentar os preconceitos e o estigma que pesavam sobre uma população tradicionalmente associada à violência, cujas crianças são tratadas como "pivetes" e cujos adolescentes, moradores das favelas, são vistos como criminosos em potencial.

O enfrentamento do medo que contamina as relações sociais na cidade era e permanece sendo o principal desafio para quem propõe uma abordagem democrática do problema da violência no Brasil. No Rio de Janeiro, os episódios da Candelária e de Vigário Geral significaram uma importante inflexão nessa discussão e na maneira como a sociedade carioca percebe a questão.

Várias iniciativas nasceram ou ganharam sentido no período que se seguiu aos dois episódios. O Afro Reggae, que ensaiava os primeiros passos no sentido de uma ação social mais direta nas comunidades de favela, tem sua história profundamente marcada pelos acontecimentos acima referidos. O massacre de Vigário Geral abriu uma nova perspectiva de trabalho para o grupo e acentuou a importância de uma ação voltada principalmente para os

---

[4] Soares, 1996.

jovens situados na zona de influência do tráfico de drogas e mergulhados no que se convencionou chamar de "cultura da violência".

Assim, no início da década de 1990, encontramos o Brasil e particularmente o Rio de Janeiro mergulhados numa disputa ferrenha pela afirmação de novos valores. A mobilização da sociedade contra a corrupção e o autoritarismo do governo Collor, a campanha contra a fome e a indignação contra a barbárie das chacinas da Candelária e de Vigário Geral inspiraram novas iniciativas. As palavras-chave agora são: ética na política, cidadania, solidariedade e parceria.

A liturgia do medo

Juventude e favela comparecem com demasiada freqüência na crônica da violência veiculada diariamente pela mídia brasileira. São imagens que incorporam e banalizam uma situação que somente se torna compreensível pela aceitação de um conjunto de estereótipos associados quase que automaticamente às populações da favela, em particular aos jovens.

Deslocado para o lugar social historicamente reservado às "classes perigosas", o habitante jovem da favela passa a sofrer um processo sistemático de sitiamento e marginalização. A "cidade partida"[5] vai sendo produzida nesse processo perverso de estigmatização, que reduz milhares de jovens à condição de bandidos em potencial, exército de reserva do tráfico de drogas ou baderneiros. A desconfiança recorrente e a repressão esporádica aos bailes *funks*, por exemplo, são duas das manifestações de uma imaginação coletiva sistematicamente alimentada pelos meios de comunicação que levam à marginalização constante e à criminalização das manifestações populares.

A fobia que as classes média e alta da orla carioca têm dos moradores de favelas e dos subúrbios da cidade é apenas uma outra manifestação dessa dinâmica grotesca de estranhamento social. A crônica diária dos jornais está cheia de manifestações de apreensão com relação a essa população formada principalmente por jovens negros e mulatos[6] que, em grupos, transformam-se

---

[5] Ventura, 1994.

[6] Atualmente, alguns estudiosos da temática racial no Brasil e militantes do movimento negro passaram a adotar o termo "afro-descendente" para designar a população classificada censitariamente como "pretos" e "pardos". De acordo com dados do último Censo do IBGE, de 1991, a soma das duas categorias revelava que cerca de 47% da população brasileira são compostos de afro-descendentes.

em objeto imediato de desconfiança. As *blitzen* policiais nos ônibus que chegam dos subúrbios, com as humilhações de praxe a que são submetidos os suspeitos de sempre, tornaram-se parte das cenas de verão com as quais nos habituamos a conviver.

Conforme instigante trabalho sobre a percepção dos problemas pelos jovens, patrocinado pela Unesco:

> (...) Mesmo aceitando que existe a violência dos ricos e poderosos, há no nosso imaginário uma espécie de hierarquização na qual os sujeitos morais, considerados como exemplo, são os ricos e estes devem ser respeitados e protegidos como sujeitos de primeira classe, em detrimento dos pobres, miseráveis, excluídos, os que fogem à regra. Analistas da sociedade evidenciam que, à medida que os estereótipos associados à criminalidade e ao perigo são identificados com pessoas pertencentes às classes mais baixas, a solidariedade intraclasses é finalmente rompida.[7]

A verdade é que a cidade do Rio de Janeiro tem sido palco privilegiado de encenação dessa versão tropical de *apartheid*. Aceita-se tacitamente a suspensão de direitos nunca plenamente conquistados, em nome de uma ordem social que exige a repressão policial e a segregação social. O medo se instala e o terror reina sob sua proteção. A violência policial e o tráfico de drogas são os condutores mais visíveis de um processo de marginalização da juventude pobre que começa no acesso desigual aos direitos desfrutados pelo restante da sociedade. Cenas de invasões violentas da polícia e regras impostas pelos traficantes aos moradores das favelas são exemplos de uma normatização que passa ao largo de qualquer resquício de institucionalidade, uma autêntica "liturgia do medo" que mina as bases da construção de uma ordem social moderna e democrática.

Nas décadas de 1980 e 90, em particular no Rio de Janeiro, verificamos o acirramento dessa tensão. Foram os anos de crescimento de um novo tipo de poder nas áreas de favelas, exercido pelos que controlam a ponta da rede de distribuição do tráfico de drogas e armas. No meio do fogo cruzado entre a polícia e os "soldados do tráfico" — no qual nem sempre o que está em jogo é a instauração da legalidade, mas a negociação dos termos de manu-

---

[7] Minayo et alii, 1999.

tenção da ilegalidade —, as comunidades de favela passaram a viver sob um estado permanente de exceção.

A violência condiciona a vida das pessoas e alimenta um padrão de coexistência que corrói a solidariedade e a cooperação. O poder público, ausente em quase tudo, comparece errática e brutalmente por meio de incursões policiais. O papel às vezes benéfico exercido pelos chefes locais apenas reforça o poder arbitrário ao qual as comunidades se encontram sujeitas. A distância entre as duas cidades amplia-se, e os estereótipos confirmam-se. Reforça-se, sobretudo, um dos mais recorrentes entre os fatores de discriminação social no Brasil: o racismo contra jovens negros e mulatos. A liturgia do medo brutaliza a sociedade e estigmatiza uma parte dela como portadora potencial da violência.

Perfil institucional do GCAR e características da ação

Nascido para agitar

As organizações sociais começam muito antes da formalização de um projeto institucional. Para grande parte delas, a autêntica institucionalização é um processo que apenas se consolida na medida em que amadurecem e retiram, da própria prática, aquilo que se convencionou chamar de missão institucional. Mas a origem de cada instituição diz muito da natureza e — por que não dizer? — da alma de um projeto. A origem do Afro Reggae foi uma festa. Um grande "agito" no verão carioca de 1992, "o verão do arrastão": a festa Rasta Reggae Dance.

Proibidos os bailes *funks* na onda de repressão pós-arrastão, um grupo de amigos — animadores culturais, organizadores de bailes *funks*, *DJs*, militantes do movimento negro — descobriu nas festas ancoradas no ritmo *reggae* uma opção para escapar às restrições do momento. O fracasso da primeira Rasta Reggae Dance, improvisada e ainda orientada para um público que esperava o *funk*, não desanimou o grupo. A abertura para a diversificação de ritmos conseguiu mudar a situação nos eventos seguintes. O sucesso fez das festas referência e ponto de encontro, espaço aberto para uma variedade de "tribos" que tinham em comum o amor pela música negra. Foi nesse processo que o grupo de fundadores do GCAR construiu fortes laços de amizade e de afinidade política.

Junto com as festas surgiu o jornal *Afro Reggae Notícias — ARN*, concebido como informativo multicultural para circular principalmente entre o público freqüentador ou potencial das festas. Trata-se de um jornal criado para dar voz às variadas manifestações da música e da cultura negra: o *reggae*, o *soul*, o *funk*, o *hip-hop*, a congada e tudo o mais que tivesse espaço quase nulo nos órgãos de grande circulação da imprensa. Foi a essa altura, provavelmente, que começou a desenvolver-se a idéia de uma ação cultural mais ambiciosa, que tivesse na festa seu momento lúdico (e também de captação de recursos para viabilizar o jornal), mas que objetivasse uma influência mais transformadora sobre as pessoas. Sem teorizações ou ideologias explícitas, lançavam-se as bases do que seria posteriormente a prática educativa do GCAR. Davam-se os primeiros passos na formulação do que Iza Locatelli[8] denominou, muito apropriadamente, "pedagogia do prazer".

A necessidade de formalização institucional foi rapidamente percebida como o caminho para a expansão do jornal e para a captação de recursos destinados a outras idéias que animavam o grupo. O potencial daquele instrumento era antevisto por alguns dos fundadores, assim como a necessidade de uma instituição que assumisse a responsabilidade pelo projeto. E assim nasceu, em 1993, o Grupo Cultural Afro Reggae. O modelo institucional escolhido foi o mesmo das ONGs: uma entidade sem fins lucrativos, regida pela legislação em vigor no país. O nome, como é comum acontecer, surgiu a partir de uma combinação de sugestões que acabou por sintetizar o que faziam até então. Como relata Márcia Florêncio, coordenadora social: "Eles eram isso, um grupo que publicava um jornal que incorporava nas suas matérias a temática racial e agitava culturalmente a cidade com festas em que se tocava reggae. O nome foi, portanto, uma boa síntese".

Um aspecto fundamental a destacar nesse breve resgate da história do GCAR é a profunda associação entre a trajetória pessoal dos fundadores e o impulso original do projeto. Grande parte deles tinha vivido muito próximo ou feito parte da mesma realidade com a qual mais tarde vieram a trabalhar. O mundo das gangues e da vida nas ruas, as brigas e a violência policial, a discriminação racial, a realidade do consumo e do comércio de drogas eram parte direta ou indireta da vida daqueles jovens. Isso gerou um compromisso com o projeto que, antes de se explicar por meios racionais, amparava-se em autêntico sentimento de paixão. Júnior, Tekko, Plácido, Arcélio, Rafael eram, antes de mais nada, movidos pela paixão. Conheciam bem o mundo onde se

---

[8] Locatelli, 2000.

propunham atuar. Em muitos sentidos, eram eles próprios sobreviventes de uma luta desigual de resistência cultural, econômica e social. A vivência de cada um é reconhecida por eles como fator diferenciador do grupo. Como diz José Júnior, fundador e coordenador-executivo, em depoimento ao autor:

> Essa convivência meio marginal foi a minha grande universidade para fazer o trabalho que desenvolvo no Afro-Reggae. Basicamente, é entender um pouco mais o que os garotos pensam da favela, fazer um trabalho artístico, urbano, cultural, de você utilizar a musicalidade do *funk* como base para trabalhar com samba e ao mesmo tempo com congada. Mas fundido com *funk*, com a batida eletrônica, com *jungle beat*, com *rock*, isso tudo vindo do baile, o baile como a grande vertente musical, cultural e até social. Minha adolescência toda foi em baile *funk*, essa coisa de briga, mas também de ouvir música, de dançar música lenta com a garota. Você não tinha o que fazer, ficava ocioso a semana inteira, rezando para chegar o domingo para ir ao baile.

A paixão, antes de qualquer outra coisa, deu força para sustentar as dificuldades iniciais, o improviso obrigatório da falta de recursos, a busca de apoios, o impulso da idéia. A vida institucional naqueles primeiros tempos era, portanto, fruto de muita força de vontade, apoio dos amigos (pessoas e instituições) e trabalho voluntário de todos os envolvidos com o projeto: coordenadores e colaboradores. As festas ainda eram a principal fonte de recursos do jornal, e o que sobrava, quando sobrava, mal dava para remunerar precariamente o trabalho das pessoas. O fluxo inverso era mais freqüente: os recursos privados de cada um, fruto de suas atividades profissionais, financiavam as atividades do grupo.

A sede era um quarto na casa da mãe de um dos fundadores, e as atividades ocorriam graças ao apoio de outras entidades que viram o potencial daquele grupo de jovens promotores culturais. Foi esse o caso do Centro de Apoio às Populações Marginalizadas (Ceap). O trabalho do Ceap nas áreas de favela, com a temática do racismo e da violência, foi uma das primeiras escolas institucionais para os fundadores do GCAR. A participação de um dos membros do Ceap na organização das atividades iniciais do grupo também ajudou a orientar as ações para um impacto mais direto sobre os jovens moradores das comunidades pobres. Posteriormente, a Federação de Órgãos para a Assistência Social e Educacional (Fase), por intermédio do Serviço de Análise e Assessoria a Projetos (Saap), concedeu o primeiro e fundamental apoio financeiro à nova organização. Já em Vigário Geral, o apoio de primeira hora da empresa gráfica M. W. Barroso, localizada nas proximidades da favela, foi essencial para a manutenção das atividades ali desenvolvidas.

Vigário Geral: um breve perfil

A favela de Vigário Geral é uma comunidade de 6.457 habitantes, segundo os números oficiais do Instituto de Planejamento do Município do Rio de Janeiro (Iplan-Rio), embora levantamentos feitos pela associação de moradores e pelo próprio Afro Reggae apontem para uma população total de cerca de 13 mil habitantes. Situada a 20km do Centro do Rio de Janeiro, vizinha dos municípios de São João de Meriti e Duque de Caxias, com um território plano, contíguo ao da favela de Parada de Lucas, a história da favela remonta aos primeiros anos da década de 1950. A regularização da situação fundiária na localidade é feita até hoje através da aquisição/transferência de termo de posse, sem qualquer outro tipo de legalização. O ato de compra e venda é confirmado pela Associação de Moradores Parque Proletário de Vigário Geral.

Informações coletadas pelo próprio GCAR e dados de uma pesquisa realizada em 1997 pelo Iplan-Rio demonstram que o quadro econômico e social de Vigário Geral é muito precário. Encontram-se instalados na região um dos mais conceituados parques gráficos da América Latina, três indústrias de porte médio, uma empresa de transporte urbano e turístico e algumas microempresas. No entanto, raramente empregam a mão-de-obra local, devido à sua baixa qualificação. Na favela de Vigário Geral, o mercado informal e a prestação de serviço doméstico são os parâmetros econômicos da população. O nível médio financeiro da população está em torno de dois salários mínimos para um grupo familiar de no mínimo cinco pessoas.

Os índices de saúde e de educação são baixos. A situação agrava-se com a falta de hospitais públicos e postos de saúde. O único posto de saúde, gerido pela própria comunidade, minimiza o problema do atendimento direto à população de zero a 18 anos, mas não consegue suprir toda a demanda. De acordo com o índice de qualidade de vida das favelas cariocas elaborado pelo Iplan-Rio, Vigário Geral ocupa o 297º lugar num total de 412 favelas.[9]

O estado de abandono do ensino público, tanto pela falta de instituições que supram a necessidade local quanto pela carência de profissionais, traz prejuízos irrecuperáveis para a formação dos jovens, que abandonam o estudo

---

[9] Iplan-Rio, 1997.

para ingressar precocemente no mercado de trabalho. Considerando o nível de escolaridade, que flutua entre a conclusão da 4ª série e a evasão antes da conclusão do 1º grau, temos uma população jovem com um nível educacional abaixo do esperado. Segundo o Iplan, cerca de 26% dos "chefes de domicílio" têm menos de quatro anos de estudos, e quase 17% dos moradores acima de 15 anos são analfabetos.

No bairro existem três escolas municipais. Uma delas atende exclusivamente o primeiro segmento escolar, ou seja, da classe de alfabetização à 4ª série; as outras duas abrangem da 1ª à 8ª série, ou seja, todo o ensino fundamental. Para cursar o ensino médio, os alunos têm duas opções: fazer o curso em forma de supletivo no turno da noite ou estudar em outro bairro.

A entrada do GCAR em Vigário Geral

Em 1993, a chacina de Vigário Geral chocou o Brasil e levou inúmeras organizações da sociedade civil carioca à favela. Entre as mais importantes de fora de Vigário Geral estava o nascente Movimento Viva Rio, que trazia consigo a atenção dos principais jornais cariocas e lideranças intelectuais e políticas como Betinho, Rubem César Fernandes e Zuenir Ventura. Em Vigário Geral teve início uma articulação liderada por um ex-morador da comunidade, que fundou, no final de 1993, a Casa da Paz, com o objetivo de conduzir projetos educativos voltados para a juventude local.

Foi nesse clima de comoção e mobilização que o Afro Reggae voltou-se para a favela. A decisão de orientar o trabalho para jovens de comunidades pobres sob influência do tráfico de drogas já estava tomada antes da chacina. As andanças pela Zona Norte do Rio e as visitas constantes às favelas para distribuir o jornal já tinham despertado o grupo para a carência de atividades culturais disponíveis para os jovens. Mas Vigário Geral não estava entre as primeiras comunidades escolhidas. A idéia era começar por Acari, prosseguindo por Cantagalo e Cidade de Deus. O trabalho do Ceap nessas comunidades, em particular a luta em apoio ao movimento das Mães de Acari (que tiveram os filhos assassinados por policiais militares), tornava essa seqüência uma opção natural para iniciar uma nova etapa no trabalho da organização.

Mudar os planos e entrar em Vigário foi uma decisão que exigiu ousadia e implicou uma dose grande de risco. Em vez de optar pelo mais conhecido, decidiu-se começar por onde tudo estava para ser feito. Mais uma vez, a intuição dos fundadores orientou os rumos da nascente organização justamente para o local que veio a tornar-se, na prática, sua marca institucional.

O passo inicial, como reconhece hoje José Júnior, foi a iniciativa do Zé, alcunha de Henrique de Melo Rosa, morador de Irajá, professor de biologia e artesão que vinha desenvolvendo trabalhos com crianças em favelas. Indignado com as matanças da Candelária e de Vigário Geral, ele convenceu o pessoal do Afro Reggae a participar da organização de uma caminhada da Candelária até a favela: a Caminhada pela Vida e pela Paz, Assassinatos Nunca Mais. Depois de uma peregrinação por inúmeras entidades e organizações não-governamentais, a caminhada tomou o rumo de Vigário Geral na manhã do dia 28 de setembro de 1993. Nas palavras de Júnior, esse foi o ato fundador sem o qual nada teria acontecido:

> Se hoje tem o Afro Reggae em Vigário, se já houve uma Casa da Paz, deve-se a esse cara. (...) O grande personagem foi o Zé. O cara que articulou a coisa toda. Se hoje o Afro Reggae é o que é em Vigário, foi ele que levou a gente para lá (...). O Zé estava revoltado com o que aconteceu com os ianomames, com a chacina da Candelária, com o Carandiru, e sugeriu esta caminhada. Perguntei:
>
> — Mas você conhece alguém em Vigário?
>
> — Não.
>
> — Mas como vamos entrar em Vigário?
>
> — A gente dá um jeito!
>
> E deu um jeito mesmo![10]

A conquista do território cultural

Um fato marcante na história da comunidade de Vigário foi a "guerra" com Parada de Lucas. A disputa entre traficantes que controlavam a situação nas favelas Vigário Geral e Parada de Lucas levou a um conflito que durou 10 anos, a partir do início dos anos 1980. Segundo relatos de moradores, os chefes de família muitas vezes tinham de recorrer ao uso de armas para se defender da violência. As histórias de estupro, seqüestros e assassinatos decorrentes da guerra constituem uma verdadeira crônica do terror. A chacina de Vigário Geral motivou a suspensão dos confrontos pela primeira vez desde o início do conflito e, ironicamente, inaugurou um período de paz entre as duas comunidades.

---

[10] Entrevista de José Júnior ao autor (15-12-1999).

No entanto, as marcas da guerra com Paradas de Lucas permaneciam fortes na memória dos moradores, em especial no momento em que o GCAR começou a atuar na favela, onde não havia uma forte tradição de organização social ou ação cultural. O tráfico era um dos principais poderes organizadores, fonte de autoridade e também de prestígio social. Nas brincadeiras, crianças e adolescentes buscavam inspiração nos "heróis" locais para compor seus personagens infantis. Na clássica brincadeira de polícia e ladrão, não chegava a surpreender que ninguém quisesse o papel do primeiro. O poder, em seus diferentes sentidos, manifestava-se, aos olhos dos jovens, pelo respeito/medo inspirado pelos traficantes, pelo acesso que tinham aos bens de consumo, à boa roupa, ao tênis importado e pelo reconhecimento da comunidade. Era a encenação do anseio de "tornar-se alguém" por meio do culto à violência.

A chegada da trupe do GCAR em Vigário Geral, portanto, significa uma verdadeira ação de ocupação de território simbólico e cultural. As atividades desenvolvidas desde o início aproveitavam o impulso, já existente na comunidade, de valorização da música e da dança, para introduzir oficinas de capoeira e de percussão. Apoiados basicamente na própria capacidade de atrair voluntários para a condução das oficinas, a principal característica do GCAR sempre foi, desde esses primeiros momentos, a enorme abertura das atividades à participação de jovens e crianças interessados. Sem impor pré-requisitos, comuns em outros projetos de assistência e formação educacional, as oficinas estavam abertas, era só chegar.

Isso não significa, nem nunca significou, inexistência de normas ou critérios, mas simplesmente o reconhecimento de que a disputa de valores se dá num terreno em que os recursos iniciais à disposição dos dois lados são terrivelmente desiguais. A disposição do GCAR de confrontar-se abertamente com o poder de atração do tráfico sobre os jovens implicou o reconhecimento de que o ponto de partida tinha de ser o impulso e a vontade criativa dos próprios jovens. Não se tratava, portanto, de uma ruptura radical com o universo de valores dos jovens, mas de tê-los como matéria-prima para a construção de um novo campo ético e moral. Em vez de arrogantemente se autoproclamarem portadores de "novos valores" — carregados de preconceitos típicos do processo de estigmatização da favela e de seus moradores —, os jovens "agitadores culturais" do Afro Reggae buscavam uma atualização e uma revalorização desse universo a partir do reconhecimento e da afirmação da sua beleza e da sua positividade.

A intuição e a experiência de cada um dos fundadores da organização decerto foram fatores decisivos para o sucesso e a boa aceitação dessa empreitada pela comunidade. O Afro Reggae realizou, em Vigário Geral, um notável processo de internalização de um projeto que nasceu a partir de uma iniciativa de fora da comunidade e que se transformou em parte orgânica da sua existência, reconhecida e legitimada como tal não só pelos "de dentro", como também pelos "de fora". É preciso lembrar que nenhum dos fundadores do projeto era morador de Vigário ou tinha uma história anterior de trabalho com aquela comunidade.

A criação, em 1994, do Núcleo Cultural Afro Reggae Vigário Geral foi um passo crucial para a consolidação desse processo. Um apoio decisivo nesse período foi o financiamento obtido pelo GCAR junto ao Saap, sob responsabilidade da Fase e coordenado por Lorenzo Zanetti. A proposta do financiamento era para a produção de quatro edições do jornal *Afro Reggae Notícias*. Mas o impacto foi muito maior, pois, ao otimizar o jornal e garantir por algum tempo sua periodicidade, o financiamento deu condições ao grupo de captar anúncios, que começaram a cobrir os custos gráficos, e, com as sobras, investir nas atividades em Vigário. Da mesma forma, as festas continuaram a ser uma fonte de geração de renda para o trabalho social, nutrindo uma vocação para a geração de recursos que, conforme veremos, veio consolidar-se mais à frente. Esse apoio do Saap inaugurou uma das mais ricas e fraternas parcerias estabelecidas no decorrer da história do GCAR.

Durante todo o primeiro ano e meio de existência do grupo, as atividades desenvolveram-se praticamente nas ruas, quadras e outros espaços públicos existentes em Vigário. Embora contassem naquele momento com o apoio proporcionado pela Casa da Paz, especialmente espaço e infra-estrutura para a realização das reuniões do grupo, a incompatibilidade entre métodos e natureza do trabalho desenvolvido pelas duas instituições trouxe desde o início muitas dificuldades. A característica das atividades do Afro Reggae e o barulho natural provocado pelas oficinas de música, dança e capoeira eram, naturalmente, de difícil coexistência com as atividades de cunho mais educativo e profissionalizante oferecidas pela Casa da Paz. A necessidade de viabilizar uma sede própria em Vigário era cada vez mais premente.

Por fim, em agosto de 1995, por meio de um empréstimo de R$5 mil concedido pela ONG Centro de Apoio aos Movimentos Populares (Campo), o grupo conseguiu comprar sua primeira casa em Vigário Geral. A essa altura, o trabalho do grupo já tinha chamado a atenção da mídia e conquistado apoios importantes no universo artístico e cultural da cidade. As oficinas de dança e percussão apresentavam-se em vários pontos da cidade, e a partir dessas experiências surgiu a idéia de montar uma banda, denominada, por decisão unânime dos seus integrantes, Banda Afro Reggae. Numa das apresentações em um hotel no Rio de Janeiro ocorreu o encontro com Regina

Casé e Caetano Veloso, que foram convidados para ser, respectivamente, madrinha e padrinho da banda.

Outros amigos de primeira hora são os integrantes do grupo carioca O Rappa, que contribuiu bastante para a articulação de outros grupos de música, além de participar de várias atividades promovidas pelo Afro Reggae. São incontáveis os eventos na favela com presença de artistas e grupos musicais, como Cidade Negra; O Rappa; Fernanda Abreu; Gabriel, o Pensador, entre outros. Em junho de 1995, ocorreu o batizado da Banda Afro Reggae, composta de alunos das oficinas, inclusive vários ex-envolvidos com o tráfico de drogas. O batizado foi uma grande festa musical em Vigário, com a presença de Regina Casé e Caetano Veloso, além de vários artistas e intelectuais cariocas, incluindo o poeta Wally Salomão, que se tornou um dos principais incentivadores do grupo. Um novo som começava a se ouvir no Rio de Janeiro, o som de VG:

Tinha um som que imperava em Vigário Geral (4x)
Explica os som que imperava em Vigário
o som que imperava em Vigário era o
som de tiro cumpadri
(...)
pow, pow, pow, pow
é de Vigário Geral
aqui não tem mais esse som
pode crê meu irmão
a favela tá tranqüila
não tem mais o barulho
De AR-15 sig sauer
Metralhadora alemã
Pistol-uzi, robocop
a caça andróide
A casa do volt
E o Paulo Paulada
A Jubiraca
Vigário pede paz
É a cultura da favela
(...)

(Trecho de "Som de VG", Banda Afro Reggae 1. Letra: Ando, LG e Ales; música: Ando e LG.)

A ocupação das ruas e dos espaços públicos pelas atividades do grupo foi uma contribuição importante para a retração dos conflitos abertos entre a polícia e os traficantes locais. A percepção, pelos agentes desses dois poderes, de que um novo ator estava em campo foi, de certa forma, muito rápida. O Afro Reggae postara-se literalmente no meio do fogo cruzado, já que muitas de suas oficinas realizavam-se justamente na quadra localizada entre a passarela do trem e a entrada da favela — pontos estratégicos para o posicionamento de policiais e traficantes. Inúmeras vezes as atividades foram interrompidas para escapar dos tiroteios entre a polícia e os traficantes. Com o passar do tempo, esses episódios tornaram-se mais raros. A diferença é o fato de o GCAR ter conquistado o respeito da polícia e dos traficantes e, sobretudo, jamais ter-se submetido às regras silenciosas que imperavam na favela, embora os canais de comunicação com os dois poderes continuassem abertos.

Consolidação institucional

Ao final do ano de 1996, o Grupo Cultural Afro Reggae concluiu uma primeira e fundamental etapa da sua construção institucional. Após adquirir certa estabilidade financeira — com a participação de novas agências financiadoras e parceiros como a Fundação Ford e o Instituto Brasileiro de Inovações em Saúde Social (Ibiss), o que garantia a realização de um núcleo central de ações —, o grupo atravessou um importante período de ampliação das atividades, consolidação da equipe permanente e definição estratégica. O elenco de atividades, além do núcleo principal na área da cultura, já incluía comunicação por meio do rádio, programas de saúde (prevenção da Aids) e intercâmbio com universidades. O jornal ganhou cores, expandindo a tiragem e os pontos de distribuição.

Retomando a inspiração original, o GCAR se propôs estender sua ação a outras comunidades, perseguindo uma vocação de ator cultural não apenas de Vigário Geral, mas da cidade do Rio de Janeiro. Em 1996, começou a implantação do segundo Núcleo Comunitário de Cultura no morro do Cantagalo, favela localizada na Zona Sul do Rio de Janeiro. As atividades se realizavam então em parceria com o Complexo Escolar Municipal Presidente João Goulart, e o público-alvo eram principalmente os alunos. Depois de alguns altos e baixos, as atividades em Cantagalo evoluíram para uma parceria com o Cirque du Soleil do Canadá, o Saap/Fase, o projeto Se Essa Rua Fosse Minha,[11] o Teatro de Anônimo e a Comunidade Solidária, constitu-

[11] Projeto de atendimento às crianças de rua surgido em 1993 de uma associação entre o Ibase, a Fase e o Iser.

indo-se assim o projeto Levantando a Lona, que tem nas atividades circenses o principal instrumento de trabalho com os jovens.

Outros projetos que passaram a compor o repertório de iniciativas do GCAR também foram lançados nessa época, como é o caso do programa radiofônico *Baticum* (em parceria com a Universidade Estadual do Rio de Janeiro — Uerj), que estendia a vocação comunicativa do grupo aos ouvintes das rádios comunitárias de Vigário Geral, Parada de Lucas e Pedreira, sendo retransmitido pela Radjah, rádio alternativa da Uerj que atingia os bairros da Tijuca, Vila Isabel, Mangueira e Maracanã.

Também o projeto GerAção, uma parceria entre o Movimento Viva Rio e a Ação da Cidadania/Ibase, abriu uma etapa de intenso intercâmbio entre jovens de Vigário Geral e estudantes dos colégios da Zona Sul do Rio, a partir das atividades coordenadas pelo GCAR. Esse encontro entre jovens do asfalto e da favela significou uma rica experiência que não apenas ampliou os horizontes dos participantes, mas, sobretudo, representou um experimento original de intercâmbio entre jovens que, de maneiras muito diversas entre si, conviviam cotidianamente com a cultura do medo e da violência.[12]

Em 1996, o Afro Reggae conseguiu quitar a casa de Vigário Geral e o empréstimo feito junto ao Campo, graças aos recursos arrecadados com a bem-sucedida Campanha do Metro, realizada com o apoio da Comunidade Européia. Os 90 metros quadrados do imóvel do GCAR em Vigário foram divididos em cotas simbólicas, proporcionais ao valor da casa, e vendidas aos amigos interessados em apoiar o grupo. A estratégia funcionou. Em apenas seis meses, foram obtidos os recursos necessários para a quitação do imóvel.

Um projeto de reforma e ampliação, iniciado pouco tempo depois com o apoio das embaixadas britânica e canadense, permitiu inaugurar, no início de 1997, o Centro Cultural Vigário Legal. Um jovem de 18 anos, da própria comunidade, aluno da oficina de capoeira, assumiu a coordenação do centro. Essa decisão reforçou tanto o sentido de pertencimento do Afro Reggae a Vigário Geral quanto a estratégia de constituição de lideranças locais.

Situação atual

Com um núcleo de parceiros consolidado, uma agenda de atividades a pleno vapor e uma grande presença na mídia nacional e internacional, o Afro Reggae

---

[12] Novaes, 1997.

tornou-se, em tempo recorde, uma instituição de referência para todos aqueles que refletem sobre a delicada temática da violência associada à juventude, ao tráfico de drogas e às favelas.

A experiência de Vigário Geral é um vigoroso exemplo de como um trabalho de natureza cultural pode ser conduzido com sucesso num ambiente social com enormes dificuldades econômicas e marcado pela violência. Em menor escala, mas com significado equivalente, os projetos que o grupo desenvolve na Zona Sul do Rio, na favela do Cantagalo, e na Zona Oeste, na Cidade de Deus, comprovam que existe um aprendizado a ser difundido. Cada vez mais o Afro Reggae amplia seu papel de ator político-cultural de primeira linha no Rio de Janeiro.

O sucesso da Banda Afro Reggae, agora chamada Banda Afro Reggae 1, em pouco tempo ganhou uma dimensão muito maior do que a esperada pelo próprio grupo. Depois de uma bem-sucedida turnê pela Europa — durante os jogos da Copa Mundial de Futebol na França em 1998 —, organizada por grupos de direitos humanos europeus, a banda acelerou o processo de profissionalização de seus integrantes. O contrato assinado em meados do ano passado com a Universal Records, uma das maiores gravadoras do mundo, foi o empurrão que faltava para a entrada do Afro Reggae no universo fechado da música comercial: o primeiro CD da Banda Afro Reggae foi lançado em janeiro de 2001.

Os resultados alcançados pela banda decorrem, em parte, de uma estratégia deliberada, implementada pela Afro Reggae Produções Artísticas (Arpa), o braço comercial da entidade, responsável pela administração da banda e outros eventos culturais patrocinados pelo grupo. A articulação entre o trabalho social e a produção cultural com fins comerciais sempre esteve na agenda do grupo. O início, como vimos, foi uma festa. A Arpa foi responsável, por exemplo, pela realização de inúmeros eventos culturais em Vigário e em outras favelas, com a presença de artistas e grupos musicais de sucesso. Concebida como produtora comercial e independente, embora organicamente vinculada ao GCAR, a Arpa é responsável pela comercialização dos produtos e serviços do grupo, visando, sobretudo, à geração de recursos para os projetos.

A entrada definitiva da Banda Afro Reggae 1 no universo comercial — levando junto, indiretamente, o próprio GCAR — abre uma nova etapa na vida institucional. Na condição de principal vitrina pública do grupo, bem como de referência fundamental para os jovens, em especial de Vigário Geral, os componentes da banda enfrentam o desafio de serem os operadores diretos de um novo padrão de comportamento a ser seguido. Em vez dos traficantes, as crianças agora imitam os vocalistas Ando e LG, eles próprios moradores de Vigário Geral e com uma história pessoal marcada pela experiência de trabalho com o Afro Reggae.

Principais atividades

Faremos, a seguir, uma breve apresentação dos programas e das atividades hoje conduzidas pelo Afro Reggae. Uma apresentação detalhada extrapolaria os objetivos deste trabalho, voltado principalmente para a apresentação e a análise dos aspectos centrais da experiência do grupo no decorrer de seus sete anos de existência.

❑ Afro Reggae Produções Artísticas (Arpa)

Como vimos anteriormente, um dos principais esforços da Arpa tem sido criar um circuito de eventos culturais nas favelas, com a realização de *shows*, *jam sessions* e *workshops* com artistas populares. Constituída formalmente como empresa comercial, a Arpa também organiza apresentações da Banda 1 e outros espetáculos nascidos das oficinas do GCAR em lugares públicos, universidades e eventos populares. O ponto principal a destacar nesse tipo de ação é o papel exercido na valorização do universo cultural dos jovens moradores das favelas e comunidades periféricas do Rio de Janeiro. O espetáculo Nova Cara, da Banda 1, por exemplo, está roteirizado de maneira a trazer, por intermédio da música, das letras e da coreografia em palco, uma forte mensagem de orgulho, indignação e mudança.

❑ Programa de comunicação

A capacidade de comunicar é um dos pontos fortes do GCAR. A intensa presença do grupo na mídia, com constantes apresentações na tevê, tem sido um instrumento fundamental na difusão do trabalho realizado, o que é natural num projeto cujo primeiro produto institucional foi um jornal. Mas a estratégia de comunicação do grupo representa muito mais do que a divulgação das ações, sendo um instrumento-chave para a integração e valorização das atividades no seio das próprias comunidades. Os principais veículos são:

a) Jornal *Afro Reggae Notícias — ARN*: tiragem de 10 mil exemplares, 16 páginas (quatro coloridas), com distribuição gratuita em 18 estados do Brasil. Com artigos e informações de natureza político-social, o *ARN* vem-se especializando no universo multifacetado da chamada música negra.

b) Programa de rádio *Baticum*: no ar desde 1996, atualmente é transmitido pela Rádio Comunitária Bicuda FM, na Vila da Penha, em parceria com o Centro de Tecnologia Educacional da Universidade Estadual do Rio de Janeiro (CTE-Uerj). De veiculação semanal, o programa inclui informações sobre saúde e agenda cultural, além de promover debates ao vivo sobre temas de interesse da audiência. A perspectiva é obter um acordo com alguma rádio comercial para viabilizar a ampliação do programa, assim como seu raio de alcance.

c) *AfroNet*: a divulgação de informações praticamente diárias pela Internet é o principal objetivo do boletim *AfroNet*. Com uma rede personalizada com cerca de 500 contatos — incluindo indivíduos, órgãos governamentais, ONGs, agências financiadoras e universidades —, o boletim repassa informações sobre as atividades do Afro Reggae. A construção de um *site* na Internet (www.afroreggae.org.br) maximizou a capacidade do grupo de utilizar os recursos da grande rede para a condução e divulgação do trabalho realizado.

d) *Intergalatic:* boletim mensal, via correio eletrônico e fax, com a agenda das atividades. Os destinatários principais são intelectuais, artistas, jornalistas, ONGs e entidades governamentais com os quais o Afro Reggae procura manter contato regular.

❑ Programa social — Núcleos Comunitários de Cultura

Os Núcleos Comunitários de Cultura são o cerne do trabalho do GCAR com jovens e crianças em situação de risco. Os núcleos poderiam ser definidos como postos avançados na luta pela conquista de território cultural em que o grupo se encontra empenhado. É por meio dos núcleos que o contato com jovens se realiza de maneira mais orgânica e cotidiana. As atividades por eles desenvolvidas passam a fazer parte da vida da comunidade, constituindo um poder de natureza ético-moral contrário àquele exercido pelo tráfico. Os núcleos são irradiadores de valores como auto-estima, cidadania e solidariedade, o que contrasta radicalmente com a integração perversa, centrada na violência e no dinheiro, oferecida pelo tráfico aos jovens das favelas. Participa regularmente das atividades dos núcleos um conjunto de mais de 500 jovens, 400 apenas em Vigário. Mas o impacto vai muito além dos jovens participantes das atividades e oficinas: repercute nas famílias, nos vizinhos e nos amigos.

Os núcleos também são geradores de talentos e formadores de uma geração de novos artistas nas diversas áreas em que promovem oficinas e *workshops*. O resultado mais notável, mas não o único, é a Banda 1. Visitar os núcleos comunitários de cultura mantidos pelo Afro Reggae é uma experiência emocionante e renovadora para qualquer pessoa.

Existem atualmente dois núcleos em funcionamento. O primeiro e mais consolidado é o Núcleo Comunitário de Cultura Vigário Legal, em Vigário Geral. É nesse núcleo que verificamos a realização mais plena do modelo de trabalho do GCAR. Laboratório de idéias e práticas, o núcleo de Vigário, no decorrer de sua história institucional, forneceu as bases de toda a prática de trabalho atual do GCAR. O segundo núcleo, fundado em 1996, situa-se na favela de Cantagalo, no bairro de Ipanema, Zona Sul do Rio de Janeiro. Com uma trajetória marcada pelas dificuldades para encontrar seu caminho, o Afro Reggae muito aprendeu, com sua experiência no Cantagalo, a respeito da capacidade de replicação, em outras comunidades, do modelo bem-sucedido de Vigário. Atualmente, o núcleo vive uma fase de consolidação e expansão de suas atividades. Vejamos, portanto, uma rápida descrição das atividades coordenadas a partir dos dois núcleos:

a) Núcleo Comunitário de Cultura Vigário Legal

Oficinas convencionais: nessas oficinas, sob orientação permanente de instrutores do grupo, alunos com idade entre sete e 20 anos praticam dança aero-rítmica, percussão, futebol, teatro, capoeira e grafite. A maioria dos alunos mora nas comunidades de Vigário Geral e Parada de Lucas. Algumas dessas oficinas — como é o caso das de capoeira, de futebol e de percussão — se realizam em espaços comunitários, tais como a quadra de esportes, o Ciep Mestre Cartola e o campo de futebol.

Criança Legal: o objetivo central desse projeto é proporcionar uma iniciação pedagógica e cultural para crianças entre dois e sete anos de idade. Concebido como opção de lazer orientado no período de férias escolares, o projeto fez tanto sucesso que passou a ser mantido durante o ano inteiro, com o apoio de empresas do bairro. Foram definidos três eixos básicos: criar um ambiente lúdico e saudável para as crianças; servir como pré-escola, com atividades de alfabetização, encaminhando as crianças para a rede pública de ensino; e dar orientação em questões básicas de saúde, por meio de uma parceria com o Posto de Saúde Comunitário. O projeto tem atendido uma média de 50 crianças, com perspectivas de aumentar o número de participantes.

Usina Musical: esse projeto combina aulas de guitarra, contrabaixo, bateria, teclado e saxofone com palestras e encontros sobre temas gerais, história, geografia e direitos humanos. Atualmente, o projeto é mantido graças a uma bem-sucedida parceria com a Secretaria Municipal de Trabalho. Os alunos são mais velhos, alguns dos que trabalham assistem a aulas noturnas e vários são moradores de bairros vizinhos a Vigário Geral. O objetivo de longo prazo, em parceria com a Escola Nacional de Música e o Conservatório Brasileiro de Música, é transformar essa experiência numa escola comunitária de música.

Banda Afro Reggae (Banda 1), Afro Reggae 2 e AfroLata: a profissionalização da Banda 1 e o impacto dessa atividade sobre a comunidade estimulou a formação de uma segunda geração de músicos. De forma distinta da Banda 1, em que a maior parte dos seus integrantes possui uma história de envolvimento com o tráfico, essa nova geração é composta principalmente de jovens e crianças pertencentes às camadas mais pobres da favela. Com idade entre quatro e 17 anos, eles compõem na atualidade a Banda Afro Reggae 2 e o AfroLata. A primeira vem assumindo grande parte dos compromissos sociais da Banda 1, apresentando-se em escolas e outras comunidades, além de eventos organizados pelas demais entidades da sociedade civil. O AfroLata nasce quase espontaneamente, por iniciativa de crianças que imitavam os percussionistas da Banda 1 tocando nas caixas e latões de plástico ou alumínio abandonados pela favela. O estímulo decisivo aos meninos veio de Paulo Negueba, percussionista da Banda 1, que assumiu a orientação musical do grupo.

b) Núcleo Comunitário do Cantagalo

Embora exista desde 1996, a experiência de implantação de um núcleo na comunidade de Cantagalo foi um processo difícil e, na avaliação dos próprios dirigentes do GCAR, cheio de erros.[13] O principal deles foi achar que a experiência das oficinas realizadas em Vigário poderia ser simplesmente reproduzida no Cantagalo. As dificuldades encontradas demonstraram que é preciso, antes de mais nada, respeitar as regras e vocações locais. Isso nem sempre é óbvio. É preciso muito tempo até que a identidade local se afirme; uma combinação de método, intuição e — por que não? — um pouco de sorte. No caso de Cantagalo, essa combinação levou ao início do projeto Levantando a Lona, em parceria com o Cirque du Soleil (Canadá), Se Essa Rua Fosse Minha, Saap/Fase, Teatro de Anônimo e Comunidade Solidária. Nesse caso, o trabalho é realizado com adolescentes entre 12 e 18 anos, que

---

[13] Entrevista de José Júnior ao autor (27-12-1999).

participam de oficinas de treinamento nas artes circenses. O projeto vem atraindo e estimulando a participação de um grande número de jovens. O intercâmbio cada vez mais freqüente entre Cantagalo e Vigário levou, por exemplo, à inclusão de números circenses na abertura dos *shows* da Banda 1 no espetáculo Nova Cara.

- Programa de saúde

O programa de saúde do GCAR reforça a perspectiva integral que orienta o trabalho do grupo. Constituído a partir de uma parceria com a Associação Brasileira Interdisciplinar de Prevenção da Aids (Abia), o programa desenvolveu nos últimos dois anos um importante trabalho de orientação e formação, voltado especialmente para a população negra de baixa renda, jovens e adolescentes moradores dos subúrbios, das favelas e da periferia da cidade. O programa tem quatro linhas de trabalho principais:

Barraca da Saúde: adotando o modelo que já faz parte do cotidiano carioca — os camelôs —, as barracas da saúde servem como centros de informação e sensibilização para práticas de prevenção do HIV/Aids e outras doenças sexualmente transmissíveis (DST). Com dois pontos fixos de grande afluência populacional no Rio de Janeiro, situados na praça XV e na Lapa, a Barraca da Saúde distribui preservativos e material educativo e realiza apresentações de teatro, música e dança para sensibilização do público.

Boletim Kizumba: na língua africana banto, *kizumba* significa confusão, briga. O boletim *Kizumba* estabeleceu como meta criar um espaço de articulação entre os temas culturais e os da saúde, dando voz a pesquisadores e pessoas que trabalham com essas questões. A ênfase nos temas relacionados à população e à cultura negra comparecem com destaque na publicação. Com tiragem de 2 mil exemplares e edição quadrimestral, o boletim é distribuído pela Barraca da Saúde a instituições de saúde, entidades e grupos do movimento negro.

Trupe da Saúde: combinando recursos de teatro de rua, circo, dança e música, a Trupe da Saúde encena esquetes com o objetivo de informar sobre prevenção de DST/Aids, uso de drogas, sexo seguro e gravidez indesejada. Organizada em 1987 por jovens de Vigário Geral, os espetáculos da Trupe percorrem escolas, favelas, praças públicas e terminais rodoviários, entre outros locais populares. Também apresenta-se em eventos e seminários, muitas vezes em parceria com a Secretaria Municipal de Saúde. A cooperação com o Cirque du Soleil também tem sido importante no aprimoramento das *performances*.

Curso de Capacitação para Jovens Agentes de Saúde: em fase de implementação, esse projeto parte de uma experiência realizada em parceria com a Abia pelo Programa de Prevenção do HIV/Aids para a Comunidade Afro-Brasileira, por meio do qual três jovens foram capacitados para atuar no programa de saúde do GCAR. A proposta é estender a experiência a outros jovens de Vigário Geral, os quais participariam de um programa de treinamento com 12 meses de duração. Ao final do período, os(as) participantes do programa estarão aptos a trabalhar no levantamento das condições de saúde da população jovem de Vigário, além de participar das atividades de prevenção.

Metodologia do GCAR

Ao nos referirmos à metodologia de trabalho do Afro Reggae, devemos, antes de mais nada, fugir da tentação de buscar um "pacote" fechado de regras a serem aplicadas, quaisquer que sejam as situações. Assim como eles próprios se baseiam em muito pouca teoria ou modelos preestabelecidos, a condução do trabalho desenvolvido com os jovens pelo GCAR exige abertura para aceitar a experimentação como um componente permanente da prática educativa. Lorenzo Zanetti já alertou para o fato de que, em muitos sentidos, o GCAR contribui decisivamente para a renovação das práticas de educação popular no Brasil. O mais importante desses elementos de renovação é, sem dúvida, a relação de mão dupla entre educadores e educandos. Os educadores do GCAR, responsáveis pelas oficinas e *workshops* de treinamento nas diversas áreas de atuação do grupo, aprendem à medida que ensinam. Tem sido assim a história da instituição.

A originalidade do trabalho reside sobretudo em sua enorme capacidade de aprender fazendo e, ao mesmo tempo, realizar uma grande mistura de experiências pessoais e institucionais.

> O que o Afro Reggae fez foi uma grande colagem de uma série de coisas. É aquilo que dizem: no meio artístico não se cria mais nada, tudo se copia. A gente colou um pouquinho do que deu certo no Ibase, um pouquinho da Fase, um pouquinho do Ceap, um pouquinho da Associação de Moradores, com os nossos anseios, os nossos desejos, as nossas frustrações, tudo isso temperado, batido no liqüidificador, aí ficou gostoso, ficou saboroso, energético, ficou legal. A gente pegou também a nossa personalidade pessoal e institucional. Tem coisas que você diz "isso aqui

> é a cara do Júnior ou é a cara da Márcia, do Tekko, mas é a cara do Afro Reggae", nós somos o Afro Reggae. O Afro Reggae é uma tatuagem no peito de cada um.[14]

Estamos diante de uma metodologia em permanente construção e reformulação. Seus aspectos principais remetem, desde os primeiros momentos de implementação do projeto, ao binômio auto-estima/protagonismo jovem, por meio da cultura. Todas as atividades realizadas pelo GCAR visam a promover uma relação positiva dos jovens com os seus próprios valores culturais e também sua capacidade de ação social. Vencer o desafio da formação de novas lideranças é uma das metas principais do grupo. Ampliar a margem de escolha, romper com a marginalização decorrente da pobreza e do preconceito, abrir novos horizontes para os jovens moradores de favelas e comunidades pobres do Rio de Janeiro estão entre as mais relevantes características da ação do GCAR. Alguns aspectos dessa metodologia merecem ser destacados:

- Profundo respeito pelo conhecimento acumulado na própria comunidade. A aproximação do GCAR às áreas em que desenvolve suas atividades, em particular em Vigário Geral, é feita com notável respeito pelas características culturais e pela história da comunidade. O resgate de sua história e dos aspectos positivos ali existentes é uma das características mais relevantes das dinâmicas educativas conduzidas pelo grupo. As oficinas, os *workshops* e as aulas de música são verdadeiras sessões de exibicionismo coletivo do que a comunidade tem de melhor e mais belo.
- A valorização dos laços de solidariedade e cooperação no seio da própria comunidade, gerando um sentimento de co-responsabilidade pelo destino das crianças e jovens, é uma preocupação constante no dia-a-dia do grupo. A conversa com pais e familiares, o acompanhamento psicológico dos jovens e a articulação com outras iniciativas comunitárias fazem parte de uma dinâmica de permanente integração do GCAR nas comunidades em que trabalha. A ênfase na sociabilização por meio da cultura é fator crucial na constituição de um pólo de atração alternativo àquele oferecido pelo tráfico. A articulação permanente com as famílias ajuda na consoli-

[14] Entrevista de José Júnior ao autor (27-12-1999).

dação de uma relação de confiança, essencial ao desempenho das atividades.

- Mantendo uma tradição advinda dos primeiros tempos de seu trabalho em Vigário Geral, o GCAR continua a desenvolver suas oficinas e *workshops* em espaços abertos e públicos, de modo a serem acompanhados pelos moradores e visitantes. Os ensaios das duas bandas e do AfroLata são sempre acompanhados com interesse e animação pelos moradores, em especial pelas crianças e jovens. Até mesmo as reuniões são, muitas vezes, realizadas na própria rua, à vista de todos, com total transparência nas discussões, que ocorrem geralmente aos sábados. Essas atividades — verdadeiros rituais de iniciação — são uma das principais portas de entrada de novos participantes, uma "tentação do bem", convidativa, alegre e livre. Não há restrições ou pré-requisitos; basta chegar.
- Embora sem dispor ainda de um mecanismo de seleção claramente definido, o Afro Reggae tem uma estratégia deliberada, patrocinada pelos próprios fundadores e diretores, de renovar os quadros de coordenação da instituição a partir dos próprios alunos e alunas participantes das atividades. A política de bolsas de estudos para os melhores alunos das oficinas constitui um instrumento eficaz de incentivo, e vários dos atuais instrutores já foram alunos. O resultado mais visível dessa política é o fato de a coordenação do Centro Cultural Vigário Legal estar, desde sua fundação, sob a responsabilidade de jovens da própria comunidade que se envolveram direta ou indiretamente com o tráfico, foram alunos das oficinas de capoeira e percussão e que atualmente são músicos da Banda 1. O mesmo acontece com os quadros administrativos da sede da instituição, localizada no centro comercial do Rio de Janeiro. A maioria deles vem das próprias comunidades onde o GCAR atua, principalmente Vigário Geral. Essa característica deve ganhar força com a aprovação de um projeto de formação de lideranças, em parceria com o Unicef e a Fundação Ford, visando a formar a cada ano 70 novas lideranças.
- As preocupações do grupo não estão apenas na condução imediata das atividades. Como vimos no caso da relação com as famílias, graças a uma valiosa rede de parcerias o GCAR consegue criar uma espécie de teia de segurança que envolve vários aspectos da vida da sua comunidade de alunos. Convênios e acordos com postos de saúde e escolas, por exemplo, garantem atendimento médico e pré-matrícula, aumentando a auto-estima

de jovens cuja principal experiência tem sido o abandono e o descaso. O sentimento de pertencer a um grupo também eleva o moral diante da comunidade, da polícia e do próprio tráfico. O Afro Reggae é respeitado, assim como todos os que a ele estão ligados, incluindo a própria comunidade onde atua. A perspectiva integral de trabalho adotada desperta confiança e segurança. O respeito conquistado e a liberdade são indicados pelos próprios jovens participantes do GCAR como os principais fatores que os levaram à adesão e permanência no grupo. Essa liberdade não acompanha, por exemplo, o respeito eventualmente trazido pelo fato de pertencer ao tráfico.

- O Afro Reggae tem uma preocupação permanente de abrir o grupo à influência externa, fazendo circular nas comunidades uma ampla gama de pessoas e promovendo eventos no núcleo de cultura ou nos espaços públicos da comunidade. Da mesma forma, a apresentação dos espetáculos musicais e *performances* das oficinas do GCAR em universidades, eventos públicos, campanhas cívicas etc. reforça o sentimento de integração dos jovens a um movimento mais amplo de valorização cultural e promoção da cidadania.

Parcerias e estratégias de sustentabilidade

O trabalho de construção de parcerias, conforme vem sendo conduzido pelo GCAR, passou por diferentes etapas e teve papel importante no próprio amadurecimento político e institucional da organização. Os primeiros passos, como vimos, não estavam amparados em propostas e projetos bem estruturados. Havia, sim, o impulso e a paixão dos fundadores e o claro objetivo de trabalhar com jovens expostos a situações de risco e sob forte influência do tráfico de drogas.

As primeiras parcerias eram primordialmente adesões à idéia e não envolviam recursos financeiros diretos, e sim muita cooperação, trabalho voluntário e compartilhamento de espaços. Era o apoio de pessoas e de instituições que apostavam num caminho de intervenção política e cultural que apenas começava a se desenhar.

O primeiro apoio financeiro formal veio do Saap-Fase, visando a cobrir os custos de três edições do *Afro Reggae Notícias*. Esse apoio foi essencial porque veio junto com a confiança que Lorenzo Zanetti, o responsável pelos recursos, depositou naqueles jovens empreendedores culturais. Tal confiança, sempre reconhecida pelos dirigentes e fundadores do GCAR, foi fundamental para a institucionalização do projeto e a abertura de novas portas. A parceria entre o Saap e o GCAR, construída e ampliada ao longo dos sete anos de vida institucional, faz hoje parte da história da organização, tendo contribuído diretamente para a formação política de vários de seus dirigentes.

No âmbito do setor privado, destaca-se a empresa gráfica M. W. Barroso, que desde o começo apoiou o GCAR sem restrições. Localizada em Vigário, a empresa dirigida por "seu Barroso" — como o proprietário é carinhosamente chamado pela trupe do Afro Reggae — tem funcionado, durante todo esse tempo, como um mecenas da instituição. Comovido (e movido) pelo trabalho que vinha sendo implantado pelo GCAR na favela de Vigário, "seu Barroso" tornou-se uma espécie de ícone do tipo de parceria buscado com o setor privado.

Outros parceiros apareceram e, no final de 1994, a organização já começava a consolidar um pequeno mas fundamental círculo de apoios financeiros, envolvendo agências não-governamentais, empresas privadas locais e agentes econômicos governamentais. Nessa primeira geração de parceiros financeiros estão, além do Saap-Fase e da M. W. Barroso, o Centro de Estatística Religiosa e Investigações Sociais (Ceris), a Coordenadoria Ecumênica de Serviço (Cese) e a Caixa Econômica Federal. Os parceiros não-financeiros já são muitos, mas é importante destacar o Centro de Articulação de Populações Marginalizadas (Ceap), a Uerj, o Sindicato dos Trabalhadores Públicos Federais da Saúde e Previdência Social (Sindsprev) e a Casa da Paz, além de muitas outras organizações comunitárias.

Encontrar o tom certo para parcerias financeiras, sem paternalismos ou falsificações, é sempre um grande desafio para as organizações sociais. Uma das primeiras lições aprendidas pelo GCAR no contato mais formal com as agências de cooperação foi não aceitar a simplificação dos estereótipos a respeito da vida nas favelas apenas para agradar o financiador. Conforme as palavras da coordenadora social da entidade, Márcia Florêncio: "A gente apresenta o lado legal da favela, um lado positivo, da alegria, do prazer, sem esquecer que existe o outro lado".

Tal é a atitude de quem não só recusa a imagem da favela como um lugar onde só existe necessidade, carência e violência, mas também acredita que o potencial de mudança e as condições para a superação dos problemas estejam na própria comunidade. Talvez seja esse o pressuposto presente em todas as relações de parceria até hoje mantidas pelo Afro Reggae, inclusive as não-financeiras e as estabelecidas com instâncias governamentais. Uma visão do amplo quadro de apoios com os quais a instituição hoje conta revela o acerto dessa estratégia.

Parcerias financeiras e não-financeiras do GCAR

Parcerias financeiras
Assessoria Especial de Eventos da Cidade do Rio de Janeiro
Conselho da Criança e do Adolescente da Cidade do Rio de Janeiro — SMDS
Disconildo (empresa de instrumentos musicais)
Fundação Ford
Instituto Brasileiro de Inovação em Saúde Social
M. W. Barroso
Prefeitura Municipal da Cidade do Rio de Janeiro
Programa da Juventude da Cidade do Rio de Janeiro
Setor de Análises e Assessoria a Projetos da Fase
Secretaria Municipal de Cultura
Secretaria Municipal de Desenvolvimento Social
Secretaria Municipal de Trabalho da Cidade do Rio de Janeiro
Unicef
Comunidade Solidária
Parcerias não-financeiras
Associação de Moradores Parque Proletário de Vigário Geral
Associação Brasileira Interdisciplinar de AIDS.
Ciapi — Itália
Complexo Escolar Municipal Presidente João Goulart
Instituto Brasileiro de Análises Sociais e Econômicas (Ibase)
Movimento de Gestores Comunitários (Mogec)
Setor de Análises e Assessoria a Projetos da Fase
Se Essa Rua Fosse Minha
Teatro de Anônimo
Universidade do Estado do Rio de Janeiro
Cirque du Soleil do Canadá

Fonte: Grupo Cultural Afro Reggae, 1999.

Parcerias não-financeiras e locais

É praticamente impossível relacionar todas as pessoas, instituições e empresas que no decorrer desses sete anos contribuíram de alguma forma para o sucesso do Afro Reggae. O trabalho voluntário de instrutores e o apoio de artistas e bandas musicais consagradas, entre outros, sempre foram componentes essenciais da própria identidade do grupo. A construção de pontes culturais entre os jovens das comunidades e o resto da sociedade é um dos principais objetivos do trabalho. A interação constante com um amplo e diversificado universo de pessoas que apóiam os projetos é parte dessa estratégia. Não seria exagero dizer que as parcerias não-financeiras são tão importantes quanto aquelas que se caracterizam pelo financiamento para a sustentação do grupo. O ideal é que as duas se combinem.

Fundamental, também, são os apoios angariados localmente. Nesse campo vai-se muito além das parcerias institucionais, como as firmadas com as escolas públicas ou com a associação de moradores. Existe na comunidade uma predisposição para colaborar com o trabalho do GCAR, em virtude de uma metodologia que não descuida das relações sociais que cercam os jovens. Isso é percebido particularmente em Vigário Geral, onde a presença do Afro Reggae é marcante, graças sobretudo à implantação do Centro Cultural Vigário Legal e ao sucesso da Banda 1.

A proximidade e a colaboração constante com os atores locais contribuem decisivamente para o clima de confiança que envolve o trabalho. Trata-se de condição essencial para que o GCAR possa trabalhar com jovens num ambiente sujeito a tensões muitas vezes delicadas, devido ao precário equilíbrio em relação aos traficantes e à polícia. Assim, a principal arma do Afro Reggae para manter-se em relativa segurança é o alto grau de cumplicidade com um amplo leque de pessoas e instituições de fora e de dentro das comunidades em que atua, garantindo apoio e visibilidade para suas ações.

A busca de sustentabilidade

A preocupação com a sustentabilidade da instituição está na própria origem do GCAR. A realização das festas para a impressão do jornal já sugeria uma nascente vocação para a geração de recursos próprios. Hoje, mais do que nunca, isso constitui um dos objetivos centrais da organização. A Arpa é a peça-chave na condução de uma estratégia de geração de recursos próprios. Embora a situação registrada em 1998 ainda indicasse um patamar relativamente baixo de recursos gerados internamente, esse quadro pode sofrer importantes modificações, sobretudo a partir do sucesso da Banda 1.[15]

A manutenção do programa depende quase totalmente de agências financiadoras internacionais e nacionais. A tabela a seguir mostra a origem dos recursos do GCAR.

Origem dos recursos

Fonte	Participação (%)
Organizações internacionais	66
Organizações nacionais	12
Governo federal	10
Governo municipal	5
Iniciativa privada	5
Geração de renda interna	2

Fonte: Centro Cultural Afro Reggae, 1998.

O potencial de geração de recursos criado pelas atividades da Arpa — que além de administrar a Banda 1 é responsável pelos demais produtos culturais do grupo — não é pequeno. Em 1998, cerca de 20% dos recursos gerados eram investidos diretamente nos projetos do GCAR, um claro indício da prioridade conferida ao investimento social. O restante foi utilizado com gastos decorrentes da própria manutenção institucional, além dos custos com as bandas 1 e 2.

A contratação da Banda 1 pela Universal Music e as perspectivas de recursos significativos a serem gerados somente nessa atividade levaram o GCAR a estudar a possibilidade de criar, juntamente com a Fase, um fundo de investimentos em projetos sociais. Esse fundo começaria beneficiando-se de 1% dos recursos recebidos pela Banda 1 e estaria voltado especificamente para as comunidades mais pobres e com pouca ou nenhuma capacidade de levantar recursos junto a outras fontes.

[15] Infelizmente, no momento em que terminávamos este trabalho, ainda não se encontravam disponíveis os dados financeiros relativos ao ano de 1999.

Conclusão

A experiência do GCAR é exemplo de um trabalho de grande impacto com jovens em situação de risco, sujeitos à força de atração do narcotráfico. A opção de usar a cultura como o principal vetor de promoção da auto-estima e da cidadania vem-se revelando acertada e está sendo explorada com grande criatividade pelo grupo. A possibilidade de adotar a mesma metodologia em outros contextos é um caminho a ser estudado, e o próprio GCAR tem procurado desenvolver atividades nesse sentido. Isso vem ocorrendo graças ao esforço para criar outros núcleos comunitários de cultura, como na favela de Cantagalo, e também à abertura de novas frentes de atuação. O exemplo mais recente é um trabalho junto às chamadas instituições fechadas, como prisões e instituições de acolhimento de jovens infratores. Essa é uma área que propõe novos desafios à atuação do GCAR.

Existe hoje no núcleo dirigente da instituição uma consciência bastante apurada a respeito da necessidade de formar quadros e aprimorar as qualidades dos atuais representantes para a expansão do trabalho. O esforço de formação de lideranças entre os próprios jovens atendidos pelos programas da entidade é um componente essencial nessa estratégia. O reconhecimento de que não se encontra no mercado de trabalho o tipo de profissional exigido para lidar com as situações enfrentadas pela instituição torna a formação de novos quadros uma condição para a expansão da experiência e para a disseminação do aprendizado.

A própria consolidação do trabalho em algumas das áreas atualmente cobertas impõe novas exigências ao quadro de educadores e coordenadores do GCAR. O trabalho com idosos do bairro da Cidade de Deus, iniciado em 1999, abriu uma rica perspectiva de interação geracional. A organização de um coral de idosos, coordenado por um dos jovens da Banda 1, suscitou um conjunto completamente novo de questões que começa a colocar-se para a instituição, com efeitos educativos sobre os jovens e idosos envolvidos.

Outro grupo que exigirá cada vez mais atenção da entidade é o das meninas. Essa é uma área em que ainda é necessário aprimorar o trabalho, em especial para proporcionar às meninas em situação de risco uma efetiva ampliação de possibilidades de escolha. Além do risco do envolvimento com o tráfico de drogas, também existe o risco do envolvimento com a prostituição. Esses problemas são os maiores desafios para o Afro Reggae.

Da mesma forma, o sucesso e a fama da Banda 1 já levam a pensar em como impedir que os artistas e músicos reproduzam o modelo típico de ascensão social vertiginosa existente na área artística e futebolística. A permanente integração dos membros da Banda 1 nas atividades de formação dos jovens, nas oficinas e nas atividades sociais do GCAR é uma das maneiras de manter o vínculo original de seus participantes. O investimento na formação e no desenvolvimento da capacidade de liderança — especialmente o senso de responsabilidade para com a própria família e a comunidade — é parte fundamental dessa estratégia de vinculação social. Tratar esse tema sem moralismos, reconhecendo os anseios legítimos de ascensão social e de consumo dos jovens, tem sido uma característica das discussões coletivas do grupo.

Por último, cabe fazer uma observação sobre o modo como a questão racial aparece no processo de trabalho do GCAR. Embora a temática perpasse praticamente todas as atividades da instituição, estando inclusive refletida no seu nome, o Afro Reggae não se identifica como uma organização voltada para a questão racial ou pertencente ao movimento negro. O debate sobre o racismo emerge no dia-a-dia da instituição quase que naturalmente, a partir das próprias experiências vividas pelos jovens. Conforme relata Márcia Florêncio:

> Acho que esse é o tema mais difícil no Afro-Reggae, para todo o mundo. (...) Essa discussão dentro é muito pouca até hoje e vem mais do que as pessoas começaram a viver no cotidiano. O que significa ser negro, morador de favela, pobre, na cidade do Rio de Janeiro? É um pouco a partir disso que, de maneira ainda muito tímida até hoje, essa discussão sobre a questão racial acontece. (...) A questão racial apareceu mesmo quando os meninos começaram a questionar a gente sobre isso. Começaram a sair e a vivenciar situações complicadíssimas, inclusive discriminação. Começaram a dizer: "Olha, tem alguma coisa que não bate, estou tentando entender o que é, tem gente até que diz que é porque eu sou negro".

É interessante observar que, no caso dos jovens moradores da periferia e das favelas do Rio de Janeiro, o peso do preconceito racial na conformação da estrutura social brasileira encontra-se com freqüência diluído ou mascarado pelas condições acentuadas de exclusão social prevalecentes. A segregação social acaba restringindo o círculo de relações e o nível de exposição individual dos jovens a situações típicas de racismo. O assédio da polícia, com o qual convivem cotidianamente, vem carregado de outros estigmas, sendo o racismo um deles, mas nem sempre de maneira ostensiva.

O trabalho realizado pelo GCAR oferece a esses jovens a oportunidade de romper os limites territoriais, culturais e simbólicos em que vivem. A tensão racial aparece de maneira mais clara e perceptível justamente com o fortalecimento, nos jovens, da auto-estima e da consciência do próprio valor. A possibilidade de encontros e interações socioculturais, decorrentes das atividades dentro e fora das comunidades, assim como as viagens nacionais e internacionais (especialmente no caso dos artistas que participam do espetáculo *Nova Cara*) são momentos particularmente reveladores da questão racial. Os relatos e a discussão dessas experiências são fundamentais para a sensibilização não apenas dos alunos, mas dos próprios membros do GCAR.

A maneira como a temática racial é incorporada ao trabalho do GCAR, assim como outros pontos diretamente relacionados ao trabalho realizado, é indicativa de um processo pelo qual a instituição vai gradativamente encontrando a melhor maneira de lidar com os problemas que afetam as vidas dos jovens com os quais trabalha. Um aprendizado sem fórmulas predefinidas e com uma boa dose de intuição. O crescimento do raio de ação e a consolidação institucional vão exigir um grau cada vez maior de sistematização das práticas adotadas e maiores investimentos na formação dos seus quadros dirigentes. Essa preocupação, como vimos, já se encontra presente, embora de maneira ainda incipiente, nas diretrizes institucionais.

Bibliografia

Iplan-Rio. *Favelas cariocas: índice de qualidade de vida.* Rio de Janeiro, Iplan-Rio, 1997.

Landim, Leilah. Notas sobre a campanha do Betinho: ação cidadã e diversidades brasileiras. In: Landim, Leilah (org.). *Ações em sociedade: militância, caridade, assistência etc.* Rio de Janeiro, Iser, Nau, 1998.

Locatelli, Iza. Apresentação. In: Zanetti, Lorenzo. *A prática educativa do Grupo Cultural Afro Reggae.* Rio de Janeiro, Fase-Saap/Afro Reggae, 2000.

Minayo, Maria Cecília de Souza et alii. *Fala galera: juventude, violência e cidadania na cidade do Rio de Janeiro.* Rio de Janeiro, Garamond, 1999.

Novaes, Regina. Juventudes cariocas: mediações, conflitos e encontros culturais. In: Vianna, Hermano (org.). *Galeras cariocas: território de conflitos e encontros culturais*. Rio de Janeiro, UFRJ, 1997.

Soares, Luiz Eduardo (org.). *Violência e política no Rio de Janeiro*. Rio de Janeiro, Iser, Relume-Dumará, 1996.

———. Sociedade civil e movimentos sociais no mundo globalizado. *Cidade em Movimento, 17*(49):25-45, 1998.

Valladares, Lícia & Preteceille, Edmond. Favelas, favelas: unidade ou diversidade da favela carioca. In: *Seminário Desigualdade e Pobreza no Brasil*. Rio de Janeiro, Ipea, 12-13 ago. 1999.

Ventura, Zuenir. *Cidade partida*. Rio de Janeiro, Cia. das Letras, 1994.

Waiselfisz, Jacobo (org.). *Mapa da violência: os jovens do Brasil*. Rio de Janeiro, Garamond, 1998.

Zanetti, Lorenzo. *A prática educativa do Grupo Cultural Afro Reggae*. Rio de Janeiro, Fase-Saap/Afro Reggae, 2000.

CAPÍTULO 3

Projeto Castanha: desenvolvimento sustentável com geração de renda para os castanheiros do sul do estado do Amapá

Nelson Alessio*

Organizados em cooperativas, castanheiros do Amapá se livraram da interferência dos atravessadores e passaram a produzir biscoitos, praticando o extrativismo sem prejudicar a floresta amazônica.

Introdução

O Projeto Castanha abrange a Reserva de Desenvolvimento Sustentável do rio Iratapuru, a Reserva Extrativista do Cajari e o Assentamento Agroextrativista do Maracá, envolvendo as populações que sobrevivem da extração e comercialização da castanha-do-pará,[1] organizadas em duas cooperativas e uma associação (Cooperativa Mista dos Produtores e Extrativistas do Rio Ira-

* Mestre em administração pública pela Escola de Administração de Empresas de São Paulo, da Fundação Getulio Vargas (EAESP/FGV).

[1] É polêmica a denominação castanha-do-pará, nome pelo qual é mais conhecido, nas regiões Sul e Sudeste, o fruto da castanheira-do-pará (*Betholletia excelsa*). Essa majestosa árvore, que alcança entre 30 e 50m de altura e até 2m de diâmetro em sua base, com copa de aproximadamente 40m de diâmetro, está presente em diversos pontos da Amazônia, inclusive em outros países da região (Bolívia e Peru), para os quais também tem importância econômica. No Amapá foi dito ao autor que o nome correto da castanha-do-pará seria "castanha-do-brasil", já que o Pará não tem qualquer direito de exclusividade sobre a castanheira-do-pará, tampouco é o principal produtor da castanha. A denominação "castanha-do-brasil" estaria de acordo com a designação *Brazil nut*, a mais corrente no mercado internacional. Há quem queira que o fruto da castanheira-do-pará passe a denominar-se "castanha-da-amazônia", por ser um produto da Amazônia, e não apenas da região amazônica brasileira. De qualquer modo, utilizarei aqui a tradicional expressão "castanha-do-pará", mesmo porque é a reconhecida pelo *Dicionário Aurélio*, assim como seu sinônimo "castanha-do-maranhão".

tapuru — Comaru —, Cooperativa Mista dos Produtores Agroextrativistas de Laranjal do Jari — Comaja — e Associação dos Trabalhadores Agroextrativistas da Reserva do Rio Cajari — Astex-CA).

A visita que serviu de base para o presente trabalho restringiu-se à Reserva de Desenvolvimento Sustentável do rio Iratapuru, município de Laranjal do Jari, onde a Comaru (cooperativa que agrega 37 famílias) produz biscoitos de castanha-do-pará, que são vendidos ao governo do estado e utilizados no cardápio da merenda escolar.

A grande questão, desde logo formulada, é saber se faz sentido a produção de biscoitos, em plena selva amazônica, como alternativa sustentável de combate à pobreza na região de Laranjal do Jari. Essa questão não admite resposta do tipo monossilábico, motivo pelo qual tentarei respondê-la progressivamente, à medida que a experiência é analisada em seu contexto mais amplo e segundo critérios sociais, ambientais e econômicos.

O texto está estruturado em três segmentos, além desta introdução e da conclusão. O primeiro descreve a experiência e sua incorporação à realidade do Amapá, em especial no que diz respeito às atividades econômicas associadas ao extrativismo da castanha-do-pará. A seguir, focalizo o Programa de Desenvolvimento Sustentável do Estado do Amapá (PDSA), elemento decisivo para a compreensão da experiência. Por último, faço a análise crítica do Projeto Castanha.

Descrição do projeto e seus antecedentes históricos

O Projeto Castanha pode ser classificado, ao menos em tese, como uma experiência de respeito à bio-sociodiversidade, já que suas propostas envolvem basicamente a preservação da floresta amazônica e o respeito às populações locais, para as quais se criariam oportunidades de geração de renda por meio da extração e comercialização da castanha-do-pará. Essas atividades devem ser realizadas de forma racional e, sobretudo, divorciada das práticas espoliadoras que caracterizam o sistema tradicional de aviamento ou barracão, em que o trabalhador extrativista é mantido sob o jugo das grandes empresas de beneficiamento e exportação, que agem por meio dos atravessadores.

O projeto está associado a uma política oficial de desenvolvimento sustentável que valoriza e ampara a organização social dos castanheiros, para que estes possam vir a assumir de fato a posição de agentes de mercado, competindo em igualdade de condições com aqueles que tradicionalmente têm controlado o comércio doméstico e internacional da castanha-do-pará.[2]

A organização dos castanheiros deu-se em torno de três diferentes entidades, a saber:

1. Comaja, que opera uma unidade de processamento instalada em Laranjal do Jari, fazendo limpeza, secagem, descasque e embalagem da castanha-do-pará *in natura*, adquirida de produtores da região (cooperados ou não). Essa cooperativa vende a castanha, já desidratada e sem casca, com o selo de produto ecológico, pois obteve a certificação internacional da empresa européia Ecocert;
2. Astex-CA, que, além de estar envolvida com a extração, o processamento e a venda do palmito de açaí ecologicamente manejado, processa a castanha-do-pará, a fim de revendê-la desidratada e com casca;
3. Comaru (a única visitada pelo autor), que processa a castanha para vendê-la na forma de biscoito ao governo do estado, o qual, por intermédio da Secretaria de Estado da Educação, distribui o produto final a cerca de 128 mil alunos do ensino fundamental da rede estadual em Macapá e Santana.

No caso específico da Comaru, a cooperativa tem alguns antecedentes importantes, que ajudam a entender os mecanismos que levaram ao seu surgimento e as causas de sua atual dependência das compras do governo estadual.

Sebastião Braz Maranhão Castelo, que desempenhou e ainda desempenha o papel de líder da comunidade da Reserva de Desenvolvimento Sustentável do rio Iratapuru, conta que a família de sua mãe veio de Quixadá-CE para a região da foz do rio Iratapuru no começo do século. Já então faziam o extrativismo da castanha-do-pará. Sua avó costumava lembrar que em 1908 foi que surgiu pela primeira vez um atravessador (o chamado "marreteiro") querendo comprar a castanha *in natura*.

---

[2] O beneficiamento e o comércio da castanha-do-pará, em especial sua exportação para os grandes mercados consumidores (Estados Unidos, Grã-Bretanha, França e Alemanha), são dominados pelas famílias Mutran, de Belém-PA, e Chocron, de Manaus-AM. As três maiores empresas controlam mais de 50% do mercado exportador. O restante é controlado por aproximadamente 20 outras empresas beneficiadoras/exportadoras.

Anos mais tarde, o próprio Braz trabalhou para uma empresa de Belém, fazendo as vezes de marreteiro. Essa experiência permitiu-lhe entender quão perverso era o sistema e como seria difícil enfrentar os grandes beneficiadores e exportadores de castanha-do-pará.

Por volta de 1982, ao mesmo tempo em que se empenhava na organização da comunidade do rio Iratapuru, Braz começou verdadeira peregrinação por órgãos públicos (a extinta LBA, o Ministério da Agricultura, o Banco do Brasil etc.), em busca de apoio técnico para a produção em escala comercial de subprodutos da castanha.

Em 1988, João Alberto Capiberibe, eleito prefeito de Macapá, garantiu aos castanheiros do rio Iratapuru, liderados por Braz, a primeira oportunidade de conseguir um novo canal de escoamento para sua produção, graças à introdução da castanha-do-pará na merenda escolar.

De início, os castanheiros vendiam castanha seca e descascada em pacotes plásticos de 20 quilos. Essa castanha era utilizada para fazer mingau nas escolas. A Comaru nem mesmo dispunha de máquinas para descascar a castanha, de modo que empregava o processo tradicional de quebrá-la com porretes de madeira, após submetê-la a um choque térmico por imersão em água.

O passo seguinte foi deixar de vender castanha, passando ao fornecimento à merenda escolar de farinha de castanha. Posteriormente, a Comaru chegou à formulação, produção e venda de biscoito, a partir de receita doméstica tradicional.

A produção de biscoito (iniciada em 1997) destinava-se ao governo do estado. Vale dizer que João Alberto Capiberibe foi eleito e reeleito governador em 1994 e em 1998, respectivamente. Assim, o voluntarismo de Capiberibe, baseado na opção política de apostar em alternativas de desenvolvimento sustentável, foi decisivo para os castanheiros do Amapá.[3]

---

[3] É oportuno esclarecer que o início das operações da Comaja também esteve ligado à venda de castanha seca e descascada para o mingau das escolas. Como lembra Rita de Cássia Lima Andréa, diretora-presidente do Ceforh, "a iniciativa de apoiar os castanheiros foi do próprio governador, que não quis esperar pela lenta resposta da máquina administrativa, colocando desde logo o Estado a serviço da população". A propósito, convém esclarecer que o Centro de Formação e Desenvolvimento de Recursos Humanos (Ceforh) é uma autarquia estadual criada pela Lei nº 318/96 com a missão de apoiar a implementação de políticas públicas inspiradas no Programa de Desenvolvimento Sustentável do Amapá, por meio da capacitação do servidor público.

Segundo afirma L. Fernando Allegretti:

> Em 1998, a Comaru vendeu mais de 12 toneladas de biscoito para a merenda escolar, e a Comaja entregou cerca de 21 toneladas de castanha descascada e seca. Pelo atual contrato, o preço de venda é o mesmo para os dois produtos, R$7/kg.[4]

Também em 1998 e no âmbito do Programa Piloto de Proteção das Florestas Tropicais do Brasil (PPG7), a Comaru obteve a aprovação de um repasse de US$290.082, destinados à implantação de novas instalações para a produção de biscoito na reserva do rio Iratapuru.

O PPG7 tivera sua criação aprovada em 17-7-1990, na reunião de cúpula dos países do Grupo dos Sete (G7), por iniciativa do ex-chanceler alemão Helmut Kohl.

O objetivo do PPG7, programa formalizado pelo governo brasileiro no Decreto nº 563/92, é implantar um modelo de desenvolvimento sustentável nas florestas tropicais brasileiras. Todos os nove estados da Amazônia legal (Acre, Amapá, Amazonas, Mato Grosso, Maranhão, Pará, Roraima, Rondônia e Tocantins) trabalham na implantação do PPG7.

No Amapá, as ações relacionadas ao PPG7 são planejadas e coordenadas pela Gerência Estadual para o Programa Piloto de Proteção das Florestas Tropicais do Brasil (Ceap/PPG7), que é subordinada à Secretaria de Meio Ambiente, Ciência e Tecnologia.

Entre outras iniciativas visando à implantação do PPG7 no Amapá, estão sendo realizados os Projetos Demonstrativos Tipo A (PD/A), os quais fazem parte do subprograma de projetos demonstrativos, cujo propósito é apoiar idéias inovadoras de preservação e uso sustentável dos recursos naturais, reforçando a capacidade de a sociedade civil desenvolver, em associação com o governo, soluções viáveis para a conservação e o desenvolvimento da região. Um desses projetos é justamente o beneficiamento da produção agroflorestal da Comaru.[5]

O estágio em que se encontram os castanheiros do Amapá, ao menos aqueles que conseguiram se organizar em torno das entidades mencionadas, é bastante diferente daquele em que se acham todos os que ainda têm de sujeitar-se a intermediários inescrupulosos, aos quais são forçados a entregar o

---

[4] Allegretti, 1999:17.

[5] A Comaja, com outro projeto demonstrativo específico, também conseguiu a aprovação de um repasse de US$216.877, destinados ao aprimoramento de sua produção.

fruto de seu trabalho (a castanha *in natura*) por preço vil ou em troca de uma lata de leite em pó ou outro qualquer bem de primeira necessidade.

Historicamente, a ocupação da região do rio Jari (onde se encontra a reserva do rio Iratapuru, dentro da qual se acha a sede da Comaru) foi resultado das migrações de nordestinos, induzidas de início por seringalistas e, mais tarde, por comerciantes de castanha-do-pará.

Desponta nesse cenário a figura do coronel José Júlio de Andrade, que se estabeleceu na região em 1882. Tornou-se talvez o maior latifundiário de seu tempo, com cerca de 3 milhões de hectares, ostentando o título de "rei da castanha". Produzia em média 70 mil hectolitros de castanha por safra,[6] exportando as maiores para a Europa com a marca Jari. Também recrutava trabalhadores do Nordeste, os quais eram mantidos na mais absoluta dependência em relação ao patrão.

Isto se pode deduzir dos comentários feitos por Cristóvão Lins sobre as mudanças havidas nos negócios de José Júlio a partir de 1948, ano em que vendeu suas terras e empresas a um grupo de empresários portugueses. Diz o referido autor em diversas passagens que:

> Comparando a fase portugueses com a fase José Júlio, os primeiros foram mais empresários, apesar de os negócios, os métodos e a maneira de tratar os empregados terem continuado quase os mesmos. (...)
>
> Por outro lado, os portugueses foram mais liberais. Na fase José Júlio as áreas eram mantidas na maior privacidade. Até para pescar era preciso uma autorização, e o pescado destinava-se exclusivamente à alimentação local, não podendo ser negociado para fora da área. (...)
>
> Na fase portugueses, os funcionários sabiam quanto ganhavam, embora recebessem em mercadorias. As notas eram atendidas de acordo com o valor do salário.[7]

Nota-se, pois, que o extrativismo da castanha era feito por trabalhadores mantidos sob o jugo dos patrões. Muitas vezes eles nem mesmo sabiam qual era sua remuneração e sempre estavam devedores por causa das dívidas que eram forçados a contrair para obter nos armazéns da empresa as mercadorias de que necessitavam.

---

[6] A safra da castanha-do-pará ocorre no inverno amazonense, ou seja, no período de janeiro a julho, quando predominam as chuvas.

[7] Lins, 1994:104-5 e 109.

Em 1967, sem que tivesse havido a extinção desse regime quase feudal, a área do Jari,[8] comprada de José Júlio pelos portugueses, foi por estes vendida ao famoso e já falecido empresário americano Daniel K. Ludwig, cujo maior objetivo (produzir celulose em grande escala) ocasionou a derrubada e a queima de mais de 100 mil hectares de exuberante floresta nativa, para a introdução de espécies exóticas de rápido crescimento.

As novas experiências de otimização do extrativismo, nas bases do Programa de Desenvolvimento Sustentável do Amapá (PDSA) do governo do estado do Amapá, tentam contrapor-se justamente aos mencionados antecedentes históricos de concentração de riqueza, iniqüidade social, desrespeito às culturas locais e destruição ambiental.

Programa de Desenvolvimento Sustentável do Amapá

O Amapá é o único estado brasileiro sem ligação por terra com o resto do país (apenas ligação marítima e aérea), contando somente com 222,2km de rodovias pavimentadas. Com um território de 143.454km², tem uma população de 440.692 habitantes, densamente concentrados em Macapá e Santana (município portuário vizinho à capital), respectivamente, com 256.541 e 82.149 habitantes, ou seja, 77% do contingente total.[9] Isso talvez explique um fator ecológico positivo: somente 1,9% de seu território encontra-se alterado por desmatamentos ou outras formas de antropização. Acrescente-se a isso que 70% da superfície do estado são cobertos por floresta de terra firme, ambiente de biodiversidade e biomassa de grande potencial produtivo.

Na economia estadual, o setor de serviços é o que tem maior peso relativo (50,3%), sendo os órgãos da administração pública (federal, estadual e municipal) os principais empregadores.

Em termos de índice de desenvolvimento humano (IDH — base 1996), o Amapá, com o índice de 0,786, está no mesmo nível de Goiás, perdendo para outros estados da região Norte, como Rondônia (0,818) e Roraima (0,818). Uma das ameaças à qualidade de vida no estado é certamente o acentuado

---

[8] Área de 1.632.121 hectares, sendo 1.174.391 hectares no estado do Pará, município de Almerim, e 457.730 hectares no então território federal do Amapá, município de Mazagão, do qual se desmembraram Laranjal do Jari e Vitória do Jari, respectivamente, em 1987 e 1994.

[9] Dados extraídos de *Gazeta Mercantil*, 1999.

crescimento demográfico,[10] causado em grande parte pelas correntes migratórias, tanto as originárias de outros estados como as internas, do campo para a cidade, em especial rumo ao eixo Macapá-Santana.

Um dos grandes méritos da gestão do governador Capiberibe foi articular uma proposta alternativa para enfrentar o desafio de impulsionar o desenvolvimento do estado. Essa proposta está consolidada no PDSA, instituído pelo Decreto nº 2.453, de 14-8-1995.

As principais diretrizes do PDSA são:

- valorizar a diversidade e a adequada conservação dos ecossistemas do estado e outras vantagens comparativas, como acesso estratégico a mercados internacionais;
- promover o desenvolvimento respeitando os recursos naturais e gerando e distribuindo renda pela agregação de valor às atividades agrícolas e florestais, à pesca e à mineração;
- promover o desenvolvimento com eqüidade social, garantindo a toda a população condições de plena cidadania;
- promover o desenvolvimento a partir de parcerias entre o Estado e a iniciativa privada, com expectativa de que as empresas assumam sua responsabilidade social perante as regiões nas quais se encontram instaladas;
- reorientar o eixo de desenvolvimento, por meio da desconcentração econômica, com a dinamização de novos pólos regionais.

Tais princípios, mais do que mero exercício de retórica, estão norteando a ação governamental. Como já mencionado, o Centro de Formação e Desenvolvimento de Recursos Humanos (Ceforh)[11] é uma autarquia estadual que tem a missão de apoiar a implementação das políticas públicas inspiradas no Programa de Desenvolvimento Sustentável do Amapá, mediante a capacita-

---

[10] No período de 1991 a 1996, a taxa de crescimento populacional no estado foi de 5,3% ao ano, a maior do país segundo dados do IBGE.

[11] O autor visitou o Ceforh em 1-11-1999. Embora fosse ponto facultativo, havia no local atividade frenética e um entusiasmo geral pelo trabalho absolutamente atípicos, se considerada a costumeira apatia em grande parte das repartições públicas.

ção do servidor público para promover a compreensão, a difusão e o fortalecimento do PDSA.[12]

De acordo com o PDSA e dentro do subprograma de Política de Recursos Naturais (um dos desdobramentos do PPG7), está sendo implementado no estado um modelo de gestão ambiental integrada. Entre outras iniciativas, sempre visando à melhoria da qualidade de vida da população por meio da utilização racional de recursos naturais, foram definidas quatro áreas prioritárias de atuação, de acordo com a gravidade dos problemas socioambientais.

Uma dessas áreas, a Área Prioritária 1 — Sul do Amapá, é justamente aquela que inclui os municípios de Mazagão, Vitória do Jari e parte do município de Laranjal do Jari. Nessa área, que apresenta o maior potencial para a coleta e a transformação da castanha, está sendo executado o Projeto de Gestão Ambiental Integrada, Área Prioritária 1 — Sul do Amapá (PGA11), cujo objetivo é diminuir e controlar o impacto ambiental das atividades de mineração, garimpagem, florestamento com monocultura de espécies exóticas, extrativismo vegetal, agricultura e pecuária.

Ainda em decorrência dessa proposta de gestão ambiental integrada e sempre em consonância com o PDSA, ocorre o fortalecimento institucional do Instituto de Pesquisas Científicas e Tecnológicas do Estado do Amapá (Iepa), entre cujas atribuições está a de transferir a tecnologia necessária ao aproveitamento das riquezas naturais do Amapá por meio da incubação de empresas. Em novembro de 1999, entre as seis participantes do programa de incubação de empresas, encontravam-se a Comaru e a Comaja.

A proposta é dar às participantes capacitação gerencial em marketing, em *design*, no desenvolvimento de novos produtos etc. No que concerne à Comaru, por exemplo, fazia parte da pauta de trabalho o aprimoramento do processo produtivo do biscoito, para o óleo da massa, com o que se aproveitará mais um subproduto (o óleo da massa), garantindo-se melhor qualidade para o próprio biscoito, que terá maior concentração de proteínas e maior durabilidade. Outros tópicos já programados eram o desenvolvimento de outros produtos (salgadinhos, castanha cristalizada) e a realização de novos cursos para os cooperados sobre segurança e higiene do trabalho, cooperativismo etc.

---

[12] Os concursos públicos para provimento de cargos da administração estadual têm provas específicas sobre o PDSA.

Em novembro de 1999, havia sido publicado ou estava prestes a ser publicado novo edital de seleção de mais cinco empresas interessadas em participar do programa de incubação do Iepa. Havia uma vaga para atividade ligada à exploração comercial de polpa de frutas tropicais e quatro vagas para a produção de cosméticos. A seleção seria feita com base nos projetos e planos de trabalho apresentados pelas interessadas, levando-se em consideração a capacidade de cada concorrente, o aproveitamento de matérias-primas da região e a viabilidade econômica do projeto.

Nesse contexto, não se pode deixar de dar destaque à Agência de Desenvolvimento do Amapá (Adap), que vem desempenhando papel estratégico no estreitamento de relações internacionais, em especial com a França,[13] e de forma particular por intermédio da Guiana Francesa.[14]

A missão da Adap é viabilizar o estabelecimento de parcerias entre órgãos públicos ou entre eles e empresas privadas, de maneira a incentivar o Programa de Desenvolvimento Sustentável do Amapá. São exemplos de cumprimento dessa missão, em particular no que concerne aos castanheiros:

- a contratação de uma empresa de Montpellier, JBA Agro-Concept,[15] que recebeu a incumbência de pesquisar e identificar oportunidades de colocação no mercado europeu de subprodutos da castanha-do-pará.[16] Aliás, cabe esclarecer que a castanha-do-pará tem alto teor de selênio, micronutriente de reconhecido valor profilático na prevenção de males associados ao envelhecimento, além de potencial para que seus subprodutos passem a compor a formulação de cosméticos, e
- a exportação pela Comaja, com todo o apoio da Adap, de oito toneladas de castanha, processadas na França pela empresa Provence Régime, dando origem a uma partida experimental de óleo para aplicação culinária. Parte desse óleo foi colocada experimentalmente no mercado francês

---

[13] Em meados de 1999, a Agência Francesa de Desenvolvimento, que, por missão institucional, só apóia projetos na África, no Pacífico e no Caribe (regiões onde se encontram as ex-colônias francesas), foi autorizada, em caráter excepcional, a fomentar a implantação no Amapá de projetos que tenham impacto positivo sobre a Guiana Francesa.

[14] Nos termos do acordo geral Brasil-França de 1996, o governo central das duas repúblicas autoriza que o estado do Amapá e o departamento ultramarino da Guiana Francesa estabeleçam relações diretas de cooperação transfronteiriça.

[15] Os serviços dessa empresa estão sendo pagos pelo governo francês.

[16] O mesmo esforço que está sendo desenvolvido em relação à castanha-do-pará é desenvolvido em relação a outros produtos regionais.

e outra parte retornou ao Brasil, para teste local. Espera-se que essa experiência seja o ponto de partida para a exploração comercial em larga escala de um tipo de óleo de excelente qualidade, produzido com as castanhas colhidas e beneficiadas no Amapá.

Não fosse a ação estratégica do governo estadual por meio da Adap, dificilmente as cooperativas de castanheiros poderiam avançar por conta própria rumo aos mercados internacionais. Além das conhecidas dificuldades que qualquer empresa enfrenta para conquistar mercados externos, as cooperativas ainda enfrentam obstáculos que lhes são próprios, impostos por uma legislação inadequada e pela falta de preparo dos cooperados para empreitada de tal complexidade.

A Adap conduz, ainda, uma série de outras iniciativas, que englobam cooperação internacional nas áreas de educação, cultura, saúde, segurança pública, geração de energia hidroelétrica, distribuição de água, construção de estradas de rodagem etc.

A Secretaria de Estado de Indústria e Comércio (Seicom) pretende instituir câmaras setoriais, inclusive para a castanha, a fim de garantir a articulação de políticas públicas verdadeiramente integradas. Só a exploração econômica da castanha envolve cerca de 13 órgãos governamentais.

Por outro lado, o governo do Amapá também reconhece que a ampliação do mercado para a castanha-do-pará e para outros produtos regionais seria agilizada se fosse possível terceirizar a comercialização da produção do estado. Medidas concretas de negociação com empresas capazes de assumir essa tarefa já estão em andamento.

Análise crítica do Projeto Castanha

É o momento de responder à pergunta inicialmente formulada sobre a opção de se produzir biscoito de castanha-do-pará em plena selva. A resposta, contudo, terá de ser construída a partir de diversos critérios e sempre levando em consideração que a proposta do governo do estado em relação aos castanheiros não se resume apenas ao que a Comaru vinha realizando em novembro de 1999, data da visita de campo aqui relatada.

Aspectos sociais

Do ponto de vista social, a ação do governo do estado em parceria com os castanheiros só pode ser vista como positiva. Em primeiro lugar, porque ensejou o abandono — ao menos no caso dos castanheiros cooperados — de relações sociais anacrônicas e iníquas, caracterizadas pela dependência abjeta em que se colocavam os castanheiros diante dos grandes beneficiadores da castanha. Agindo por intermédio dos marreteiros, os beneficiários ganhavam, de um lado, pela exploração desmedida dos trabalhadores da floresta; de outro, pela apropriação de todo o valor agregado ao produto *in natura*.

Os ganhos em cidadania, obtidos pelos cooperados, são também expressivos no que diz respeito a sua crescente capacidade de organização, tornando-os atores sociais com possibilidade de interferir no cenário político e econômico.

Como exemplo concreto desse ganho qualitativo em sua atuação social articulada, cabe citar o I Encontro dos Castanheiros do Sul do Amapá, realizado em Maracá nos dias 25 e 26 de setembro de 1999, com a presença de 488 dos 600 castanheiros que se estima existam no Amapá. O objetivo do encontro foi definir ações prioritárias para a alavancagem do desenvolvimento socioeconômico das comunidades de castanheiros do sul do estado.

Entre as ações definidas como prioritárias, para as quais se criaram comissões executivas, estão as seguintes:

- oficialização do hectolitro como medida da castanha *in natura*;
- levantamento das necessidades das organizações produtoras/beneficiadoras, em termos de infra-estrutura nos locais de extração;
- criação de uma comissão para pesquisar preços do produto beneficiado nos mercados interno e externo, acompanhar o trabalho da Secretaria de Estado de Administração e Finanças no que concerne aos interesses da categoria, formular proposta de adequação dos impostos à realidade extrativista e elaborar proposta de criação de um grupo de trabalho para tratar dos assuntos ligados à economia da castanha em nível nacional;
- atribuição às organizações com estrutura industrial instalada — Comaja, Comaru e Astex-CA — do beneficiamento da castanha *in natura*, objetivando, respectivamente, a obtenção de castanha desidratada sem casca, biscoito e óleo, e castanha desidratada com casca;
- criação de parceria entre os castanheiros, a Secretaria de Estado da Saúde e outros atores, objetivando o estabelecimento de plano de trabalho dirigido ao combate de doenças que afetam os castanheiros;
- criação de parceria entre os castanheiros e o Ministério do Trabalho, para identificar áreas e atividades de risco, visando a minimizar as possibilidades de acidentes de trabalho.

Mesmo no plano das atividades diárias, podem-se observar na sede da Comaru alguns ganhos, exemplificados pela conquista do direito de ir e vir. Antes da criação da cooperativa e da parceria estabelecida com o governo estadual, os habitantes da reserva do rio Iratapuru tinham grande dificuldade de deslocamento. Não havendo transporte público nem condução particular, dependiam de condução gratuita em veículos de terceiros que porventura se dirigissem a Laranjal do Jari ou a Monte Dourado, este último localizado a cerca de 49km do ponto até onde os castanheiros poderiam chegar de canoa com recursos próprios. Hoje, a cooperativa tem embarcações motorizadas e veículos.

Esses avanços, relacionados sobretudo à conquista de níveis crescentes de cidadania, envolvem externalidades que alcançam, num primeiro momento, o município de Laranjal do Jari e, no limite, a capital do estado do Amapá e outros centros urbanos do país. A população local mantém-se na reserva, em vez de ser forçada a tentar a sorte na cidade, onde chegaria sem condições de competir por um posto de trabalho, agravando ainda mais os problemas sociais tão característicos dos cinturões de miséria dos grandes centros urbanos do país.[17]

Aspectos ambientais

No que diz respeito à preservação da biodiversidade da floresta amazônica, deixando de lado qualquer discussão maniqueísta de preservacionistas *versus* desenvolvimentistas, é certo que a opção da exploração sustentável da castanha pelos próprios castanheiros representa um ganho ambiental. Para se ter uma noção da medida desse ganho, basta pensar no famoso Projeto Jari, desastrosa opção feita no passado.

---

[17] A propósito, basta mencionar que nenhum dos membros da comunidade de Iratapuru tem o 1º grau completo (razão, aliás, por que não podem ter um dispensário médico na reserva). Muitos não tinham sequer documento de identidade até a constituição da cooperativa. Por outro lado, o município de Laranjal do Jari, em cujo território se encontra a Reserva Extrativista de Iratapuru, possui cerca de 45 mil habitantes, aos quais não oferece condições adequadas de vida. A cidade está dividida em duas áreas bem distintas: a região ribeirinha, com palafitas que se estendem por cerca de 4km à margem do rio Jari, e a região de terra firme ("o agreste"), onde a miséria não é muito diferente da encontrada nas passarelas sobre o trecho alagadiço. Com arrecadação mensal de apenas R$400 mil, a prefeitura tem sido palco de desmandos, a ponto de somente na presente gestão já terem passado por lá o prefeito e todos os seus substitutos legais para o caso de impedimento, incluindo um juiz que, devido a suspeitas de corrupção, foi substituído por um interventor nomeado pelo governador. Diante de quadro tão dramático, qualquer esforço vale para evitar que a população do meio rural venha para a cidade.

Entretanto, a alternativa de agregar valor à castanha-do-pará na própria Reserva de Desenvolvimento Sustentável do rio Iratapuru não deixa de ter aspectos questionáveis, pelos custos ambientais que lhe são intrínsecos.

Um deles é a construção de instalações industriais no território da reserva, para cuja operação serão necessários diversos insumos, os quais, por sua vez, produzirão resíduos poluentes. Para o funcionamento dessas instalações, há necessidade, por exemplo, de alimentar um grupo gerador com oito litros de óleo combustível por hora de operação. Imagine-se que esse gerador permaneça acionado por oito horas ao longo de cinco dias a cada semana. Ao cabo de um ano, terão sido queimados mais de 2 mil litros de óleo. Em princípio, os gases resultantes da combustão deverão dispersar-se facilmente. Que dizer, no entanto, dos mais de 30 tambores que terão sido descartados na própria reserva, depois de terem servido ao transporte do óleo?

Esse quadro, *a priori* bastante singelo, tende a assumir contornos muito mais complexos. É razoável supor que a população local vá querer contar com os benefícios da luz elétrica em suas próprias casas, por períodos que ultrapassarão as supostas oito horas diárias de trabalho. Ademais, com possibilidades econômicas ampliadas, é natural que os hábitos de consumo alterem-se, levando à progressiva introdução de produtos industrializados cujas embalagens (muitas de material plástico) representarão mais e mais resíduos sólidos, para os quais não haverá local para destinação final fora dos limites da própria reserva.

Outro aspecto, para o qual todos os envolvidos deverão dedicar alguma atenção, é a opção feita pela comunidade de Iratapuru de abandonar as colocações esparsas pela reserva, promovendo a concentração das famílias junto à sede da Comaru. Em outubro de 1999, quando visitei a Reserva de Desenvolvimento Sustentável do rio Iratapuru, algumas casas já estavam construídas ao longo de um eixo paralelo ao curso do rio que dá nome à reserva. O adensamento populacional progredia com a construção, então em curso, de outras tantas casas ao lado das já existentes.

Aspectos econômicos

Bem mais difícil é a análise do Projeto Castanha, em especial no caso da Comaru, pelo prisma da economia. De um lado, são notáveis os ganhos advindos da opção feita pelo governo do Amapá, ao decidir apoiar a estruturação da atividade do castanheiro, para que este viesse a se tornar um agente relevante dentro do mercado.

A evidência de tais ganhos está no fato de que, antes da criação das cooperativas e da associação mencionadas (fase pré-1995, quando os grandes beneficiadores/exportadores tinham total controle do mercado), o preço pago ao produtor individual por hectolitro de castanha *in natura* flutuava em torno de R$8.

Com a organização dos castanheiros, já na safra de 1995, o preço pago às cooperativas passou a R$18/hectolitro; em 1996, a R$20/hectolitro. Em 1997, o preço encontrava-se na faixa de R$25 a R$30, mantendo-se em torno deste último valor na safra de 1998. Em 1999, o hectolitro da castanha *in natura* chegou a ser negociado a R$65.

Calcula-se que o preço real deve estabilizar-se em algum ponto intermediário entre R$30 e R$40/hectolitro, já que a elevação a R$65/hectolitro na safra de 1999 deveu-se, em grande medida, à quebra na produção em toda a Amazônia.

Por outro lado, o governo do Amapá está adotando medidas, tanto de aprimoramento de seu aparato institucional quanto de caráter comercial, que tenderão a criar novas oportunidades para os castanheiros, inclusive no que diz respeito à abertura de mercados para subprodutos da castanha, com valor agregado muito superior ao do produto *in natura*.

A menos que seja vista e efetivamente realizada como medida heróica para uma fase de transição, é questionável a decisão governamental de pagar R$7 pelo quilo do biscoito produzido pela Comaru.

Em primeiro lugar, porque nenhuma das pessoas entrevistadas pelo autor soube dizer como se chegou à composição do referido preço. Ao contrário, admite-se que foi um número considerado intuitivamente adequado para propiciar a capitalização das cooperativas Comaja e Comaru.[18]

Outra faceta intrigante, do ponto de vista estritamente econômico, é que o custo do biscoito para a merenda escolar é muito elevado em face do benefício nutricional decorrente. Mesmo considerada a falta de rigor científico do

---

[18] Curiosamente, pagam-se R$7 tanto pelo quilo do biscoito produzido pela Comaru quanto pelo quilo da castanha descascada e seca que passa pelo processo de beneficiamento da Comaja. Acrescente-se que o lucro líquido por quilo do produto comercializado tende a ser bem maior no caso da Comaja, porque o processo de beneficiamento é mais automatizado do que o processo produtivo do biscoito, o qual envolve outros elementos de custo (as matérias-primas: farinha de trigo, margarina, e embalagem mais cara).

exercício feito pelo autor junto aos membros da comunidade de Iratapuru durante sua visita à reserva, convém ressaltar alguns pontos:

- em novembro de 1999, segundo informações dos próprios membros da comunidade Iratapuru, a produção de biscoitos era de cerca de 8 mil quilos por mês, entregues à Secretaria de Estado da Educação em duas partidas de 4 mil quilos;
- conclui-se, assim, que a produção mensal, distribuída a 128 mil alunos, representava então para o estado um custo de R$0,44/aluno/mês e uma média de apenas seis biscoitinhos por criança a cada 15 dias;[19]
- comparando-se com o que se passa, por exemplo, no Programa de Alimentação Escolar do Estado de São Paulo, tem-se que 1 milhão de crianças paulistas recebem, cada uma, 50 gramas de biscoito por semana (entre bolachas com e sem recheio, ou seja, rosquinha de leite, *cream cracker* e biscoitos recheados sabor chocolate ou morango);
- estes 50g de biscoito custam ao estado de São Paulo cerca de R$0,38/criança contra os R$0,44/aluno pagos pelo estado do Amapá por apenas 6g;
- os 50g de biscoito distribuídos em São Paulo a cada semana (ou 200g por mês), associados ao leite com o qual são servidos, satisfazem 15% das necessidades de proteínas e calorias das crianças atendidas pelo Programa de Alimentação Escolar. A pergunta, que fica sem resposta, é: quanto das necessidades calórico-protéicas de cada aluno amapaense são atendidas por 6g de biscoito de castanha-do-pará ?

Tais considerações servem para destacar a necessidade de encarar a produção de biscoito, na forma como é hoje realizada, como uma fase transitória, a ser superada o mais rapidamente possível.

É difícil crer que a produção de biscoito na reserva de Iratapuru possa ser realizada de forma competitiva. Basta refletir sobre o seguinte: a unidade de produção está localizada às margens do rio Iratapuru, quase no ponto em que ele deságua no curso do Jari. Para chegar a esse local desde Laranjal do Jari (o município mais próximo), não é possível simplesmente navegar pelo

---

[19] Embora o autor não tenha dados sobre o valor nutricional representado por seis biscoitos a cada 15 dias, é lícito supor que tal valor seja ínfimo em face das necessidades a serem atendidas pela merenda escolar. O total de 8 mil quilos/mês resulta em apenas seis gramas/mês/aluno.

rio Jari, no sentido de sua cabeceira. Isso porque há entre os dois pontos um acidente geográfico, a cachoeira de Santo Antônio.

Assim, quem sai de Laranjal do Jari deve atravessar de balsa o rio Jari, de sua margem esquerda para a direita. Concluída a travessia, o viajante passa pelo município de Monte Dourado (já no estado do Maranhão) e, por estrada de rodagem não-pavimentada, pertencente ao Projeto Jari, deve percorrer 49km até chegar a um determinado ponto da margem direita do rio Jari, onde toma uma embarcação qualquer para subir 18km do Jari, cruzando mais uma vez para sua margem esquerda, na altura da foz do rio Iratapuru.

Imagine-se, então, o custo de transportar (por balsa, caminhão, batelão) todos os insumos (combustível, farinha de trigo, margarina, embalagens primárias, embalagens secundárias) de Laranjal do Jari até a sede da Comaru em plena selva, para mais tarde transportar o produto acabado no sentido inverso. Com o agravante de que Laranjal do Jari não é nem nunca será um importante centro consumidor. Os grandes centros de abastecimento e de consumo estão a centenas de quilômetros, sem que haja infra-estrutura de transporte verdadeiramente eficiente.

Tais reflexões remetem a um aspecto importante do processamento da castanha-do-pará, ou seja, a separação do óleo e da torta de castanha. O óleo pode ter utilização culinária ou servir à produção de cosméticos, e a torta serve à indústria alimentícia. Em vez do biscoito, talvez sejam estes os subprodutos da castanha cuja exploração possa acontecer em termos competitivos na unidade de produção da Comaru. O biscoito ainda poderá ser um produto Comaru, desde que sua industrialização se dê em condições mais adequadas, de preferência em local de fácil acesso às fontes de abastecimento e aos canais de distribuição.

Conclusões

Apesar de um ou outro aspecto questionável, a merecer estudos e eventuais correções, o "Projeto Castanha: desenvolvimento sustentável com geração de renda para os castanheiros do sul do estado do Amapá" é uma experiência digna de ser divulgada, em especial pela engenharia institucional que lhe é subjacente, aspecto que diferencia a experiência em termos da efetiva capacidade de o Estado induzir e gerir processos de mudança de realidades econômicas e sociais desfavoráveis.

Paralelamente, o projeto também evidencia a importância do trabalho em parceria, que, no caso analisado, extrapola as fronteiras nacionais, para potencializar as chances de sucesso na criação de novos mercados para produtos existentes, bem como no desenvolvimento de novos produtos que possam atender demandas ainda não satisfeitas.

O projeto também se destaca por aliar políticas econômicas e de proteção ambiental, a partir de uma singular noção de urgência na redução das iniqüidades sociais, ainda que para tanto seja eventualmente necessário afastar-se dos caminhos ortodoxos da administração pública para fazer prevalecer uma visão política mais comprometida com o ideal de preservação das diversidades etnoculturais.

Bibliografia

Allegretti, L. Fernando. Produtos não-madeireiros no Amapá: limitações e possibilidades. Sema/PPG7, 1999. (Relatório final de consultoria.)

Diário Oficial do Estado do Amapá. Decreto nº 2.453, de 14-8-1995.

Gazeta Mercantil. Atlas do mercado brasileiro, 2(2), dez. 1999.

Governo do Estado do Amapá. *Anuário Estatístico do Amapá — 1995-97.*

———. *Amapá sustentável para o século 21.* 1999.

Jacobi, Pedro & Demajorovic, Jacques. O desafio de concretizar sustentabilidade socioambiental e geração de renda. *Debates Socioambientais.* Cedec, *4*(11):20, nov. 1998/fev. 1999.

Lins, Cristóvão. *Jari: setenta anos de história.* 2. ed. Rio de Janeiro, Data Forma, 1994.

———. *A Jari e a Amazônia.* Rio de Janeiro, Data Forma, 1997.

Mateos, Simone Biehler. Trabalho de formiguinha. *Atenção,* 2(5):24.

Ministério do Desenvolvimento, Indústria e Comércio. *Projeto Potencialidades do Estado do Amapá: síntese dos resultados.* FGV/Isae Consultoria de Serviços Técnicos, s.d.

CAPÍTULO 4

Caatinga — Centro de Assessoria e Apoio aos Trabalhadores e Instituições Não-Governamentais Alternativas

Sevy Madureira*

No sertão de Pernambuco, esse projeto fornece apoio técnico para os pequenos agricultores, contribuindo para a geração de renda e para o respeito ao meio ambiente.

Contexto

O Centro de Assessoria e Apoio aos Trabalhadores e Instituições Não-Governamentais Alternativas (Caatinga) atua no sertão do Araripe, estado de Pernambuco, pertence à microrregião de Araripina e cobre uma extensão de 12.020,3km.[1] A região possui todas as características do semi-árido no que diz respeito a vegetação, solo, recursos hídricos e convivência com a seca. Entretanto, a oeste, na fronteira com o estado do Ceará, apresenta algumas áreas de microclima de altitude e encosta.

Composta de 10 municípios, a região tem uma população superior a 239 mil habitantes, distribuída conforme a tabela 1.

A economia da região está baseada em atividades agrícolas e em pecuária, com restrições para as áreas mais afetadas pela seca. Destaca-se, em alguns municípios, um pólo de extração de gesso.

A sede do Caatinga situa-se a 13km da cidade de Ouricuri e a 630km da cidade de Recife.

---

* Socióloga e consultora da FAO.

[1] Os dados mais recentes referem-se à contagem da população (homens e mulheres) nas zonas rural e urbana.

Tabela 1

Microrregião de Araripina

Município	População total	População rural	População urbana
Araripina	63.841	33.132	30.709
Bodocó	25.782	18.050	7.732
Exu	31.091	19.273	11.818
Granito	5.919	4.427	1.492
Ipubi	11.645	6.407	5.238
Moreilândia	12.643	8.803	3.840
Ouricuri	58.288	34.452	23.836
Santa Cruz	10.904	8.871	2.033
Santa Filomena	n.d.	n.d.	n.d.
Trindade	19.521	4.405	15.116

Fonte: IBGE, 1996.

Descrição da entidade

Em 1986, o Grupo de Trabalho de Tecnologia Alternativa do Centro Josué de Castro estruturou-se como ONG independente do centro e instalou-se no município de Ouricuri, na região do semi-árido pernambucano, com o nome de Centro de Tecnologia Alternativa. Posteriormente, recebeu o nome de Caatinga e, em 1988, orientado pela Federação de Órgãos para Assistência Social e Educacional (Fase), passou a fazer parte da Rede Nacional de Transferência de Tecnologias Apropriadas (Rede PTA),[2] tendo como missão preferencial o desenvolvimento econômico e a melhoria das condições de vida dos trabalhadores rurais do semi-árido.

A instalação no sertão do Araripe deveu-se a antecedentes de organização por parte da pastoral rural de Ouricuri e do movimento sindical. O espaço onde se instalou o Caatinga servia, originariamente, como campo de experimentação e modelo para novas culturas ou novas técnicas de culturas tradicionais, pois os agricultores não confiavam nas propostas do centro nem se dispunham a testar tecnologias desconhecidas em suas propriedades.

[2] Rede de ONGs que trabalha com projetos em agricultura alternativa.

Nos primeiros anos, os técnicos aprofundaram seu conhecimento sobre o ecossistema do semi-árido, rico em biodiversidade, mas também problemático em razão das adversidades provocadas pelas longas estiagens.

A busca de sistematização do conhecimento acumulado e o desenvolvimento de um sistema de produção adequado à realidade da agricultura familiar do semi-árido conduziram à estruturação de linhas de trabalho que garantiram a segurança alimentar, a melhoria de vida das famílias e a sustentabilidade ecológica da região.

Objetivos do Caatinga

- Contribuir para a construção de um modelo alternativo de desenvolvimento socialmente justo, ecologicamente sustentável e com articulação popular.
- Contribuir para a elaboração de políticas públicas adequadas à situação econômica, social e ambiental do semi-árido brasileiro.
- Contribuir para o fortalecimento da luta dos trabalhadores com uma atuação que busque combinar ações gerais, de abrangência nacional e internacional, com aquelas localizadas no nível de municípios e regiões.

O trabalho desenvolvido no período de 1986 a 1992 fortaleceu o Caatinga, que conquistou a confiança dos agricultores da região mediante o investimento constante na capacitação dos agricultores para o domínio das tecnologias desenvolvidas pelo centro.

No início de 1991, inverteram-se as prioridades: começou a haver redução no setor de capacitação e grande investimento na área de crédito. Segundo um técnico do Caatinga,

> (...) percebe-se uma clara diferença entre os agricultores que trabalham conosco desde o início até hoje e os agricultores que entraram depois dessa fase.

Em 1994, o centro já contava com 34 pessoas, entre técnicos, pessoal de apoio e de administração. Esse quadro, no entanto, era insuficiente para atender às demandas dos agricultores. Até então, o Caatinga se relacionava diretamente com as famílias e, de forma muito oscilante, com algumas prefeituras politicamente mais progressistas.

Em 1997, o centro passou por uma grande crise financeira, que provocou uma série de complicações internas. Isso se refletiu nas articulações externas, principalmente junto às agências de cooperação.[3] Em 1998, houve a transição para uma nova administração, que, depois de um democrático processo de discussão, reestruturou a entidade nas bases em que ela atualmente se apresenta.

Foram sugeridas mudanças que serviram de base para o planejamento estratégico da instituição e que apontaram para a necessidade de modificações em sua estrutura organizacional, no sentido de propiciar maior capacidade de comunicação e de melhorar a formação dos agricultores. As mudanças maiores, entretanto, ocorreram no âmbito administrativo e na forma de implementar a nova filosofia de trabalho. Nesse processo de mudanças, houve uma significativa ampliação da rede de parcerias, em especial na região.

O atual organograma da instituição, mostrado a seguir, reflete a redução da quantidade de coordenadores e a distribuição do poder de decisão pelos programas:

Organograma institucional

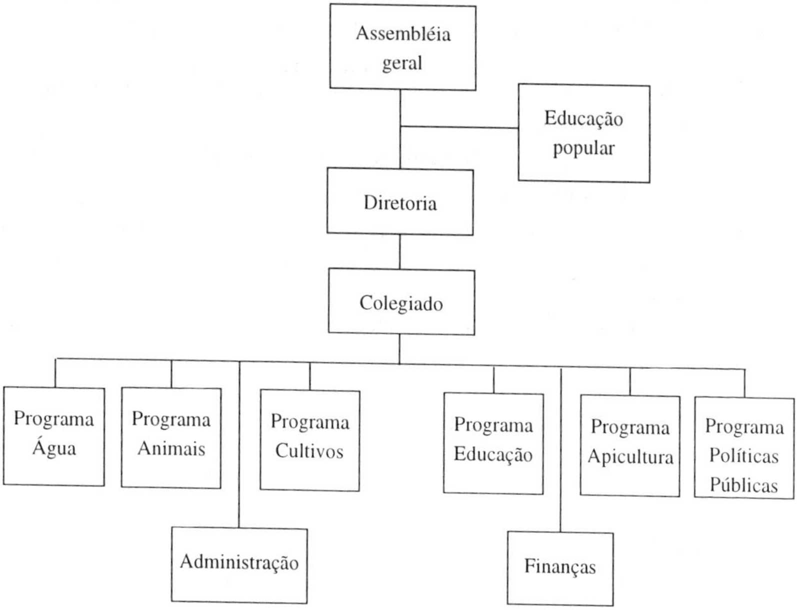

[3] As agências estão relacionadas no quadro da p. 118.

Apesar dessas mudanças estruturais, a filosofia do Caatinga foi mantida:

> (...) unir o conhecimento dos agricultores com o conhecimento dos técnicos, e a agroecologia como tema central.[4]

Também foi mantida a missão do Caatinga de desenvolver uma proposta agroecológica que tenha como base a educação e a tecnologia, servindo de referencial para as políticas públicas.

Hoje, o centro mostra uma maturidade que se materializa nos seguintes aspectos:

- a filosofia central se amplia, na medida em que há uma participação mais efetiva dos agricultores. "Estamos resgatando e ampliando o trabalho com a parceria dos agricultores";
- surgem novas parcerias com sindicatos e associações, havendo a perspectiva de voltar a trabalhar com a Igreja;
- as reuniões técnicas que há muito haviam sido suspensas pelo acúmulo de trabalho, voltaram a ser realizadas. "Os programas não funcionavam bem; geravam implementações de trabalho no dia-a-dia que nem sempre estavam no mesmo compasso".

Descrição das ações

As ações do Caatinga são desenvolvidas por meio de programas, os quais, ao serem implantados nas comunidades, devem responder de forma integrada a um conjunto de ações estruturadoras, promovendo uma transformação mais efetiva da realidade e melhorando o padrão de vida das famílias.

Programa Água

Trata-se de um conjunto de ações que proporcionam infra-estrutura hídrica para as famílias e comunidades diretamente atingidas pela seca. Compõe-se, basicamente, das seguintes atividades:

- pesquisas sobre captação, armazenamento, tratamento e utilização racional da água;

---

[4] Depoimento de coordenador.

- capacitação em construção de cisternas de placas (sistemas construídos com placas de cimento pré-moldado fabricadas pelos agricultores e que captam água do telhado das casas); em construção e manejo de barreiro trincheira (pequeno açude cavado na rocha); em construção de poços amazonas (poço com aproximadamente 1,5m de diâmetro e cavado até atingir o lençol freático); de barragens subterrâneas (retêm a água do subsolo, impedindo que ela atinja o lençol freático e mantendo o solo úmido para plantio); de pequenas barragens, de sistemas de bombeamento com energia solar e de um sistema de tratamento de água com "moringa" (decantação com semente macerada de uma planta chamada moringa, usada para tratamento da água de barreiro);
- difusão de experiências locais e regionais bem-sucedidas por meio de eventos de intercâmbio, além da produção de material educativo e informativo.

A principal atuação na área de recursos hídricos teve início em 1987, com a construção do barreiro trincheira, contando com a participação dos agricultores. Em 1992, iniciou-se a articulação das atividades desse programa com outras entidades, o que resultou em visitas a várias experiências bem-sucedidas no Nordeste: Monsenhor Tabosa e Milagres, no Ceará; Afogados da Ingazeira, em Pernambuco (Projeto Base Zero);[5] e Pintadas, da Empresa Brasileira de Pesquisa Agropecuária (Embrapa).

Essas visitas propiciaram aos técnicos do programa melhor compreensão dos problemas da água no semi-árido e o aprendizado de novas tecnologias, que passaram a ser adotadas pela instituição, com algumas adaptações. Esse foi o caso da cisterna de placa, trazida de Milagres, no Ceará.

Em 1998, o programa atingiu 500 famílias, e o elemento principal foi a construção de cisternas de placa. Nesse período foram construídas 316 delas.

Além da melhoria da infra-estrutura hídrica da família, uma atuação importante do Programa Água diz respeito ao trabalho realizado junto às comunidades e sistemas comunitários de provimento de água — cacimbões e bombeamento de água com energia solar. Foram realizadas ações em cinco municípios: Ipobi, Exu, Trindade, Bodocó e Ouricuri, dando-se ênfase aos dois últimos.

---

[5] Trata-se de um projeto de pequenas barreiras sucessivas, feitas de pedra, desenvolvido na região.

Em 1997, por iniciativa da Assessoria e Serviços a Projetos em Agricultura Alternativa (Aspta) e com apoio da Catholic Relief Services (CRS), foi trazida da Índia a técnica do trabalho com a semente da moringa. Tal projeto ampliou a área de atuação da instituição e propiciou a criação de novas áreas de trabalho. Foi possível, também, disseminar o tratamento de água com essa técnica, que trouxe resultados surpreendentes, uma vez que, com o uso da moringa, a água de barreiro torna-se mais adequada ao consumo humano, o que afeta diretamente a saúde das famílias. Foi elaborado um projeto para 65 famílias, com produção de mudas, capacitação e monitoramento do uso da moringa. Hoje, estão envolvidos nesse projeto até mesmo os agentes de saúde.

Dentro do Programa Água, as linhas de tecnologia mais avançadas são: barreiro trincheira, cisterna de placa, moringa, planejamento do solo e barragem subterrânea.

Programa de Alimento por Trabalho

Incorporado à instituição em 1993 e 1994, o Programa de Alimento por Trabalho é um sistema emergencial para os períodos de seca. Trata-se de um conjunto de ações de melhoria das pequenas propriedades rurais, implantado em épocas de grande estiagem. É financiado pela Oxfam.[6] Houve uma longa discussão sobre a filosofia, a concepção e a implantação desse programa na área sob coordenação do Caatinga, para melhorar a infra-estrutura hídrica da região. Optou-se fazer dele um complemento do Programa Água. Em 1994, o programa atingiu diretamente 1.200 famílias. Em 1996, depois de ter sido feito um diagnóstico do programa, reduziu-se o número de famílias que trabalhavam em troca de alimentos. Além disso, a ação foi aprimorada, pois entre os trabalhos realizados deu-se ênfase à construção de cacimbas e poços para o armazenamento de água.

Impacto sobre a população:

- aumento da quantidade de água potável para consumo da população;
- melhoria da saúde da população;
- aumento/diversificação da alimentação;
- aumento da capacidade de convivência com a região do semi-árido.

---

[6] ONG internacional que trabalha com projetos de desenvolvimento social e de ajuda humanitária junto a populações pobres.

Programa Apicultura

Esse programa busca a viabilização da apicultura como atividade econômica alternativa para a população da região, aumentando a renda e melhorando a qualidade da alimentação dos trabalhadores rurais.

A atividade iniciou-se com três apiários e, hoje, está presente em cinco municípios: Ouricuri, Bodocó, Ipubi, Trindade e Araripina. Em 1997, foram implantados 80 apiários em parceria com algumas secretarias de agricultura e associações de agricultores. Nesses municípios já havia agricultores difusores capacitados, que ajudaram na implantação e no acompanhamento do programa.

O Caatinga desenvolveu algumas técnicas que o diferenciam de outras organizações e que resultaram no barateamento do material por meio da utilização da colméia horizontal e de roupas e equipamentos feitos na própria comunidade. O acompanhamento do programa é realizado com grande independência pelas próprias famílias.

Hoje, o Caatinga defende a proposta de que os agricultores de todo o município incentivem e desenvolvam a atividade de apicultura, de modo que a instituição se mantenha apenas na coordenação geral. Os agricultores que desejam trabalhar com apicultura alistam-se nas associações, que os indicam para um curso básico de 20 horas em três dias, em que são realizadas atividades práticas e apresentação de vídeo e *slides*.

Depois da captação de recursos, o Caatinga assessora o apicultor na compra do material e oferece um treinamento específico para a implantação dos apiários, além de um acompanhamento especial, realizado pelos agentes difusores durante as primeiras etapas. Há um encontro anual dos apicultores para troca de experiências.

Ainda existem problemas para a comercialização do produto, uma vez que não há canais adequados de distribuição, e o Caatinga tem dificuldades para resolver a questão.

Impacto sobre a população:

- enriquecimento nutricional;
- incentivo à comercialização local, estimulando o produtor a vender o produto.

Programa Animais

Busca melhorar a eficiência e a produtividade dos sistemas comunitários de criação de caprinos, ovinos e aves, com base na capacidade real dos agroecossistemas da região semi-árida. O programa vem sendo desenvolvido desde 1987.

Impacto sobre a população:

- melhoria da capacidade dos agricultores de criar animais na região semi-árida;
- aumento do suporte forrageiro das propriedades;
- melhoria e diversificação nutricional da população, com o acréscimo de carne e leite.

Programa Cultivos

Desde 1986, o Caatinga vem aprofundando propostas técnicas agroecológicas que possam melhorar o sistema de cultivo, visando com isso ao crescimento da produção agrícola. Essas propostas são fruto de pesquisas participativas, que combatem principalmente o hábito da queimada para limpeza de áreas destinadas ao plantio.

As linhas de ação do programa são:

- resgate da biodiversidade, com implantação de bancos de sementes e valorização das sementes locais;
- cultivo em barragens subterrâneas, que assegura a alimentação da população e significa manutenção da biodiversidade, além da possibilidade de produção de excedentes, em anos favoráveis.

Impacto sobre a população:

- melhoria e diversificação da nutrição;
- comercialização local dos excedentes;
- convivência racional com a biodiversidade da região semi-árida.

A tabela 2 mostra a evolução dos programas nos últimos sete anos, relacionando a quantidade de famílias atendidas, o volume de crédito captado e repassado, e os agentes financiadores.

Programa Educação

Esse programa foi estruturado para implantar a Escola Rural de Ouricuri (ERO), em 1987. Em princípio, tinha como meta atender os filhos dos agricultores envolvidos nas ações do Caatinga que residiam próximos ao centro e não freqüentavam escola. A escola de ensino fundamental adota uma pedagogia que privilegia a ótica agroecológica das disciplinas ministradas e tem como objetivos:

Tabela 2

Número de famílias beneficiadas por programa

Programa	Quantidade/ano																Agências
	1993		1994		1995		1996		1997		1998		1999		Total		
	Quant.	US$	Quant.	US$	Quant.	US$	Quant.	US$	Quant.	US$	Quant.	US$	Quant.	US$	Quant.	US$	
Programa Água																	
Cisterna de placas	–	–	134	20.807	54	9.732	13	2.508	39	5.080	306	46.539	141	20.173	687	104.839	CRS,
Barreiro trincheira	130	20.609	480	5.230	–	–	326	7.102	–	–	–	–	–	–	936	32.941	Oxfam, Visão
Barreiro tradicional	–	–	–	–	–	–	31	678	–	–	–	–	–	–	31	678	Mundial,
Cacimbão	16	2.348	–	–	–	–	1	57	–	–	–	–	–	–	17	2.405	Comitê
Barragem subterrânea	–	–	–	–	–	–	7	1.820	–	–	13	4.334	3	1.165	23	7.319	Betinho
Sistema de bombeamento solar	–	–	–	–	–	–	–	–	–	–	–	–	3	6.509	3	6.509	(Banespa), Instituto
Ilumin. residencial com energia solar	–	–	–	–	–	–	1	4.022	–	–	–	–	–	–	1	4.022	Credicard, União
Tratamento de água com moringa	–	–	–	–	–	–	–	–	12	334	65	938	121	1.818	198	3.090	Européia.
Programa Apicultura	–	–	–	–	–	–	–	–	–	–	–	–	–	–	–	–	Oxfam, Visão
Apiários familiares	–	–	–	–	–	–	16	3.624	2	632	81	24.661	–	–	99	28.916	Mundial,
Apiários coletivos	–	–	6	1.670	2	269	–	–	–	–	–	–	–	–	8	1.939	União Européia, PED

continua

	Quantidade/ano																
	1993		1994		1995		1996		1997		1998		1999		Total		
Programa	Quant.	US$	Quant.	US$	Quant.	US$	Quant.	US$	Quant.	US$	Quant.	US$	Quant.	US$	Quant.	US$	Agências
Programa Cultivos	–	–	–	–	–	–	–	–	–	–	–	–	–	–			
Casa de sementes	–	–	–	–	–	–	–	–	7	5.357	16	18.944	–	–	23	24.302	CRS,
Silos metálicos*	–	–	–	–	–	–	–	–	–	–	–	–	40	2.089	800	2.089	Oxfam, Visão
Roçado de sementes**	–	–	–	–	–	–	37	1.958	320	2.776	–	–	–	–	320	2.776	Mundial,
Pomar e bosque	–	–	–	–	–	–	–	–	6	578	2	247	–	–	45	2.783	Comitê Betinho
Fermentado	–	–	–	–	–	–	–	–	–	–	–	–	4	970	4	970	(Banespa), Instituto
Campo de forragens	–	–	–	–	–	–	–	–	–	–	30	3.389	–	–	30	3.389	Credicard
Programa Criação de Animais	–	–	–	–	–	–	–	–	–	–	–	–	–	–			Oxfam,
Ovinos	–	–	17	5.949	–	–	7	2.869	2	791	8	1.173	–	-	34	10.781	Visão Mundial,
Caprinos	7	1.984	49	12.483	5	707	1	466	8	4.697	–	–	26	6.163	96	26.500	União
Galinhas	–	–	17	5.949	–	–	–	–	–	–	–	–	–	–	17	5.949	Européia
Total	153	24.941	703	52.088	61	10.708	440	25.105	396	20.245	521	100.225	338	38.886	3.372	272.196	

Fonte: Caatinga.
* Os silos foram destinados a 40 bancos de sementes, que beneficiaram aproximadamente 600 famílias.
** As sementes foram repassadas para 16 bancos de sementes, que vieram a beneficiar aproximadamente 320 famílias.

- consolidar e disseminar um programa educacional adequado à realidade do agricultor, de forma a resgatar e valorizar sua vivência cultural;
- desenvolver, sistematizar e disseminar métodos e técnicas pedagógicas que tornem eficaz o processo de ensino/aprendizagem no meio rural do semi-árido;
- viabilizar a formação de professores para atender aos objetivos fundamentais de uma escola agroecológica.

Entre as mudanças ocorridas a partir de 1998, houve a municipalização da ERO, o que despertou forte reação dos pais dos alunos, receosos de que a prefeitura não mantivesse a qualidade da escola. Os municípios de Ouricuri e Bodocó estão viabilizando uma parceria com o Caatinga para introduzir a metodologia agroecológica da ERO em suas escolas rurais.

Segundo a orientação do Caatinga, a agroecologia deve ser incorporada ao cotidiano na escola, e não ser uma disciplina isolada. Trata-se de uma concepção de trabalho que valoriza a vida e o meio ambiente. Como disse uma coordenadora do programa:

> A metodologia e a filosofia do Caatinga fazem com que o professor deixe de ser um mero capacitado e passe a ser capacitador. Na ERO, o professor se sente produzindo.

Os novos professores das escolas rurais deverão assimilar essa nova postura não só pela capacitação inicial, mas também por um acompanhamento cotidiano de suas atribuições. O professor deve integrar-se com os alunos e suas famílias, além de manter sinergia com outros programas, conhecendo seu funcionamento. Só assim a educação passa a fazer parte do sistema de comunidades, e os professores passam a integrar o Caatinga. Segundo depoimento de uma coordenadora do programa:

> O principal é essa busca do envolvimento do professor no seu processo de formação. É preciso que eles incorporem a percepção de que são agentes formadores de opinião e, portanto, podem disseminar essa filosofia nas suas relações com outros professores fora do Caatinga. E também ter a consciência de que os técnicos passam e os professores ficam: esta é uma realidade.

O Caatinga está investindo no fortalecimento das escolas rurais que, por seu isolamento geográfico e funcional, encontram dificuldade em desenvolver seus programas. A incorporação dessas escolas ao Caatinga significa a inclusão dos alunos ao público-alvo do projeto e a conseqüente melhoria de sua condição de vida. Outro ponto valorizado é a visita de agricultores difusores para ministrar palestras nas escolas.

A valorização do ser humano como um todo e a disposição de contribuir para a melhoria da educação são pontos fortes do Caatinga em educação.

Graças à sua filosofia e à sua metodologia, a ERO tornou-se uma referência importante para as redes de ensino municipais e até mesmo para a Secretaria Estadual de Educação. A disseminação dessa filosofia nas escolas rurais da região pode desenvolver uma nova mentalidade no ensino fundamental e despertar nos alunos a consciência da preservação e da valorização agroecológica, o que certamente ajudará a promover a sustentabilidade ambiental do semi-árido.

Projeto de Fitoterapia

Trata-se de um programa de acompanhamento da saúde, disseminado entre a população e realizado em parceria com a Visão Mundial.[7] No programa são organizadas palestras e oficinas práticas, já tendo havido um curso de medicina alternativa, para manipulação de xaropes e tinturas, e um curso sobre alimentação alternativa, com uso de sementes, farelos, folhas etc.

Esse projeto também desenvolve ações junto à Escola Rural de Ouricuri, relacionadas à horta medicinal e ao estudo de plantas locais resistentes à seca e de sua adaptação a diferentes localidades. Os alunos recebem orientação de especialistas, depois de passar por um processo de seleção para que se verifique sua aptidão para esse trabalho.

O planejamento de 1999 previa para essa área a manutenção de uma oficina permanente de fitoterapia e a venda de produtos fitoterápicos elaborados na ERO.

Programa de Políticas Públicas

Já existe a decisão de criar esse programa, embora ele ainda não tenha sido implementado. Hoje, as ações promovidas pelo centro são reconhecidas como referencial para influenciar a formulação de políticas públicas para a região do semi-árido.

---

[7] ONG presente em mais de 90 países e que trabalha apoiando projetos sociais voltados para crianças que vivem em comunidades carentes.

Impactos gerados pelo Caatinga

O impacto ocasionado pelo programa Caatinga é visível por toda a região em que ele atua, podendo também ser constatado nos depoimentos dos diversos atores envolvidos e beneficiados.

- A ação de maior impacto em toda a região — de acordo com os agricultores e parceiros entrevistados — e que se encontra em expansão por todo o semi-árido é a implantação das cisternas de placa, pois essa tecnologia assegura o consumo de água para a população. Várias prefeituras assumiram o projeto e o estão reproduzindo em todo o Nordeste.
- Também com grande impacto aparece a moringa — iniciativa do Aspta e difundida pelo Caatinga —, que potencializa a quantidade e a qualidade da água dos barreiros. A barragem subterrânea também é uma importante tecnologia que assegura a produção agrícola tanto de ciclo curto quanto de cultivos permanentes, como os pomares. O barreiro trincheira também causa impacto na infra-estrutura hídrica.
- Embora tais ações sejam estruturantes e fundamentais para a sobrevivência no semi-árido e o manejo da caatinga, a melhoria da qualidade de vida da população depende da educação, base de todo esse processo. O impacto do ensino fundamental, formador de uma nova consciência dos valores ambientais, em associação com a filosofia agroecológica, é essencial para uma vida digna, sustentável e que promova a fixação da população no campo. As crianças que passam por esse processo de formação terão uma consciência diferenciada de valorização da vida e do entorno.
- Houve uma mudança no comportamento dos agricultores, não apenas pelo fato de serem beneficiários dos projetos, mas principalmente pela capacitação, formação e monitoramento postos em prática nas ações do Caatinga. A educação, em todos os níveis, é parte integrante do programa.
- Houve um aumento efetivo da participação feminina nas decisões comunitárias. Sua presença tornou-se uma marca nas reuniões que deliberam as prioridades para implantação de projetos nas propriedades, resgatando um papel histórico em que a mulher é responsável pela provisão de água para a família. Especialmente no Programa Alimento por Trabalho, a participação da mulher foi intensa. Atualmente, no grupo de difusores, destacam-se algumas agricultoras que desempenham papel muito importante, pois têm uma visão especial da totalidade das questões de saúde e alimentação.

- Por fim, podemos considerar como impacto local a assimilação das tecnologias e o compromisso assumido espontaneamente pelos jovens e pelas crianças, nas situações em que os projetos despertam seu interesse.

Pontos de estrangulamento

São os seguintes os pontos de estrangulamento apontados pela coordenação do programa e que necessitam ser superados:

- a falta de nivelamento de conhecimentos técnicos da equipe para potencializar a integração das ações;
- a precariedade da estrutura de comercialização dos produtos, principalmente o mel;
- a falta de recursos para cobrir algumas das despesas administrativas do programa.

Superação das dificuldades

As mudanças mais significativas ocorreram na ERO. Apesar de ser considerada uma ilha de excelência, sua estrutura, composta de um corpo funcional numeroso e rotativo de professores, exigia alto custo de manutenção e gerava dificuldades financeiras. Isso impedia que o modelo fosse implantado em outras localidades. A superação desses entraves deu-se com o recente processo de municipalização da ERO e a disseminação da metodologia da agroecologia para as escolas rurais.

Outra mudança foi o início da captação de recursos próprios com:

a) venda de mel;
b) venda de mudas de árvores (bosque e fruteiras);
c) aluguel de pastagens;
d) visitas técnicas;
e) prestação de serviços (oficina, assessoria e elaboração de projetos).

Em decisão recente, tomada em assembléia geral do Caatinga, foi estabelecida a meta de o programa gerar 30% da receita necessária para cobrir seus gastos. A estratégia para alcançar esse objetivo teve início com um curso de captação de recursos financiado pela Oxfam. Além disso, já existe uma profissional da área de captação contratada para prestar esse serviço. Houve também investimento na área de visitas técnicas, destacando-se o aspecto agroecológico da experiência do Caatinga.

Hoje, todos os funcionários têm noção da situação financeira do Caatinga. Houve descentralização da administração dos projetos, que foi assumida pelos seus responsáveis, permanecendo centralizada apenas a gestão dos gastos administrativos.

Parcerias

O centro conta com um leque de parceiros, alguns recentemente incorporados. Tidos como fundamentais para a sobrevivência no semi-árido, esses parceiros tiveram grande influência nas articulações estratégicas da atual coordenação. O quadro a seguir dá uma visão dos diversos parceiros e uma síntese das parcerias.

Relação dos parceiros ativos do Caatinga

Agências de financiamento	ONGs nacionais	Município	Estado	Outros (sociedade civil)
Novib (Holanda) CRS (EUA) Intermond (Espanha) Save The Children (Inglaterra) Visão Mundial (Japão) Oxfam (Inglaterra) União Européia Comitê Betinho Credicard (SP) Sudene Embrapa	Aspta-NE ACB* (Crato-CE) Garra Rede PTA	Ouricuri Bodocó Ipubi Sta. Filomena Trindade	Empresa de Abastecimento e Extensão Rural de Pernambuco (Ebape) — início da articulação entre as diversas instituições e busca para identificar outras possíveis parcerias	Sindicatos Associações Conselhos Representantes de famílias

* Associação Cristã de Base.
Fonte: Caatinga, 2000.

Agências de cooperação

Uma das condições para o estabelecimento de parcerias de cooperação com o Caatinga é que os parceiros participem efetivamente do processo de reflexão e resolução dos mais diferentes problemas apresentados pelos programas que são fruto dessas parcerias.

Quando o Caatinga enfrentou uma crise financeira, os parceiros foram chamados a encontrar uma solução em conjunto. Participaram dessa discussão a União Européia, responsável por 42% dos recursos do Caatinga, a Oxfam e a Save The Children, que contrataram assessorias e auditorias para equacionar a situação, além de Novib, CRS e Visão Mundial. Houve, enfim, um esforço institucional conjunto para a solução do problema.

Os parceiros não só participam dos programas, mas também financiam o projeto institucional, incluindo a formação do pessoal, quer da parte técnica, quer da parte contábil e administrativa. Participam também de visitas a outras experiências e de treinamentos.

Esse comportamento é inovador, tanto da parte da ONG quanto das próprias agências de cooperação. Numa relação de parceria, é fundamental entender que a cooperação e o apoio devem ir além do aporte de recursos.

Prefeituras

As parcerias com prefeituras são recentes. Até 1998 não havia no Caatinga sequer uma linha de aproximação com o poder público municipal. Quando a instituição se fixou em Ouricuri, teve sua imagem associada ao Partido dos Trabalhadores, o que dificultou suas articulações, dada a conjuntura política nos diversos municípios da região. Também dificultou a aproximação o fato de os prefeitos manterem distanciamento das ONGs, para não ceder-lhes espaço político.

Hoje esse quadro mudou, e tanto a instituição quanto as prefeituras buscam um padrão diferenciado de articulação em que a soma de esforços potencialize os efeitos das ações, com impacto real junto às comunidades e como solução para problemas estruturais do semi-árido.

Diversos partidos estão à frente das prefeituras situadas na área abrangida pelo Caatinga, havendo alguma predominância do PFL e do PSB. A discussão atual na entidade sobre as parcerias municipais, contudo, abandonou o aspecto ideológico-partidário e concentrou-se na possibilidade de promover articulações e parcerias que sejam proveitosas para a comunidade. Essas parcerias acontecem na implementação das ações junto com as diversas secretarias municipais de agricultura, recursos hídricos, educação e saúde.

Por intermédio do Programa Água, estabelecido em Ouricuri, Bodocó, Trindade, Ipubi e Santa Filomena, estão sendo firmados convênios tripartites, em que o Banco do Nordeste e cada município constroem, meio a meio, um conjunto de cisternas, e o Caatinga participa do planejamento, além de dar capacitação para a administração da água. Essa ação conjunta e articulada amplia o programa, beneficiando grande número de famílias ao atacar o maior problema do semi-árido: a escassez de água.

Atualmente, o maior número de ações acontece em Ouricuri e Bodocó. Em Ipubi, estão sendo instaladas 300 cisternas, 150 delas financiadas pelo Banco do Nordeste do Brasil (BNB) e 150 pela prefeitura. Em Trindade, considerado o município mais avançado da região do Araripe, a prefeitura decidiu pôr água em todas as propriedades, utilizando cisternas, poços ou cacimbões. Um elemento facilitador desse projeto é a pequena extensão territorial de Trindade.

Santa Filomena é um município recém-emancipado cuja prefeitura é ocupada por um grupo tradicional que nutre grandes desconfianças em relação ao Caatinga, por considerá-lo vinculado ao PT. Apesar disso, há negociações para o estabelecimento de algumas parcerias. Em Santa Cruz, município também recém-emancipado, havia negociações para a intermediação de programas pela Sudene, mas o município foi cortado do alistamento da Sudene, o que dificultará o processo de parceria.

Um importante avanço ocorrido recentemente foi o estabelecimento de programas e linhas de trabalho em conjunto com o poder público, contrariando a prática anterior de articulações pontuais. Isso aproxima o programa das prefeituras e cria maiores oportunidades de expansão das ações do Caatinga.

O Programa Educação também privilegia a parceria com as prefeituras. Em oito escolas rurais de Bodocó e em 10 de Ouricuri foi implantada a proposta pedagógica agroecológica desenvolvida na ERO. Para introduzir o método, o Caatinga estará capacitando os professores das escolas, em sua maioria professores leigos.[8] As prefeituras, por sua vez, realizarão concursos

---

[8] Professores leigos, muito comuns em municípios pobres do Norte, do Nordeste e do Centro-Oeste do Brasil, são professores sem curso de magistério, formação mínima exigida pelo Ministério da Educação para assumir classes de 1ª a 4ª séries do ensino fundamental.

para efetivar o quadro de professores. Em Ouricuri, a parceria incluiu a municipalização da ERO, a realização de concurso e a efetivação dos professores aprovados.

O secretário da Educação de Bodocó destaca os pontos mais importantes na parceria com o Caatinga:

> O que diferencia a ação de educação fundamental da proposta do Caatinga é que a pedagogia agroecológica orienta o retorno do estudante ao campo e a sua fixação. Do lado de cá, não avançamos com uma pedagogia que atenda à realidade do semi-árido.

Banco do Nordeste do Brasil

Uma parceria importante estabeleceu-se com o BNB. As negociações com essa instituição vêm evoluindo há tempos, e hoje existe um protocolo de apoio assinado pela gerência e pela superintendência regional do banco em Ouricuri. Esse protocolo aponta para a perspectiva de o Caatinga elaborar projetos de agricultura familiar e obras de infra-estrutura a serem financiados pelo BNB. O Caatinga também prestaria assistência técnica aos produtores. São projetos que integram ações dos diversos programas, por cuja elaboração o Caatinga recebe a taxa de 2% sobre o total financiado.

A título de experiência, o banco abriu uma linha de crédito especial para Ouricuri, para implantar tecnologias alternativas. Para esse processo inicial, que atingiu 1% das propriedades de Ouricuri, o Caatinga elaborou os projetos e prestou assistência técnica, mas não tem condições de manter essa tarefa, porque essa não é sua função. Essa parceria, ainda recente, passa por ajustes de ambos os lados, que mantêm grande disposição para adequações, tendo em vista o objetivo comum de melhoria da agricultura familiar no semi-árido, em bases sustentáveis. Segundo depoimento de um gerente do BNB:

> É importante fomentar modelos que sirvam de demonstração para outros produtores e outras regiões, ou seja, projetos em que seja possível a parceria entre o banco, o produtor e o Caatinga, com resultados positivos. É uma idéia de efeito-demonstração. O produtor define a prioridade e nós direcionamos o que seria melhor tecnicamente.

Um elemento novo nessa parceria foi a aproximação entre o banco e o produtor. O gerente visita constantemente as comunidades, participa das reuniões locais e se informa dos problemas de cada produtor. Houve até mesmo uma diminuição de custos para os produtores, que não precisaram mais vir à cidade para resolver problemas bancários.

Um ponto forte da parceria foi a assistência técnica dada pelo Caatinga a cada um dos produtores financiados pelo banco, o que evidencia a visão integrada entre os diferentes projetos e o respeito às especificidades de cada propriedade. Segundo o mesmo gerente:

> A missão do banco é desenvolver, o que não passa só pelo crédito. Nesse contexto, a parceria com o Caatinga é fundamental. A orientação e a aproximação com o produtor significam uma nova forma de mudar a realidade. Isso também é desenvolvimento.

É importante observar um banco de desenvolvimento ajustar suas linhas de financiamento a partir de ações implementadas por uma ONG. O estabelecimento dessa parceria abre caminho para uma nova leitura do termo "desenvolvimento", levando em conta a perspectiva de uma interação com os beneficiários e a indicação de suas prioridades como metas a atingir.

Sociedade civil

Sindicatos: são os principais interlocutores dos agricultores e a parceria mais antiga do Caatinga na região. Estabeleceram-se dois níveis de articulação: com a Federação dos Trabalhadores Rurais de Pernambuco (Fetape) e com os sindicatos dos trabalhadores rurais nos municípios. O sindicato de Ouricuri é um pólo regional importante, estruturado em quatro secretarias: Política Agrícola, Reforma Agrária, Formação e Organização e, por último, Previdência Social. Por sua importância regional, o sindicato de Ouricuri assume relevância especial entre as parcerias do Caatinga. Para o sindicato, a parceria também é muito importante. Diz seu presidente:

> Com relação às questões da água e do meio ambiente, o Caatinga tem um papel importante, e o sindicato tem que fortalecer sua atuação. O sindicato mobiliza os trabalhadores, faz o trabalho de conscientização para que eles acreditem na questão do padrão técnico. Articula a base, faz seleção para os projetos, indica as comunidades e as pessoas mais carentes. Indica as prioridades. Enquanto a parte técnica é o lado da parceria do pessoal do Caatinga.

Associações: é uma parceria antiga. Assim como os sindicatos, indicam comunidades, agricultores, prioridades etc.

Conselhos municipais: de acordo com o coordenador do Caatinga, os conselhos municipais ainda são incipientes e sofrem muita interferência política, mas são estruturas que permanecerão. Apesar dos problemas, começam a surgir aí lideranças importantes, que a longo prazo podem vir a modificar questões básicas. Alguns conselhos mais avançados e estruturados influenciam outros conselhos municipais.

Igreja: houve, no início do Caatinga, uma parceria importante junto à Pastoral da Terra. Essa pastoral, entretanto, foi transferida de Ouricuri para Petrolina, ficando fora do raio de abrangência do Caatinga. Há a intenção de voltar a trabalhar junto à Pastoral dos Jovens.

ONGs: as parcerias se verificam com mais intensidade entre as entidades da rede de tecnologia alternativa. Destacam-se como os parceiros mais freqüentes nessa categoria as seguintes organizações: Aspta, ACB do Crato, Centro de Estudos e Ação Social (Ceas), Garra,[9] Sasop,[10] Centro de Pesquisa e Assessoria Esplar (Esplar). Essas parcerias multiplicam sua capacidade de articulação, pois há intensa troca de informações e experiências, o que gera sinergia entre as ONGs — principalmente da Rede PTA —, de tal sorte que algumas iniciam um processo e outras o assimilam e disseminam.

Produtores e famílias

Aspecto importante do Caatinga é que o beneficiário não é visto como cliente, e sim como parceiro e, portanto, como principal parceiro. Os produtores participam de diferentes formas e em diferentes graus. Alguns participam das reuniões, auxiliam, dão idéias etc. Outros vão além: incorporam os projetos e passam a ser difusores da metodologia do Caatinga e da instituição como um todo, em trabalho voluntário.

Do ponto de vista do Caatinga, há um compromisso com a reciclagem desses difusores, por meio das reuniões e processos de capacitação. Em cada comunidade, os representantes das famílias são os difusores potenciais. Eles têm papel fundamental na potencialização do comportamento natural de parceria existente entre os agricultores, como o sistema tradicional de ajuda mútua no trabalho, que é reforçado nos programas disseminados pelo centro.

---

[9] Grupo de Apoio e de Resistência Rural e Ambiental.

[10] Serviços de Assessoria a Organizações Populares Rurais.

Considerações finais

O Caatinga é uma entidade que busca eqüidade social e econômica para as famílias que vivem no semi-árido. Apresenta respostas visíveis e cada vez mais reconhecidas, configurando um processo de valorização do homem e do meio ambiente.

Suas ações revelam maturidade, construída ao longo de suas atividades, o que na atual gestão se traduz na superação de dificuldades internas e também no convívio harmônico com vários atores, governamentais e civis, materializado nas diferentes parcerias.

É visível a mudança na qualidade de vida das famílias, em decorrência dos diversos programas instalados. A barragem subterrânea possibilita a implantação de cultivos de ciclo curto (feijão, arroz, milho), de cultivos perenes, como fruteiras, além da implantação de forragem animal. Observa-se o mesmo com relação à melhoria da saúde, principalmente das crianças, que adoeciam com freqüência devido à água sem tratamento que ingeriam (proveniente de barreiros e cacimbões). A conscientização das pessoas resultou em mudança de atitude e melhora na qualidade de vida.

Aspecto importante a ser destacado é a assimilação e a responsabilidade pelo manejo e a manutenção da tecnologia dos projetos instalados, em especial entre crianças, jovens e mulheres, o que estabeleceu um novo padrão de comportamento diante da valorização do patrimônio comum das famílias. Esse fato certamente decorre da forma como se deu a apropriação: a maioria dos projetos é paga com trabalho ou com produto. Esse é um grande diferencial em relação aos projetos oficiais ou especiais, doados ou implantados a fundo perdido, mas que não respeitam as prioridades dos próprios beneficiários.

Outro ponto importante a ser assimilado por entidades análogas é o processo de avaliação, vivenciado no colegiado e em assembléias, do conjunto de ações e do desempenho de cada programa. Desse processo participam representantes dos agricultores em cada programa, e suas observações são incorporadas como as de um parceiro privilegiado.

O Caatinga não tem como objetivo substituir o Estado ou o governo, mas servir de referencial para a formulação de políticas públicas. Nesse contexto, suas ações, já testadas, assimiladas e com impacto comprovado, podem ser replicadas com mais facilidade e amplitude. Existe uma perspectiva real de assegurar desenvolvimento com sustentabilidade para as gerações futuras e para o meio ambiente. Constata-se que a infra-estrutura básica para a melhoria da qualidade de vida das famílias implica a revisão das prioridades das políticas públicas, concentradas nas grandes obras, em prol de obras de pequeno porte, que atendam o produtor familiar.

O Caatinga cumpriu várias etapas desde a sua concepção, incluindo a formulação da idéia estruturadora, a definição metodológica, a implantação, o crescimento, as rupturas e os desmembramentos (formando outras entidades similares). Chama a atenção, ao longo desse processo, a solidez resultante de seu amadurecimento, a constância de seus princípios filosóficos e a adequação da metodologia aos parâmetros ambientais para uma convivência sustentável das famílias do semi-árido.

Bibliografia

Caatinga. *Relatório anual de atividades.* Projeto PDA/Caatinga 170427 (out. 1998 a set. 1999). Ouricuri, PE, 1999.

———. Planejamento 1999. Diretrizes e comentários. Ouricuri, PE, abr. 1999.

———. Termos de referência do diagnóstico escolar. Ouricuri, PE, out. 1999.

———. Carta encaminhada à Novib (estrutura organizacional) pela Coordenação do Caatinga. Ouricuri, PE, dez. 1999.

———. Programa Educação. Proposta de intervenção e assessoria educacional no Caatinga. jan. 2000.

———. Programa Melhoria dos Sistemas de Cultivo. Concepção e Diretrizes.

Fisepe. Base de dados do estado. BDE-Condepe/DIE. Desempenho 1995, 1997, 2000.

IBGE. *Contagem da população.* Pernambuco, 1996.

———. *Estimativa da população.* Pernambuco, 1999.

Madureira, Sevy. *Projeto Áridas. Avaliação das iniciativas não-governamentais.* Recife, PE, ago. 1994.

——— & Carvalho, Valter de. Relatório de avaliação. Recife, out. 1996.

CAPÍTULO 5

Programa de Administração Participativa de Camaragibe — PE

Jan Bitoun*

Por meio de um novo modelo de gestão do território, com descentralização e participação popular, essa iniciativa enfrenta de maneira inovadora os problemas típicos de uma periferia metropolitana.

Introdução

O Programa de Administração Participativa, implantado pelo governo municipal de Camaragibe a partir de 1997, é uma experiência de gestão territorial. Essa experiência foi desenvolvida pela prefeitura municipal e se contrapõe às atuais tendências de planejamento urbano, que privilegiam ações específicas e localizadas, deixando abandonadas outras áreas sob sua jurisdição. A estratégia central do projeto é a construção de um espaço público abrangente, que envolva as esferas de decisão e de prestação de serviços do setor público e os diferentes matizes sociais encontrados na periferia de Camaragibe.

A partir de informações prestadas por Eduardo Moura e Teresinha Carlos, respectivamente titulares das secretarias municipais de Planejamento e de Governo, foram relacionadas 19 ações do programa, por meio das quais se realiza a administração participativa nos diversos órgãos e secretarias que executam a política de governo (quadro 1). Mais do que descrever cada uma dessas ações, cabe descobrir quais são suas linhas de orientação, que inovações promovem nas estratégias e nos modos de governar, bem como sua influência no cotidiano dos cidadãos.

---

* Professor do curso de mestrado do Departamento de Ciências Geográficas da Universidade Federal de Pernambuco (UFPe).

Essas ações foram implementadas por segmentos da administração e da população. Algumas delas, implantadas no início da gestão, prolongam-se no tempo, constituindo modalidades de tomada de decisão e de prestação de serviços. É importante esclarecer que essas primeiras ações desdobram-se em diversas iniciativas, permitindo a expansão e a consolidação de uma certa forma de administração. Ao longo do tempo, há iniciativas que constituem os alicerces, e outras que decorrem destes.

O sucesso do programa deveu-se à coexistência de ações distintas, encaminhadas por um conjunto específico de agentes, a partir de motivações comuns. A intersetorialidade dessas ações aponta para a administração do território, e não para a administração de programas diversos com ritmos e propósitos desconexos.

A estratégia territorial — a descentralização da administração em cinco regiões — não é inovadora. Ela se propõe localizar equipamentos e prestar serviços preferencialmente na periferia, o que indica uma lógica de responsabilidade público-estatal diferenciada daquela que guia os empreendimentos particulares. Há uma estratégia socioadministrativa que introduz, no decorrer dos processos decisórios e da prestação de serviços, agentes intermediadores oriundos das comunidades, não simplesmente incluídos ou agregados aos corpos técnicos da administração, mas em permanente comunicação com estes. Nessa interlocução, a questão principal considerada não é "o que muda no povo", e sim "o que torna a administração mais atuante na ponta". Decorre daí uma melhoria da qualidade dos serviços prestados ao cidadão.

Essa última questão insere-se numa problemática já conhecida, mas que precisa ser relembrada para entendermos os esforços empreendidos em Camaragibe:

> Os poderes públicos locais enfrentam uma quase que permanente e generalizada situação de impotência, chamada pelos politólogos de "crise de governabilidade", em face da produção de um espaço social cada vez mais tenso. As crises das finanças locais, reflexo no espaço vivido da redução do exercício de soberanias nacionais no quadro da mundialização da economia, limitam a capacidade de gestão e, ainda mais, de planejamento dos executivos e de seus aparelhos técnicos. Rapidamente, estes perdem legitimidade e aqueles perdem popularidade, como bem se observa nos embates eleitorais. O modo de manter e expandir os serviços básicos é discutido, apontando-se para concessões a atores privados que investem no campo da legitimidade pública. Neste processo a vida urbana despolitiza-se, literalmente, à medida que se afastam do campo da política as possibilidades concretas de gerar transformações do espaço vivido. Assim sendo, a política passa a ser

> encarada como uma atividade, entre muitas, inserida no cotidiano e insignificante como ele. As organizações e as forças sociais que, tradicionalmente, mediavam os embates no campo político, partidos e sindicatos, perdem poder enquanto se multiplicam microformas de expressão dos descontentamentos aos quais a mídia eletrônica, fortemente concentrada, atribui uma visibilidade seletiva.[1]

O Programa de Administração Participativa do governo municipal de Camaragibe procura repolitizar a vida urbana, por meio da prática constante de reuniões de conselhos e assembléias, instituídos para influenciar e tomar decisões. A abrangência e a qualidade dos serviços prestados depende do engajamento de agentes não-estatais, configurando um partilhar, no cotidiano, do gerenciamento das ações. Esse esforço reveste-se de um significado peculiar, pois se desenvolve no segmento urbano brasileiro que mais cresceu nos últimos anos: os municípios periféricos aos núcleos centrais das regiões metropolitanas. Os dados que se seguem são inequívocos.

Tabela 1

Taxa média geométrica de crescimento anual 1991-96

Regiões metropolitanas e Distrito Federal	**Incremento anual (em %)**	
	Núcleo	**Periferia**
Belém	1,17	6,35
Fortaleza	2,17	2,82
Recife	0,74	1,46
Salvador	1,30	3,44
Belo Horizonte	0,71	3,93
Vitória	0,55	2,64
Rio de Janeiro	0,28	1,40
São Paulo	0,40	3,12
Curitiba	2,36	5,12
Porto Alegre	0,59	1,99
Distrito Federal	2,66	–
Total	0,87	2,63

Fonte: IBGE. *Anuário estatístico do Brasil — 1997.*

[1] Bitoun, 1993b.

Em todas as grandes aglomerações urbanas brasileiras, a dinâmica maior está na periferia, administrada, em geral, por municípios com menor capacidade de arrecadação e gerenciamento, em face de uma sociedade urbana em constituição, onde não raro imperam a violência e tendências à anomia social. O caso dos municípios goianos e mineiros do entorno de Brasília é um exemplo claro do desafio à governabilidade nas imediações da sede maior do poder. *O rap do pequeno príncipe contra as almas sebosas,* documentário recém-lançado por Paulo Caldas e Marcelo Luna, que retrata o ambiente de violência e de desespero dessas periferias, foi filmado exatamente em Camaragibe, cidade do entorno do Recife, de onde provém esse Programa de Administração Participativa.

Quadro 1
Programas, projetos e ações implantados pela Prefeitura Municipal de Camaragibe

Órgãos responsáveis	Programas/Projetos/Ações
Diversos	**Implantação dos conselhos:** de Saúde, de Assistência Social, de Segurança, de Direito da Criança e do Adolescente, Tutelar.
Secretaria de Planejamento	**Núcleo de Desenvolvimento Local**: tem como objetivo articular parcerias e fomentar estratégias de desenvolvimento econômico local. Resultados alcançados até junho de 1999: capacitação/qualificação profissional de 1.345 pessoas e apoio na elaboração de 439 propostas de financiamento, no valor global de R$1.203.823,86.
Secretarias de Planejamento e de Governo	**Plano de Obras:** resultou de um processo participativo regionalizado, com 120 delegados, plenárias regionais e conselhos setoriais.
Secretaria de Finanças	**Política de combate à sonegação fiscal:** elaboração da Lei de Dação (inédita no país), que permite quitar débitos municipais com serviços e bens imóveis. Houve grande incremento da receita interna: a arrecadação do IPTU triplicou, e a do ISS quadruplicou.
Secretaria de Educação	**Censo Educacional**: permitiu a reformulação das propostas educacionais. Constatou que 94% das crianças entre sete e 10 anos estão estudando, mas que o índice de repetência é elevado. **Matrícula Nuclear**: implantou as matrículas automáticas, visando a garantir vagas e acesso à rede escolar.

continua

Órgãos responsáveis	Programas/Projetos/Ações
Secretaria de Educação	**Rede Conveniada de Educação Infantil**: estabeleceram-se convênios entre o município e creches e pré-escolas privadas para garantir o atendimento de 352 crianças que estavam fora da escola. **Programa Agentes Comunitários de Educação**: atendimento de alunos das escolas municipais com defasagem de idade-série. Conseguiu aprovação de 90% dos atendidos e maior envolvimento das famílias. **Incentivo à Educação Física e aos Esportes**: programa de educação física nas escolas e capacitação de professores. Foram realizados os I Jogos Populares, com participação de 1.350 alunos. Foi criada escolinha de futebol, futsal e voleibol para crianças e adolescentes de oito a 17 anos. **Projeto Concerto-Aula**: atividades de musicalização em 10 escolas, atingindo um total de 3 mil alunos entre sete e 11 anos. **Projeto Conheça sua Cidade**: promoveu excursões pelo município, atendendo a 375 jovens e adolescentes.
Secretaria de Saúde	**Programa Saúde da Comunidade**: ampliou o número de agentes comunitários de saúde, totalizando 157. O Programa Saúde da Família ganhou cinco equipes novas, totalizando 23, e passou a atender 96% da população da cidade (25.596 famílias). **Ampliação do Combate à Desnutrição**: distribuição de composto alimentar à base do sangue de boi, leite e farinha de trigo, promovendo a recuperação de 30 crianças desnutridas ou em risco nutricional. **Programa de Prevenção da Saúde Bucal**: atendimento a 23 mil estudantes, tendo cerca de mil feito tratamento dentário completo. **Projeto Um Olhar Sobre a Cidade**: mediu a acuidade visual de 3.095 crianças de 1ª série da rede pública, com entrega de óculos para 310.
Secretaria de Ação Social	**Projeto Cidadão**: atende 20 adolescentes em situação de risco, empregados como transportadores no mercado municipal, e fornece uma cesta básica quinzenal. **Projeto Criarte**: atende crianças e adolescentes entre oito e 18 anos que vivem em situação de rua, com oficinas de arte-educação e trabalho com as famílias. **Projeto Meninas de Camaragibe:** atende 140 meninas entre 10 e 17 anos, vítimas potenciais de violência doméstica. **Projeto Brigada Ecológica**: formada por 35 adolescentes capacitados a informar a população sobre saúde, qualidade de vida e destino do lixo.
Secretaria de Obras	**Educação Ambiental**: busca atingir toda a comunidade, promovendo a capacitação de 105 professores.

Fontes: ficha-resumo do Programa de Administração Participativa e informações sobre órgãos responsáveis.

Camaragibe: periferia urbana na Região Metropolitana de Recife (RMR)

Evolução populacional

O município de Camaragibe, distrito emancipado em 1982 de São Lourenço da Mata, teve na década de 1980 um crescimento populacional de 1,14% a.a. Entre 1991 e 1996, esse crescimento saltou para 2,15% a.a.

No primeiro período, 1980-91, entre os municípios que mais cresceram na periferia de Recife figuram Paulista, Jaboatão dos Guararapes, Abreu e Lima, São Lourenço da Mata e Olinda. O crescimento dos três últimos deveu-se em especial à implantação de grandes conjuntos habitacionais. Em Olinda, além dos conjuntos habitacionais, houve a ocupação da orla marítima por setores médios e abastados.

Tabela 2

Incremento anual médio da população na RMR (1980-91 e 1991-96)

Municípios	**1980-91 (%)**	**Posição no *ranking* (1980-91)**	**1991-96 (%)**	**Posição no *ranking* (1991-96)**	**População 1996 (hab.)**
Pernambuco	1,36				7.399.131
Região Metropolitana de Recife	1,85		1,13		3.087.967
Abreu e Lima	4,58	2º	0,97	10º	80.828
Araçoiaba	–	–	2,54	3º	12.061
Cabo de S. Agostinho	1,82	7º	2,07	5º	140.764
Camaragibe	1,14	11º	2,25	4º	111.119
Igarassu	1,19	9º	1,07	9º	72.990
Itamaracá	3,14	5º	3,52	1º	13.799
Ipojuca	1,29	10º	1,31	8º	48.479
Itapissuma	2,49	6º	3,18	2º	19.186
Jaboatão dos Guararapes	3,59	4º	1,70	7º	529.966
Moreno	1,03	12º	0,42	14º	39.962
Olinda	1,75	8º	0,46	13º	349.380
Paulista	5,39	1º	2,01	6º	233.634
Recife	0,69	13º	0,73	12º	1.346.045
São Lourenço da Mata	3,89	3º	0,89	11º	89.754

Fonte: Censos demográficos e Contagem do IBGE. Apud Fidem, 1998. Anexo II.

Entre 1980 e 1991, Camaragibe, apesar de distar somente 16km do Centro de Recife, apresentou um crescimento modesto a partir do seu núcleo central, composto pela Vila Operária da fábrica têxtil que deu origem à cidade, nas nascentes do rio Camaragibe. A várzea desse afluente do Capibaribe constitui um caminho natural para oeste, reencontrando a várzea do Capibaribe em São Lourenço da Mata. Esse caminho, que corresponde à estrada PE-05 (av. Belmiro Gouvéia), é o segundo núcleo linear de assentamento urbano no município. A partir dele, as colinas foram sendo paulatinamente ocupadas, especialmente ao sul, mais próximo do limite com Recife, onde vieram se assentar, nos anos 1970, moradores da planície desabrigados pelas enchentes. Durante os anos 1980, o tabuleiro de Aldeia, situado a leste e nordeste do município, foi dividido em grandes lotes, atraindo recifenses abastados para a instalação de chácaras, granjas e clubes campestres. Nos pequenos aglomerados rurais situados ao longo da estrada PE-27 (estrada de Aldeia), como Vera Cruz, os moradores tornaram-se prestadores de serviços nessas residências. O asfalto facilitou o acesso às encostas do tabuleiro, que assim puderam ser ocupadas pela população de baixa renda, formando a aglomeração de Tabatinga.

Entre 1991 e 1996, houve brutal aceleração da taxa de crescimento de Camaragibe, somente superado pelos pequenos municípios de Itamaracá, Itapissuma e Araçoiaba. Essa explosão populacional, ao lado daquela experimentada por Jaboatão dos Guararapes, Cabo de Santo Agostinho e Paulista, foi um dos maiores fenômenos de crescimento urbano da periferia de Recife, agravado pela ausência de uma política habitacional.

Com o término da construção dos conjuntos habitacionais da região, a demanda de habitação diluiu-se onde houve possibilidades de acesso ao solo, preferencialmente em locais mais próximos de fontes de emprego. No município de Recife, assistiu-se ao extremo adensamento de assentamentos populares localizados nas proximidades do Centro: Brasília Teimosa, Pina, Coque, Coelhos, Mustardinha, Santo Amaro, Chico Mendes, Roda de Fogo etc. Os morros situados a norte, a oeste e a sul constituíram outra alternativa de adensamento, apenas um pouco mais distante e com acesso ao solo menos restrito e mais barato. Esse adensamento exagerado constitui a história recente da ocupação urbana de Camaragibe. As habitações ocuparam os alagados da várzea do rio Camaragibe e as colinas situadas a sul e a norte do eixo central da av. Belmiro Gouvéia, subiram por encostas cada vez mais íngremes e pouco adequadas à instalação de habitações precárias, ameaçadas de desabar a cada chuva forte. Nos arredores de Vera Cruz, no norte do município, assentamentos de baixa renda também cresceram em condições ainda mais periféricas, em encostas de tabuleiro.

O território municipal de 52,9km^2 foi, assim, inteiramente incluído no perímetro urbano. A evolução da ocupação recente abrange até setores de feição ainda agreste no norte do município, na área em que nasce o rio Beberibe, com evidente ameaça a esse manancial. Em 1996, a densidade demográfica de Camaragibe atingiu 2.178,80 hab./km^2, a quarta maior entre os 14 municípios metropolitanos, superada somente por Olinda (8.521 hab./km^2), Recife (6.175,52 hab./km^2) e Paulista (2.359,93 hab./km^2).[2]

Essa dinâmica de adensamento da ocupação em interstícios de áreas já ocupadas, como é o caso dos alagados e das colinas próximas à PE-05, e de busca de novas áreas de expansão de habitação popular, como nas periferias da PE-27, deverá receber um impulso suplementar com a implantação do terminal Timbí de metrô, a sudoeste do município. Não há dúvida, entretanto, de que o principal propulsor da vitalidade do mercado paralelo de solo e de moradia, sem nenhum controle da qualidade da oferta, continua sendo a própria debilidade da política habitacional destinada à população de baixa renda.

Indicadores de desenvolvimento característicos de uma periferia social

Os dados do Censo Demográfico de 1991, anteriores à aceleração do crescimento de Camaragibe, serviram para a elaboração do *Atlas do Desenvolvimento Humano no Brasil*.[3] Os indicadores apresentados nas tabelas a seguir, referentes ao índice das condições de vida (ICV) e ao índice municipal de desenvolvimento humano (IDH-M), confirmam a medíocre posição da cidade entre os 4.491 municípios brasileiros existentes naquele ano.

No contexto do estado de Pernambuco, ao contrário, Camaragibe aparece como um dos mais desenvolvidos, devido às suas características urbano-

---

[2] Fidem, 1998.

[3] Pnud/Fundação João Pinheiro/Ipea/IBGE, 1998.

metropolitanas. No IDH-M, somente o índice de longevidade, correspondendo à esperança de vida ao nascer, supera um pouco a média brasileira. O índice mais negativo corresponde à renda da população. Localizado no Nordeste e sendo uma região de periferia metropolitana, abriga uma população pobre, em busca de alternativas habitacionais. Entre os municípios da Região Metropolitana de Recife, o IDH-M de Camaragibe encontra-se em posição intermediária.

Com relação aos municípios brasileiros, Camaragibe, juntamente com outros da mesma região, como Recife, Olinda, Paulista e Jaboatão dos Guararapes, situa-se num grupo intermediário de municípios classificados como aqueles que têm índices próximos aos da média brasileira. Outros municípios da mesma região, como Ipojuca, Igarassu e Itapissuma, com fortes características rurais, apresentam índices muito baixos.

Tabela 3

Índice municipal de desenvolvimento humano — IDH-M 1991 (comparação)

Composição	Índice brasileiro	Índice de Camaragibe	Classificação de Camaragibe: no Brasil*	Classificação de Camaragibe: em PE**
Longevidade Educação Renda	0,742	0,585	1.960º	10º
Esperança de vida ao nascer	0,638	0,678	1.088º	5º
Taxa de analfabetismo na pop. de 15 anos e mais; nº médio de anos de estudo da pop. de 25 anos e mais	0,645	0,620	1.588º	7º
Renda familiar *per capita* média ajustada	0,942	0,458	2.171º	14º

Fonte: Pnud/Fundação João Pinheiro/Ipea/IBGE, 1998.
* Entre 4.491 municípios.
** Entre 168 municípios.

Tabela 4

Componentes do IDH-M, 1991

Indicadores	Camaragibe	Brasil
Esperança de vida ao nascer (anos)	65,66	63,29
Taxa de analfabetismo na pop. de 15 anos e mais	21,30	19,40
Nº médio de anos de estudo da pop. de 25 anos e mais	4,30	4,90
Renda familiar *per capita* média ajustada em s.m.	0,65	1,31

Fonte: Pnud/Fundação João Pinheiro/Ipea/IBGE, 1998.

Tabela 5

IDH-M (geral), 1991
(comparação entre o Brasil e municípios da RMR)

Município	Ordem na RMR	Índice
Brasil		0,742
Abreu e Lima	7º	0,569
Cabo de S. Agostinho	8º	0,541
Camaragibe	5º	0,585
Igarassu	11º	0,474
Ipojuca	13º	0,428
Itamaracá	6º	0,573
Itapissuma	12º	0,449
Jaboatão dos Guararapes	4º	0,690
Moreno	9º	0,523
Olinda	2º	0,765
Paulista	3º	0,731
Recife	1º	0,790
São Lourenço da Mata	10º	0,515

Fonte: Pnud/Fundação João Pinheiro/Ipea/IBGE, 1998.

Tabela 6

Índice de condições de vida — ICV, Camaragibe, Brasil, 1991 (comparação)

Índice	Composição	Camaragibe	Brasil	Classif. de Camaragibe no Brasil*	Classif. de Camaragibe em PE**
ICV (geral)	Longevidade, educação, renda, infância, habitação	0,639	0,723	2.120º	9º
Longevidade	Esperança de vida ao nascer; taxa de mortalidade infantil	0,751	0,691	2.248º	5º
Educação	Taxa de analfabetismo na pop. de 15 anos e mais; nº médio de anos de estudo da pop. de 25 anos e mais; % da pop. de 25 anos e mais com menos de quatro e oito, e com mais de 11 anos de estudo	0,542	0,576	1.325º	7º
Renda	Renda familiar *per capita* média ajustada; grau de desigualdade; % de pessoas com renda insuficiente; insuficiência média de renda; grau de desigualdade na pop. com renda insuficiente	0,576	0,793	2.150º	15º
Infância	% de crianças de sete a 14 anos que não freqüentam a escola; crianças de 10 a 14 anos: % trabalhando; % com mais de um ano de atraso escolar; defasagem escolar média (anos)	0,704	0,747	1.646º	10º
Habitação	Densidade por dormitório; materiais de construção duráveis; abastecimento de água adequado; instalações adequadas de esgoto	0,621	0,755	2.535º	46º

Fonte: Pnud/Fundação João Pinheiro/Ipea/IBGE, 1998.
* Entre 4.491 municípios.
** Entre 168 municípios.

O *Atlas do desenvolvimento humano* também apresenta um índice de condições de vida calculado com base em cinco dimensões: longevidade, educação, renda, infância e habitação. As três primeiras já estão integradas ao cálculo do índice municipal de desenvolvimento humano. Nas dimensões comuns aos dois índices, foram acrescentados novos indicadores para o estabelecimento do índice de condições de vida. Na tabela 6, observa-se que a posição de Camaragibe no Brasil em relação à longevidade piora (de 1.088 para 2.248), quando essa dimensão inclui o indicador de mortalidade infantil, que em Camaragibe é de 55,94% (tabela 7.1), bem superior à média brasileira (49,49%). Já o índice referente à educação mantém-se próximo do índice brasileiro (tabela 6). Camaragibe, como município urbano que é, apresenta indicadores medianos quanto aos contingentes que freqüentaram a escola fundamental, havendo, contudo, uma taxa reduzida de pessoas com mais de 11 anos de estudo (tabela 7.1).

No que se refere à renda, não há variação significativa entre os dois índices. Destaca-se novamente a nítida característica de pobreza da população residente, tão universal que o indicador grau de desigualdade é muito inferior à média brasileira (tabela 7.1). O índice referente à infância não é tão negativo (tabela 6). Como nos indicadores relativos à educação, isso se deve à presença de uma rede de escolas e à pouca relevância do trabalho infantil (tabela 7.2), dois indicadores que acompanham o grau de urbanização. Em contraste, o índice referente à habitação é muito negativo (tabela 6), especialmente no tocante às redes de abastecimento de água e de escoamento de esgotos (tabela 7.2).

Tabela 7.1

Indicadores componentes do ICV (comparação entre Camaragibe e Brasil, 1991)

Indicadores	Camaragibe	Brasil
Esperança de vida ao nascer (anos)	65,66	63,29
Taxa de mortalidade infantil (%)	55,94	49,49
Taxa de analfabetismo na pop. de 15 anos e mais (%)	21,3	19,4
Nº médio de anos de estudo da pop. de 25 anos e mais	4,3	4,9
% da pop. de 25 anos e mais, com menos de quatro anos de estudo	43,4	42,3
% da pop. de 25 anos e mais, com menos de oito anos de estudo	77,3	72,1
% da pop. de 25 anos e mais, com mais de 11 anos de estudo	3,12	7,53
Renda familiar *per capita* média ajustada (em s.m.)	0,65	1,31
Grau de desigualdade	0,48	0,78
% de pessoas com renda insuficiente	61,94	45,46
Insuficiência média de renda	0,32	0,24
Grau de desigualdade na população com renda insuficiente	0,21	0,16

Fonte: Pnud/Fundação João Pinheiro/Ipea/IBGE, 1998.

Tabela 7.2

Indicadores componentes do ICV (comparação entre Camaragibe e Brasil, 1991)

Indicadores	Camaragibe	Brasil
% de crianças de sete a 14 anos que não freqüentam a escola	18,1	22,7
Defasagem escolar média das crianças de 10 a 14 anos (anos)	2,2	2,2
% de crianças de 10 a 14 anos com mais de um ano de atraso escolar	62,3	58,1
% de crianças de 10 a 14 anos que trabalham	2,5	8,6
% de domicílios com densidade superior a duas pessoas por dormitório	30,3	31,1
% de domicílios em materiais de construção duráveis	90,0	91,6
% de domicílios com abastecimento adequado de água	67,7	83,85
% de domicílios com instalações adequadas de esgoto	20,9	58,9

Fonte: Pnud/Fundação João Pinheiro/Ipea/IBGE, 1998.

Na Região Metropolitana de Recife, Camaragibe ocupava a sexta posição no que se refere ao índice de condições de vida (tabela 9). As tabelas de 10 a 14 detalham os indicadores componentes desse índice e evidenciam alguns traços específicos relativos às carências de desenvolvimento no município. O registro desses indicadores contempla a dimensão metropolitana. Esse conjunto de municípios configura, para os técnicos de Camaragibe, a principal esfera de interação com as demais administrações municipais e é uma arena política disputada, em que Camaragibe singulariza-se pela identidade partidária (PT) do seu governo. Esse registro visa também a permitir futuras comparações após a divulgação dos resultados do censo de 2000.

No campo da habitação, as carências principais correspondem aos baixos percentuais de atendimento da população pelas redes de abastecimento de água e de coleta de esgoto. O modo de ocupação do município, sem que houvesse investimentos públicos nessa área de habitação, como ocorreu em outras cidades onde foram implantados conjuntos habitacionais, levou a indicadores muito negativos em toda a Região Metropolitana de Recife e ainda piores em Camaragibe. Como se sabe, uma melhoria dessas redes está fora do alcance institucional e financeiro dos municípios. Esse quadro, portanto, prejudica os esforços empreendidos pelos serviços de saúde.

Os indicadores de renda situam Camaragibe, no âmbito da região metropolitana, entre dois grupos. De um lado estão os municípios menos pobres da aglomeração: Recife, Olinda, Jaboatão dos Guararapes e Paulista, cujos indicadores são semelhantes à média brasileira; de outro, concentram-se os municípios da periferia, onde o peso da pobreza rural é significativo: Ipojuca, Igarassu, Itapissuma e São Lourenço da Mata. Em Camaragibe, encontra-se uma pobreza suburbana bem parecida com aquela observada nos bairros pobres de Recife. O chefe de família ganha pouco, conforme se constata na tabela 8.1, mas a proximidade dos centros de atividades e sua inserção no espaço urbano permitem que os demais membros de cada residência complementem a renda familiar. No conjunto, cerca de seis pessoas em cada 10 têm renda insuficiente (tabela 11.3). Porém, ao contrário do que acontece nos municípios de Recife, Jaboatão dos Guararapes, Olinda e Paulista, não há contrastes de renda capazes de gerar grupos de pressão internos que levem à concentração dos investimentos nos bairros mais ricos (tabela 11.2) .

Tabela 8.1

Domicílios por classes de rendimento do chefe*
(Camaragibe, 1991)

Faixa de renda	Quantidade	%
Sem rendimento a um salário mínimo	10.715	49,6
De mais de um a dois salários mínimos	5.713	26,4
De mais de dois a 10 salários mínimos	4.863	22,5
Mais de 10 salários mínimos	319	1,5
Total	21.610	100,0

Fonte: IBGE. Censo Demográfico, 1991.
* Excluídos 46 sem declaração.

Como no caso da renda, os indicadores do município relativos a saúde, educação e infância apontam para uma situação mediana ou até levemente favorável, considerando os efeitos da proximidade de equipamentos existentes em Camaragibe e Recife, que têm longa história de urbanização. Essa impressão desfaz-se, no entanto, quando se levam em conta os baixos indicadores do conjunto da aglomeração, onde os serviços não alcançaram qualidade suficiente para mudar uma secular e profunda desigualdade social.

Para ilustrar o principal dilema da administração de Camaragibe — prestar serviços de melhor qualidade para integrar setores historicamente desfavorecidos —, apresentamos na tabela 8.2 um indicador que não consta do ICV mas reflete aspectos qualitativos da prestação de serviços vinculados à exclusão social. Há uma profunda desigualdade no acesso à alfabetização — no caso de crianças entre cinco e nove anos de idade — entre um bairro de renda predominantemente média e alta, em que 2/3 das crianças já são alfabetizados, e um assentamento como Camaragibe, onde essa proporção cai para 1/3. Esse atraso inicial pode significar um irremediável mecanismo de seleção social.

Tabela 8.2

Alfabetização da população de cinco a nove anos, 1991 (comparação entre Camaragibe e Bairro de Boa Viagem, Recife)

	Total		Alfabetizada	
Localidade	**Quantidade**	**%**	**Quantidade**	**%**
Camaragibe	11.457	100	3.864	33,73
Bairro de Boa Viagem	8.099	100	5.431	67,06

Na conjuntura política atual de Pernambuco e da Região Metropolitana de Recife, há uma clara hegemonia dos projetos governamentais que priorizam estratégias de atração e fixação de investimentos em seletos pólos ou eixos dinâmicos: focos de parcerias com setores empresariais. Acredita-se no desenvolvimento da economia local por meio dessas estratégias, ficando a questão da desigualdade social como pano de fundo que justifica iniciativas compensatórias.

Poucos municípios da Região Metropolitana de Recife conseguem formular alternativas a essa política de desenvolvimento. Entre eles figuram Igarassu, Moreno e Cabo de Santo Agostinho, governados por coalizões de partidos de esquerda. Nesse contexto de relativo isolamento político do PT, que governa Camaragibe, o governo municipal tem-se esforçado para construir um modelo alternativo, cujo primeiro passo para o desenvolvimento seja uma estratégia de inclusão social.

Tabela 9

Índice de condições de vida — ICV (geral), 1991 (quadro comparativo: Brasil e municípios da RMR)

Município	Ordem na RMR	Índice
Brasil		0,723
Abreu e Lima	5º	0,649
Cabo de S. Agostinho	7º	0,613
Camaragibe	6º	0,639
Igarassu	12º	0,547
Ipojuca	13º	0,517
Itamaracá	8º	0,603
Itapissuma	11º	0,550
Jaboatão dos Guararapes	4º	0,679
Moreno	9º	0,600
Olinda	3º	0,738
Paulista	1º	0,765
Recife	2º	0,747
São Lourenço da Mata	10º	0,580

Fonte: Pnud/Fundação João Pinheiro/Ipea/IBGE, 1998.

Estratégia territorial: incluir as periferias

Origens da estratégia: o modelo do Programa de Saúde da Família

Na origem da estratégia territorial do conjunto de programas, projetos e ações incluídos no Programa de Administração Participativa de Camaragibe, há o desenho da municipalização da saúde implantada na gestão 1993-96 pela Secretaria Municipal de Saúde, dirigida na época pelo atual prefeito, Paulo Santana. Esse desenho, diferente do de outros municípios metropolitanos, consistiu em lançar mão do Programa de Saúde da Família para estruturar todo o sistema de saúde em Camaragibe.

A equipe básica de saúde da família compõe-se de médico, enfermeiro, auxiliar de enfermagem e agentes comunitários de saúde, que exercem suas atividades no entorno de uma Unidade de Saúde da Família, em que estão cadastradas as famílias residentes num território predefinido: a população adscrita. A equipe levanta informações sobre as condições de vida e de saúde dessas famílias, bem como sobre as características socioambientais do território. Administra a relação entre a população e o conjunto do sistema de saúde, regulando o encaminhamento dos pacientes a unidades de maior complexidade e estimulando a organização da comunidade para exercer o controle social das ações e dos serviços de saúde. Realiza atividades de educação e de promoção da saúde, de controle do meio ambiente e de prestação de assistência na unidade e em visitas domiciliares.

O cotidiano da equipe de saúde da família envolve três funções básicas:

- uma atividade de escuta, servindo à coleta das informações objetivas e subjetivas, facilitada por uma presença permanente na ponta e pelo envolvimento de agentes comunitários de saúde, moradores do lugar;
- uma atividade de administração, definindo articulações sistemáticas com outros territórios, formando Regiões de Saúde, e com equipamentos e instituições situados fora dele;
- uma atividade de realizações, materializando a prestação de serviços no espaço vivido.

Essa tripla função é própria dos princípios do Programa de Saúde da Família e foi paulatinamente adotada, em especial pela equipe encarregada da organização da campanha eleitoral de 1996, bem como pelos órgãos municipais encarregados da implantação dos Planos de Obras de 1999 e 2000.

A decisão tomada em 1994 de universalizar o Programa de Saúde da Família como estratégia para efetivar a Atenção Básica em Saúde levou ao estabelecimento de um calendário de implantação das equipes e das unidades e de conversão das unidades básicas existentes, o que implicou definição de prioridades quanto aos locais a serem atendidos. Esse calendário deixa mais uma vez bem evidente uma opção pelo atendimento preferencial às áreas mais periféricas. As quatro primeiras equipes foram instaladas em 1994 nas colinas da periferia sul do município, próximas do limite com Recife, em Areeiro, bairro dos Estados, Santa Mônica e Viana. Em 1995, foram instaladas sete equipes em localidades das colinas do sul, nas encostas do tabuleiro de Aldeia e em três áreas isoladas da metade norte do município. As equipes implantadas nos anos seguintes, até 1999, atenderam também a localidades periféricas, desenhando uma malha cada vez mais fina em torno do centro urbano, que está sendo integrado em 2000 ao Programa de Saúde da Família. Contando com 32 equipes, atendendo entre 900 e 1.500 famílias cada uma e incluindo 161 agentes comunitários, o sistema cadastrou 107 mil habitantes em 25.670 famílias, representando mais de 90% da população municipal.[4]

Merece destaque o fato de essa quase universalidade ter sido atingida partindo-se da periferia para o Centro. A administração da saúde em Camaragibe não procedeu a uma descentralização. Mesmo tendo dividido seu território em cinco Regiões de Saúde, a prefeitura reconstruiu um sistema a partir de núcleos periféricos situados nas bordas, onde moravam comunidades que tinham pouco ou nenhum acesso aos serviços.

Aplicações da estratégia fora da área de saúde

Esses mesmos procedimentos, tripla função baseada no território e prioridade às implantações periféricas, contaminaram outras secretarias a partir da campanha eleitoral de 1996. Durante a campanha, o conhecimento do terreno pela escuta, a identificação de atores locais e de suas redes de articulação, e as realizações já consolidadas no campo da saúde impuseram-se como os melhores instrumentos para inverter um quadro eleitoral inicialmente desfavorável. O atual secretariado considera aquele momento um marco, um nivelamento em conjunto, propiciado pela experiência acumulada na área de saúde.

Na gestão iniciada em 1997, essa mesma estratégia territorial guiou o desenvolvimento do modelo participativo para a elaboração do Plano de Obras Regionalizado, coordenado pelas secretarias de Planejamento e de Governo. Em junho de 1997, foram eleitos 120 delegados em assembléias populares em cada uma das cinco regiões do município. O número de delegados foi proporcional à população da região, e cada um deles representa cerca de mil moradores, o que garante a representação do maior número de localidades.

Assim, estabeleceu-se uma malha fina parecida com o modelo de dispersão das equipes de saúde da família, permitindo a escuta dos problemas e o levantamento dos pleitos locais. No decorrer dos anos de 1997 e 1998 e no primeiro semestre de 1999, foram construídas as articulações que caracteri-

[4] Dados consolidados do ano de 1999 no Sistema de Informação de Atenção Básica (Siab).

zam a administração desse território: Fórum da Cidade (reunido em abril de 1997 e março de 1998); Assembléia Popular (reunida em junho e setembro de 1997); Plenária Geral dos Delegados (reunida em agosto de 1997, janeiro, abril e dezembro de 1998); Plenárias Temáticas (reunidas em novembro de 1997); Plenárias Regionais e Comissões Regionais, levando à formação, em 1999, do Conselho de Delegados da Administração Participativa.

Todas essas instâncias configuram ao mesmo tempo articulações entre dimensões microlocais, regionais e municipais e um processo contínuo, permitindo evidenciar uma dinâmica e proceder a reajustes num ritmo sustentado. A escuta e a administração levam às realizações que constam do Plano de Obras Regionalizado, aprovado em abril de 1999. Reinicia-se, então, o ciclo para fechar em abril/maio de 2000 o novo plano.

As realizações do plano de 1999 abrangem 28 localidades em cinco regiões, predominando as obras de pavimentação/drenagem, construção de muros de arrimo, escadarias e praças, bem como reformas, ampliações ou implantações de unidades de saúde, escolas e postos policiais. A ampla difusão dessas intervenções, dispersas em todos os cantos do território municipal, é inerente a esse tipo de programa, construído a partir de delegados locais cujo interesse reside exatamente na possibilidade de dotar a comunidade à qual estão ligados de algum equipamento novo.

Curiosamente, essa mesma estratégia de atenção à periferia e de concepção de uma malha fina levando em conta um grande número de localidades está presente no Programa de Desenvolvimento Local, que visa ao desenvolvimento da estrutura empresarial em Camaragibe por meio de atividades de qualificação — alcançando 1.345 pessoas — e de acesso ao crédito, com 439 propostas. Em ambos os programas existe o envolvimento de parcerias do Serviço Brasileiro de Apoio à Micro e Pequena Empresa (Sebrae), do Sistema Nacional de Empregos (Sine), da Agência de Desenvolvimento Econômico de Pernambuco S.A. (AD/Diper), de ONGs e de bancos. A prefeitura assume o papel de facilitadora no contato entre essas entidades e os indivíduos interessados.

A Secretaria de Planejamento elaborou um documento identificando territórios de oportunidades para o cidadão empreendedor. Chama a atenção o fato de que, ao lado dos dois eixos principais (PE-05 e PE-27) e de pólos empresariais com parcelamento adequado à implantação de galpões, são indicados também oito eixos secundários e locais, ligando bairros e localidades periféricas à malha principal. No momento em que os planejadores de Recife,

Olinda e Jaboatão dos Guararapes apostam na consolidação de pólos, definidos a partir de estratégias das grandes empresas, Camaragibe procura mapear centralidades mais dispersas, mais vinculadas ao cotidiano de uma população que cresceu na periferia e que pode ser vista como um mercado para atividades de menor porte.

As seqüências nas finanças, na educação e na imprensa

A estratégia territorial adotada pelo conjunto da administração deve-se principalmente à experiência da municipalização da saúde e ao destaque conferido na implantação do modelo de gestão ao Programa de Saúde da Família. A Secretaria de Saúde vem seguindo, desde 1994, um plano de estruturação do modelo de atenção à saúde condizente com as regras do Sistema Único de Saúde e com as oportunidades de realização da reforma sanitária, idealizada nos meios profissionais desde os anos 1970. Não se pretende aqui descrever mais uma vez esse processo, já reconhecido como exemplar pelo Ministério da Saúde. Ele vem produzindo efeitos rápidos sobre os indicadores de saúde. A atenção *in loco* pelas equipes de Saúde da Família permitiu reduzir de 704 para 400 a freqüência de internações em crianças de zero a quatro anos, entre 1995 e 1999, observando-se ainda a drástica redução das causas de internação mais diretamente vinculadas à inexistência de acompanhamento, como desidratação aguda e infecção intestinal. Entre 1996 e 1999, a taxa de mortalidade infantil global caiu de 30 para 16%, havendo também redução significativa no percentual de óbitos de mulheres em idade fértil e uma ampliação do pré-natal.

Deve-se prestar atenção à experiência de Camaragibe em outras áreas além da saúde e verificar como as estratégias de outras secretarias também ampliaram a capacidade e melhoraram a qualidade na prestação de serviços. O processo ocorrido na Secretaria de Finanças é bastante significativo. Num primeiro momento, reconhece-se a debilidade das finanças municipais, com pouca capacidade de arrecadar devido ao desaparelhamento e à própria estrutura econômica e social do município. A municipalização paulatina da saúde permite a presença da ação pública, financiada principalmente por repasses do Ministério da Saúde. Em municípios pobres, assumir a gestão semiplena do sistema e ampliar os serviços de saúde é também uma estratégia para promover a ação municipal, sem depender tanto de recursos locais. Assim, em Camaragibe, os repasses foram crescendo: em 1993 e 1994, limitavam-se a R$30 mil por mês; quando o município assumiu a gestão semiplena, no final de 1995, o teto fixado inicialmente em R$385 mil por mês foi ampliado para R$450 mil por mês em 1996 e R$562 mil por mês em 1997, à medida que aumentavam as equipes do PSF e eram implantadas duas policlínicas, os núcleos de Reabilitação Física, de Apoio Psicossocial e o Laboratório de Prevenção do Câncer Cérvico-uterino. A partir de 1998, o município passou a receber cerca de R$690 mil por mês para a atenção básica e cerca de R$840 mil para custear os atendimentos realizados em dois hospitais conveniados com o SUS.

Os repasses ao Fundo Municipal de Saúde (cerca de R$1,5 milhão por mês) e os do Fundef — Educação Fundamental (cerca de R$221 mil por mês, acrescidos do recolhimento ao fundo de R$39 mil por mês, vindos da receita municipal) praticamente constituem um aporte equivalente à receita mensal municipal, que no primeiro semestre de 2000 oscila em torno de R$1,8 milhão por mês (composta de cerca de 25% de recursos próprios e cerca de 75% de transferências). Esse fato, característico de municípios pobres, transforma a saúde e a educação em pilares da atuação municipal, conquanto os programas de obras devam ser financiados por parte da receita municipal ou por convênios eventuais.

Considerando essa situação e a necessidade de ampliar a capacidade de investimentos com recursos próprios, a gestão iniciada em 1997 vem-se equipando para aumentar a arrecadação. Com a mesma prioridade dada ao Programa de Saúde da Família, esse esforço constitui um dos alicerces do Programa de Administração Participativa. O esforço é triplo:

- incremento quantitativo e qualitativo dos serviços fiscais;
- intensa divulgação de informações pela mídia, tanto no processo de elaboração do Plano de Obras Regionalizado quanto na oferta de incentivos materiais para reduzir a inadimplência;
- aplicação, desde janeiro de 1998, de um procedimento legal, dito Lei de Dação, que permite ao contribuinte expressamente voluntário extinguir dívidas tributárias por meio de dação em pagamento de bens, móveis ou imóveis, ou serviços (Lei nº 029/97 de 19-12-1997 e Decreto nº 078/98 de 21-1-1998).

Esse novo instrumento legal apresenta-se como mais uma alternativa oferecida aos contribuintes e tem um incontestável efeito-demonstração. Além desse efeito, os 17 processos concluídos até abril de 2000 permitiram recuperar em bens e serviços 325.285 Ufirs, sendo que 2/3 desse valor correspondem à dação em pagamento de uma escola no centro histórico e de um clube, que será transformado em teatro. Mais 17 processos estão em andamento, em estudo ou aguardando a resolução de pendências. Mesmo que a Lei de Dação não represente o principal esforço empreendido para melhorar as finanças municipais, ela é sua face mais inovadora, gerando a exposição positiva de uma secretaria que em muitos municípios fica na sombra.

O alicerce para a Secretaria de Educação foi a elaboração, durante o ano de 1997, do Censo Educacional de Camaragibe. Realizou-se um retrato regionalizado e completo de demandas, ofertas e características da educação no município, que guiou as estratégias e ações deliberadas nas Conferências de Educação organizadas em 1997 e 1999. Mais do que isso, essa atividade mobilizou parceiros como o Unicef e as universidades locais, professores e dirigentes escolares e a própria população. Isso se deu quando estava em andamento o processo de elaboração do Plano de Obras Regionalizado. O censo educacional representou a forma pela qual a Secretaria de Educação se envolveu na escuta do local.

Em suma, a prestação de serviços de educação passou pelas mudanças seguintes:

- implantação da matrícula integrada e nucleada no ensino fundamental de 1ª a 4ª séries, mantido pelo município em 24 escolas, e no de 5ª a 8ª séries, mantido pelo estado em 20 escolas; assim, o total de matrículas cresceu de 9.934 em 1997 para 11.401 alunos em 1999;
- a rede escolar municipal foi ampliada, reformada e reequipada, havendo ainda apoio a 18 escolas comunitárias conveniadas;
- elaboração (em andamento) de proposta curricular e implantação de programa de apoio a docentes e administradores das escolas;
- envolvimento dos alunos em atividades culturais e esportivas.

O mais significativo, porém, são os esforços dirigidos à 1ª série, que representa, como já foi evidenciado, um gargalo que pode comprometer o futuro do aluno. A identificação dos problemas dessa fase da aprendizagem levou a secretaria a implantar o Programa de Aceleração da Aprendizagem, para reduzir a repetência, e o Programa de Agente Comunitário de Educação (Pace), envolvendo a família no apoio ao aluno. Iniciado em 1997 numa única escola, por meio de parceria com o Conselho de Moradores dos Loteamentos São Pedro e São Paulo, o Pace foi ampliado conforme deliberação da I Conferência Municipal de Educação. Em 1998, atingiu 325 alunos, distribuídos em 13 turmas (com 13 agentes comunitários de educação) nas cinco regiões do município. Em 2000, está-se trabalhando na ampliação da jornada de cinco para 10 meses e na implantação de turmas para escolarização, alfabetização e enriquecimento cultural de pais ou responsáveis pelos alunos. Assim, esse programa inscreve-se no conjunto da política de educação, mas, pela introdução de um elo permanente entre a escola e as famílias, ele se tornou a face mais original e promissora da busca de um novo modelo na prestação de serviços de educação.

Por mais que se multipliquem os agentes comunitários na prestação de serviços e os delegados na esfera da decisão, não resta dúvida de que a transmissão da informação passa por outros canais: os da mídia. A Secretaria de Imprensa tenta resolver o dilema da difusão da informação, que em muitas experiências participativas circula mal e gera grandes assimetrias entre os diversos agentes dos processos decisórios. O alicerce situa-se em 1999, quando a secretaria procurou alcançar um ritmo acelerado de produção e difusão de notícias. Ao impresso mensal *Boletim Popular*, distribuído em 170 pontos do município, acrescentou-se um semanal, *Ponto a Ponto*, que acompanha mais de perto as diversas interações entre a população, o território e o setor público. O passo decisivo consistiu na implantação, em julho de 1999, de um programa de rádio de duas horas (das 11 às 13h), com grande audiência, transmitido por uma emissora FM e retransmitido por rádios comunitárias locais. Se essa iniciativa foi notada nos meios jornalísticos, sua influência nos diversos fóruns e conselhos que participam da esfera decisória ainda não foi avaliada.

A construção de intersetorialidades

A ênfase dada ao território na elaboração do modelo de administração participativa de Camaragibe aponta para a superação paulatina de abordagens estritamente setoriais de desenvolvimento local. Trata-se, no entanto, de um esforço com resultados preliminares. Há alguns fatores favoráveis, algumas experiências bem-sucedidas e algumas dificuldades que levam os responsáveis a repensar o acúmulo de conselhos participativos setoriais.

A coesão da equipe municipal e a motivação de cada um de seus membros para construir práticas intersetoriais parecem estar ligadas a uma ocorrência específica: a difícil campanha eleitoral de 1996 e a necessidade de um grande esforço militante para assegurar a eleição, para a prefeitura, do então secretário de Saúde e atual prefeito. Em todas as entrevistas com os titulares das secretarias, houve referências àquele momento. Foi quando a Saúde, estrutura mais informada e mais presente nos rincões das periferias camaragibenses, demonstrou para os outros setores a eficiência do seu modelo de gestão territorial. A solidariedade criada no decorrer da campanha não se desfez. Entre os secretários, há facilidade de entendimento numa prefeitura concentrada num mesmo edifício e que governa um município cuja dimensão não exige o gerenciamento de órgãos centrais agigantados.

Mas essa coesão construída no momento da campanha eleitoral não é a única motivação para a construção de intersetorialidades. Há motivações convergentes, que se podem identificar com base na tradição político-cultural de cada setor. A Secretária de Saúde é herdeira do Movimento da Reforma Sanitária, discutida nos anos 1970, vitoriosa na Constituição de 1988, implantada, permanentemente testada e reavaliada nos anos 1990, nas três instâncias federativas do país. A Secretaria de Educação refere-se ao Movimento de Cultura Popular e ao papel de Paulo Freire, com a pedagogia do oprimido, nas orientações de políticas de educação e na prática pedagógica. O secretário de Planejamento é um arquiteto que se formou nos anos 1980, quando o urbanismo funcionalista passava por uma crise de legitimidade e quando, em revistas como *Espaço e Debates*, se propunha um planejamento participativo e uma reforma atentos aos movimentos sociais urbanos. É significativo que a denominação do programa se refira à participação, no momento em que planos estratégicos (Rio, Vitória, Recife) promovem parcerias entre grupos empresariais e o setor público para a requalificação de espaços selecionados. Segundo Ermínia Maricato:

> O risco da incorporação de novos modismos, de conceitos reificados, como cidades mundiais, cidades globais, cidades estratégicas, planejamento idem, distritos, redes, pólos e nós, entre outros, é muito grande. As técnicas também estão presentes: os planos estratégicos (americano, catalão, alemão), o urbanismo negocial (...), o retorno do plano de obras, que utiliza a arquitetura como publicidade (Berlim), os distritos de crescimento endógeno (...). São propostas que visam, sobretudo, atrair, através de movimentos de indução, mais investimentos diante da crise fiscal e da competição pela atração de recursos. Ganha mais importância a subjetividade. Os cenários, plenos de significados, visam criar um sentimento genérico positivo com efeito sinérgico. Depois,

> como lembra Portas, o Plano pode nem ser realizado, mas cumpriu o papel de deslanchar um processo cujos objetivos sejam, inicialmente, mais econômicos do que urbanísticos, *stricto sensu*. O que se quer questionar aqui não são os conceitos em si, mas o modo como são incorporados pelas instituições e pela sociedade brasileira. A crítica ao planejamento modernista carrega o risco de ajudar a mover o moinho das idéias neoliberais, porém o que se tem de evitar é a importação de idéias alheias à forma contraditória, desigual e predatória ao meio ambiente como evoluem as cidades brasileiras. É muito deprimente assistir à contraditória e alienada absorção de um modelo importado e depois absorver, também de fora, sua própria crítica, para em seguida colocar sem mediações outro modelo no lugar.[5]

Esse parece ser o contexto da experiência de planejamento urbano em Camaragibe, onde linhas de pensamento que há muito focalizam, em diversos setores, a problemática da desigualdade e da inclusão social estão convergindo na construção de um modo de administrar um território essencialmente periférico. Há também convergência entre reforma sanitária, pedagogia do oprimido e reforma urbana na importância dada ao controle social na gestão pública. O que pode explicar por que os intelectuais em cargos executivos do governo municipal procuram, além das parcerias com seus pares oriundos das universidades, prestar contas à população por intermédio das instâncias da democracia participativa estabelecidas em cada setor.

Algumas experiências de intersetorialidade

Os principais sinais de efetivas ações intersetoriais estão se dando entre os setores saúde e educação. O programa de saúde bucal é implantado nas escolas do município (municipais, estaduais e conveniadas) por funcionários do Ministério da Saúde chamados agentes de saúde bucal. Esse programa é um vetor da integração entre escola e Unidade de Saúde da Família. A meta de integração, de um dentista para cada duas equipes de saúde, tem por objetivo generalizar no sistema a associação entre ação preventiva/educativa e ação curativa, que ficarão sob responsabilidade, respectivamente, dos agentes de saúde bucal e dos dentistas que formarão equipes. O *locus* dessa associação

---

[5] Maricato, 1997.

será o território da unidade de saúde, incluindo a escola. Tal procedimento já ocorre entre a unidade Céu Azul/Celeiro e a Escola Maria Lúcia Guerra.

Outras ações intersetoriais envolvem a Secretaria de Ação Social e, dependendo do projeto, as secretarias de Educação, de Saúde e de Obras. Trata-se, em geral, de ações visando à inserção de indivíduos ou grupos em situação de risco (crianças e adolescentes): Projeto Cidadão, Brigada Ecológica, Projeto Criarte, Projeto Meninas de Camaragibe. Cada uma dessas iniciativas exige um tratamento individualizado e multissetorial. Muitas requerem também o *know-how* de ONGs.

A participação de ONGs e de órgãos como o Unicef em vários setores da administração de Camaragibe é igualmente um vetor de integração das ações das diversas secretarias. Essa integração somente será positiva se tiver uma delimitação bem definida das competências e dos papéis que cabem a cada um. Não se pode, por exemplo, desvirtuar a natureza do serviço dos agentes comunitários de saúde, mesmo se esses prestarem algum serviço não diretamente vinculado à educação e à prevenção em saúde.

Finalmente, um passo importante para a construção da intersetorialidade pode resultar da revisão da justaposição dos numerosos conselhos setoriais existentes. O processo de elaboração do Plano de Obras Regionalizado e os momentos de interlocução entre os conselhos setoriais e o Conselho de Delegados levaram as secretarias de Planejamento e de Governo a uma reflexão sobre a oportunidade de instituir um Conselho de Desenvolvimento, reunindo diversos organismos hoje separados. Em Camaragibe, como em outros municípios que têm muitos conselhos, as mesmas pessoas acumulam os cargos de conselheiro, o que gera problemas de funcionamento.

Agentes comunitários e delegados

Um traço marcante da administração participativa em Camaragibe é a multiplicação de agentes comunitários (de saúde, saúde bucal, educação e endemias). São pessoas das próprias localidades, remuneradas geralmente por meio de cooperativas e engajadas na prestação de um serviço público de natureza educativa e informativa. Com relação a esses novos agentes, presentes em muitas cidades, existem algumas evidências:

- um impressionante ganho de dignidade por parte de indivíduos pertencentes a setores muitas vezes subalternos e discriminados, seja pela condição de renda, seja pela condição de gênero;

- um problema trabalhista em gestação devido às formas de remuneração;
- a identificação, pela comunidade, do agente como a ponta amigável de uma prestação de serviços vivida anteriormente como fria, impessoal ou mesmo hostil;
- a intermediação entre usuários e serviços, facilitando o acesso e melhorando o atendimento pelos funcionários;
- o envolvimento de alguns desses agentes nos processos decisórios (dos 120 delegados, cerca de 20 são agentes comunitários de saúde).

Os delegados não atuam na prestação de serviços, mas representam uma malha política de proximidade, muitas vezes vinculada aos vereadores. Desenvolvem táticas políticas no processo decisório e tornam-se uma expressão política da periferia urbana. A aposta dos responsáveis pela administração participativa de Camaragibe consiste na efetiva melhoria dos serviços prestados na periferia, de modo a reduzir as práticas clientelísticas e de retenção do poder por parte de um número significativo de delegados.

Há um processo em andamento que vincula essa malha política de proximidade, formada por lideranças comunitárias, ao Executivo municipal. Para este, tal vinculação é uma necessidade incontornável, dada a intenção de trabalhar na ponta, ou seja, nas múltiplas periferias que constituem, concreta e cotidianamente, o território de Camaragibe. Por outro lado, parte dessas lideranças nasceu de uma dinâmica social bem-definida: o controle político tradicional dos contingentes eleitorais situados nas periferias urbanas, por meio de práticas clientelísticas e da distribuição de favores, que são respostas coerentes e funcionais à ausência, insuficiência ou ao caráter esporádico da prestação de serviços públicos. A melhora que está ocorrendo nessa prestação (em saúde, educação e, de modo mais limitado, em infra-estrutura) pode tornar tais práticas cada vez menos funcionais e diminuir seu retorno político. A constituição de espaços públicos abertos (tais como conselhos, plenárias, conferências etc.), onde os posicionamentos ganham publicidade e uma ativa política de comunicação direta com os moradores, é vista como aceleradora dessa tendência, sendo, a partir daí, considerada indispensável para fortalecer a cidadania. Reconhece-se que há outro cenário possível: à medida que se expandem os serviços, ocorre uma captura do controle destes para consagrar ou remunerar o exercício do domínio político. Esse cenário combina com a fragmentação da prestação de serviços, tal como ocorreu em São Paulo com o

PAS, na área da saúde, e leva à prestação de serviços de qualidades diferenciadas, aprofundando a desigualdade social.

Os dois cenários possíveis são debatidos, há muito, nos setores saúde e educação. Esse debate é bem menos desenvolvido entre os setores que cuidam do hábitat (arquitetura e engenharia) e para quem é fato "natural" que a qualidade das edificações e das redes de infra-estruturas seja regulada pelo mercado e que o urbanismo para pobres seja um urbanismo da necessidade. As intervenções limitadas ocorridas no hábitat das periferias urbanas se dão em nome da necessidade ou da redução dos riscos e muito pouco em nome do incremento da qualidade, ao contrário do que ocorre na saúde e na educação, que enfatizam essa dimensão. Enquanto durar essa postura do urbanismo, existe um contexto que se mantém favorável a uma cidadania limitada às práticas clientelísticas de alocações de recursos para obras. A consciência desse fato levou os responsáveis pelo Programa de Administração Participativa de Camaragibe a criar uma Comissão de Ética dentro dos procedimentos de elaboração do Plano de Obras Regionalizado. Outra estratégia concebida para minorar os riscos de uma captura clientelística do Plano de Obras Regionalizado é a intensa sucessão de eventos públicos, que chegaram a reunir em 2000 cerca de 10 mil pessoas para eleger delegados, discutir prioridades e elaborar esse plano, enquanto outros eventos (conferências municipais) reuniam também 10 mil pessoas em torno da saúde e da educação.

Considerações finais

A análise do Programa de Administração Participativa de Camaragibe é importante no âmbito do Projeto Parcerias, Pobreza e Cidadania porque se desenvolve num ambiente periférico metropolitano que assume papel cada vez maior no espaço urbano brasileiro. Trata-se de espaço geralmente pouco administrado e politicamente pouco representado, a não ser durante as campanhas eleitorais, visando a angariar votos da massa que lá reside. É um espaço que se caracteriza estruturalmente pela carência e baixa qualidade dos serviços, das redes de infra-estrutura pública e das construções privadas. É um território pouco freqüentado e pouco conhecido por quem lá não reside. É estigmatizado como um todo e apontado negativamente, dando-se ênfase ao crescimento da violência, que atinge, nas periferias metropolitanas, estatísticas máximas. A seleção de um programa desenvolvido nesse ambiente é, portanto, bastante oportuna.

As características do Programa de Administração Participativa de Camaragibe podem ser cotejadas com as conclusões, lições e direcionamentos relacionados no *Documento síntese sobre estratégias locais para a redução da pobreza: construindo a cidadania*,[6] assinado por Ilka Camarotti e Peter Spink em 3 de novembro de 1999. O quadro 2 procura resumir esse cotejo. A experiência de Camaragibe não é uma boa prática unicamente porque se contrapõe ao modelo de planejamento territorial em focos ou eixos de desenvolvimento que repete tacanhamente estratégias empresariais e esvazia o público e a política. Não é uma boa prática somente porque consegue alcançar melhores indicadores na prestação de serviços, o que não deixa de ser importante. Não é uma boa prática somente porque consegue reunir 20 mil pessoas no decorrer de um calendário de eventos de interlocução entre Executivo e população, o que não deixa de ser significativo no aparente silêncio da periferia. O Programa de Administração Participativa é uma boa prática porque suas experiências abrangem muitos dos pontos apresentados no referido "Documento síntese" e constituem um *feedback* a partir do qual se podem aprofundar análises e ajustar propostas.

Quadro 2

Documento síntese	Administração participativa em Camaragibe
1. "A questão social não pode ser reduzida a uma área específica de atuação governamental, mas deve permear toda e qualquer ação, incluindo a econômica."	O programa considera a inclusão social numa perspectiva estratégica.
3. "A pobreza é entendida freqüentemente como conseqüência da precariedade de acesso a bens e serviços e ausência de canais efetivos de interlocução entre as esferas de poder e as demandas da população. Nesse contexto, os interesses melhor representados se apropriam da parcela mais significativa desses bens e serviços, se comparados ao que é destinado ao conjunto da maioria da população empobrecida."	O incremento da oferta de serviços (de saúde, educação e de urbanização) e os múltiplos canais de interlocução estão associados a uma estratégia territorial que, dentro da periferia geral que representa Camaragibe, elabora uma seqüência de ações que se iniciam em periferias locais para depois ganhar o centro. Essa estratégia é explícita no setor de saúde; no setor de urbanização pode sofrer interferências de representações oriundas de uma estrutura política clientelista.

continua

[6] FGV, 1999.

Documento síntese	Administração participativa em Camaragibe
4. "Dar voz e vez às populações em situação de pobreza", "estimular e apoiar o surgimento de entidades comunitárias autônomas", "confrontar as relações paternalistas e clientelísticas".	Se a primeira proposta se realiza em Camaragibe, as duas outras levantam dúvidas: agentes comunitários estimulam organizações comunitárias no ambiente de individualização da periferia urbana? O enraizamento das relações paternalísticas e clientelísticas e o nível de carência que as sustenta remetem a um confronto aberto para a continuidade dos processos desencadeados.
5. "A superação da desigualdade requer o enfrentamento e a efetiva redistribuição de poder, ampliando o espaço público..."	A ampliação do espaço público e sua politização como estratégia de inclusão social são uma meta para todos os setores envolvidos.
11. "As experiências (...) têm muito mais as características de processos do que de atividades planejadas antecipadamente."	Cada setor estabelece uma seqüência de procedimentos. A coexistência desses procedimentos leva a reprogramações sucessivas.
14. "Reconhecer a existência do saber que emana das comunidades."	Os agentes comunitários podem ser vetores desse reconhecimento.
19. "Há uma distinção importante a ser feita entre a necessidade e o desejo de desenvolver ações intersetoriais e a dificuldade encontrada para criar formatos viáveis para sua execução."	Há exemplos, sobretudo a partir da saúde, de motivações comuns e convergentes entre setores; formatos para execução de ações intersetoriais estão sendo encontrados em saúde e educação. A formulação de um Conselho de Desenvolvimento é uma alternativa em elaboração pelas secretarias de Planejamento e de Governo para instituir uma dimensão intersetorial no planejamento.
22. "A intersetorialidade e a multissetorialidade são em geral resultados, e não pontos de partida."	
20. "A participação é observada sob diferentes formas e aspectos e destaca a importância de aprofundar a diversidade e as opções de engajamento, o que leva a crer que o espaço público emergente é um espaço híbrido e não pode ser reduzido a uma série de conselhos consultivos."	O espaço é híbrido porque se trata do espaço concreto Camaragibe, porção da periferia metropolitana, dos objetos que o constituem, dos tempos acumulados e dos calendários de eventos, das ações que se desenvolvem. É um território de informação que circula, de administração, com diversos formatos de articulação, e de realizações.
21. "Territorialidade não é sinônimo de estado ou município e freqüentemente está relacionada aos espaços intermediários."	Localidade de um delegado, área do PSF, região e município são, em ordem de dimensão crescente, os territórios identificados na gestão do programa.
22. "Aceitar o conflito da discriminação positiva."	Não há em Camaragibe ricos em número suficiente para opor resistência ao programa. Esse conflito está presente na dimensão metropolitana, e Camaragibe é um dos seus pólos.
42. "A integração e a elaboração, quando acontecem, são normalmente resultado de um passo gradual de aproveitamento de oportunidades, de aprendizagem e de luta, abrindo possibilidades de escolha segundo o cronograma dos atores e acontecimentos."	O programa é um bom exemplo desse passo gradual, partindo da área de saúde, da oportunidade aproveitada na campanha eleitoral de 1996 de implementar idéias das reformas sanitárias, urbanas e da pedagogia do oprimido, e de novas possibilidades que surgem a partir dessas primeiras realizações.

A reforma sanitária está sendo implementada em todo o país. É uma oportunidade para reorientar a gestão territorial de proximidade, para associar a questão da pobreza e da qualidade dos serviços e do hábitat, para instituir rotinas de levantamentos de informações e de controle social. Em Camaragibe, essa oportunidade foi aproveitada de acordo com motivações circunstanciais (eleitorais) e estruturais, ligadas a tradições intelectuais que convergiam no papel específico atribuído ao público, na prioridade atribuída à inclusão social como objetivo, e na participação popular como meio.

O encadeamento das ações em cada setor inicia-se geralmente por um piloto, o qual, se for bem-sucedido, se amplia, atraindo unidades territoriais que são comuns a todos os setores: a localidade representada por um delegado, a comunidade atendida por uma escola ou uma Unidade de Saúde da Família, a região e o município. Esse escalonamento constitui a base concreta de uma gestão territorial que procura receber e trocar informação, articular atores da sociedade local e prestadores de serviços numa relação política, e realizar necessariamente na ponta, iniciando de preferência nas periferias. Há, nessa base, a possibilidade de desenvolvimento de ações intersetoriais que se esboçam e algumas poucas que se realizam.

Finalmente, a experiência de Camaragibe reatualiza a participação como meio de governar, desde que governar signifique também prestar melhores serviços. Não se ignora que a participação tenha vínculos com o populismo ou o clientelismo. Mas é a partir de uma metamorfose dessas tradições políticas que se pode produzir a cidadania, e essa metamorfose só pode ser definida na participação. Pior seria passar direto do populismo ou do clientelismo para o silêncio/urro das massas e para a articulação das gangues. Ao lado da participação, existem parcerias: as tradicionais, com as ONGs, com as universidades e com as empresas (não muito freqüentes na periferia), e as novas, que identificamos na relação de setores do Executivo com agentes comunitários. É uma relação de parceria porque o agente comunitário contratualmente oferece ao Executivo seu conhecimento e sua intimidade com um determinado lugar; o Executivo, em contrapartida, insere esse parceiro no processo de melhoria dos serviços, o que dignifica o agente como morador e ator da vida local. Consagrar essa relação como parceria pode ser útil para evitar desrespeitos à relação contratual quando o Executivo passa a subordinar o agente, exigindo dele tarefas que poderiam ser realizadas por servidores. Nesse caso, o agente torna-se mera vítima do processo de flexibilização das relações de trabalho, e perde-se uma chance de emancipação. A difusão rápida da figura do agente comunitário merece, portanto, maior atenção e alguma capacitação do Executivo para evitar o desvirtuamento dessa primeira parceria com indivíduos oriundos dos segmentos subordinados da sociedade.

Bibliografia

Araújo, Tânia Bacelar de. Brasil: o modelo de desenvolvimento. In: Benjamin, César & Araújo, Tânia Bacelar de. *Brasil: reinventar o futuro*. Rio de Janeiro, Sindicato dos Engenheiros no Estado do Rio de Janeiro, 1995.

———. Dinâmica regional brasileira nos anos 90: rumo à desintegração competitiva. In: Castro, Iná Elias; Miranda, Mariana & Egler, Claúdio (orgs.). *Redescobrindo o Brasil: 500 anos depois*. Rio de Janeiro, Bertrand Brasil/Faperj, 1999.

Bitoun, J. Geopolítica do ambiente urbano. In: III Simpósio Nacional de Geografia Urbana. *Anais*... Rio de Janeiro, AGB/UFRJ, 1993a.

———. Movimentos sociais e a cidade: questões relevantes para a geografia urbana. In: Fischer, T. (org.). *Poder local, governo e cidadania*. Rio de Janeiro, FGV, 1993b.

Borja, Jordi. As cidades e o planejamento estratégico, uma reflexão européia e latino-americana. In: Fischer, T. (org.). *Cidades estratégicas e organizações locais*. Rio de Janeiro, FGV, 1996.

Dowbor, Ladislau. *A reprodução social: propostas para uma gestão descentralizada*. Petrópolis, Vozes, 1988.

Fidem. *Plano Diretor da Região Metropolitana do Recife, Metrópole 2010 — PDRMR*. Recife, 1998.

Fundação Getulio Vargas. *Documento síntese sobre estratégias locais para redução da pobreza: construindo a cidadania*. São Paulo, 1999.

Lautier, Bruno. Representações e regulações estatais da pobreza na América Latina. *Sociedade e Estado*. Brasília, *13*(1):103-33, jan./jul. 1998.

Leal, Suely M. Ribeiro. Modelos de descentralização política na gestão local: os novos formatos na década de 90. In: Melo, Norma Lacerda de & Leal, Suely M. Ribeiro (orgs.). *Relação público-privado: do local ao global*. Recife, UFPe, 1995.

Maricato, Ermínia. Brasil 2000: qual planejamento urbano? *Cadernos IPPUR*. Rio de Janeiro, *11*(1/2):113-30, jan./dez. 1997.

Osmont, Annik. La "gouvernance": concept mou, politique ferme. *Annales de la Recherche Urbaine*. Paris (80/81):19-26, déc. 1998.

Pnud/Fundação João Pinheiro/Ipea/IBGE. *Atlas do desenvolvimento humano no Brasil*. 1998.

Poulin, Richard & Salama, Pierre. *L'insoutenable misère du monde: économie et sociologie de la pauvreté*. Hull, Québec, Vents d'Ouest, 1998. (Collection l'Alternative.)

Prefeitura da Cidade de Recife. *Projeto Capital*. Recife, 1999.

Santos, Milton. *A natureza do espaço: técnica e tempo, razão e emoção*. São Paulo, Hucitec, 1996.

Villas-Bôas, Renata (org.). *Para que participação popular nos governos locais?* São Paulo; Recife, Fórum Nacional de Participação Popular nas Administrações Municipais; Sudene, Instituto Pólis, 1996.

World Bank. *A strategic view of urban and local government issues: implications for the Bank*. Washington, D.C., 1999.

CAPÍTULO 6

Política Municipal de Abastecimento e Segurança Alimentar de Belo Horizonte

Marco Teixeira*

Um conjunto articulado e abrangente de programas e projetos reduz o preço dos alimentos, além de garantir o seu fornecimento a toda a população da capital mineira.

Introdução

As políticas de abastecimento alimentar vêm ocupando lugar secundário entre as prioridades dos governos locais. É comum as prefeituras tratarem a questão do acesso aos gêneros alimentícios como um problema de mercado ou transferirem a responsabilidade para outras esferas de governo que detenham maior capacidade de decisão sobre políticas agrícolas, ignorando o fato de o acesso aos alimentos ser uma condição fundamental para a sobrevivência humana.

A experiência de política pública que descreveremos rompe com essas duas perspectivas ao implementar uma série de programas que interferem no setor de abastecimento como um todo, da produção ao consumo, trabalhando em parceria com pequenos produtores, comerciantes, organizações comunitárias e diversos órgãos públicos.

Segurança alimentar: as metamorfoses de um conceito

Discussões em escala mundial

É bastante recente a associação entre o conceito de segurança alimentar e as políticas de combate à pobreza e à indigência,[1] visando a garantir o acesso ao

---

* Doutorando em sociologia política na PUC-SP e pesquisador do Centro de Estudos de Cultura Contemporânea (Cedec).

[1] Adotamos aqui a mesma caracterização de pobreza adotada por Coelho (1996): estão em situação de pobreza as pessoas cuja família não possui recursos suficientes para a aquisição da cesta básica e os demais requisitos mínimos necessários ao desenvolvimento humano.

alimento em quantidade e valores nutricionais adequados para toda a população.

O significado de segurança alimentar sofreu variações ao longo do tempo. Ao final da I Guerra Mundial, quando as primeiras reflexões sobre o tema apareceram, o conceito significava "estoque estratégico de alimentos e fortalecia a visão sobre a necessidade de busca de auto-suficiência por cada país".[2]

A primeira grande mudança no conceito ocorreu com a realização da Conferência Mundial de Alimentação, promovida pela Organização das Nações Unidas para a Alimentação e a Agricultura (FAO) em 1974. Temia-se, na época, uma grande crise de produção em escala mundial, e o conseqüente desabastecimento geral de alimentos, contrariando os malthusianos, que acreditavam ser o problema da fome uma conseqüência da explosão demográfica. Uma das conclusões dessa conferência foi que "em termos mundiais, a quantidade de alimentos disponíveis é suficiente para proporcionar a todo mundo uma dieta adequada".[3]

No final dos anos 1970, o temor do déficit de produção agrícola foi finalmente afastado, com um aumento significativo da produção e uma substancial queda nos preços dos alimentos em escala internacional. Em 1983, a FAO redefiniu o conceito de segurança alimentar como estando diretamente vinculado a três princípios básicos:

- oferta adequada de alimentos;
- estabilidade da oferta e dos mercados de alimentos;
- segurança no acesso aos alimentos ofertados.

Em 1992, na Conferência Internacional de Nutrição promovida pela FAO e pela Organização Mundial da Saúde (OMS), o conceito de segurança alimentar teve sua dimensão ampliada. Além do acesso à alimentação, incorporou-se a necessidade de direitos como abastecimento de água, saneamento, saúde pública, moradia, informação e educação, entre outros.

Atualmente, duas correntes polemizam sobre o significado e a amplitude do conceito de segurança alimentar. Uma delas satisfaz-se com políticas de

---

[2] Menezes, 1998.

[3] Abramovay, 1991.

distribuição de alimento à população com carência financeira e nutricional absoluta, dando o conceito por esgotado com essa iniciativa. A outra corrente considera necessária a distribuição de cestas básicas, por representar uma forma de socorro imediato à população excluída, mas julga que uma política de segurança alimentar só se configura como tal quando essa ação é complementada por iniciativas de geração de emprego e de renda, produção de alimentos saudáveis e democratização do acesso à terra.

Segurança alimentar no Brasil

Apesar de a pobreza e a fome serem temas recorrentes na história do Brasil, e de o tema já ter sido levantado por Josué de Castro em 1946, com a publicação de *Geografia da fome*, as primeiras discussões oficiais em torno de uma política de segurança alimentar no país só aconteceram em 1985. Nesse período, constava da agenda do governo a elaboração de uma proposta de política nacional de segurança alimentar que tinha como objetivo central alcançar "auto-suficiência na produção de alimentos".

Em 1986, realizou-se a I Conferência Nacional de Alimentação e Nutrição, que estabeleceu ser a alimentação um direito básico do cidadão. Nessa ocasião, a segurança alimentar foi discutida em conjunto com "as dimensões do acesso aos alimentos, das carências nutricionais e da qualidade do alimento".[4]

No início da década de 1990, o Partido dos Trabalhadores elaborou um projeto de política nacional de segurança alimentar para o Brasil. A essa iniciativa junta-se outra, do Instituto de Pesquisa Econômica Aplicada (Ipea), que divulga o *Mapa da fome*, onde se constata que mais de 32 milhões de brasileiros vivem em condições de indigência. Essas duas manifestações levaram a Presidência da República a criar o Conselho Nacional de Segurança Alimentar (Consea). Esse conselho, composto de membros do governo e da sociedade civil, definiu um Plano de Combate à Fome e à Miséria como prioridade emergencial, a ser complementado, numa segunda etapa, por políticas de geração de emprego e de renda, acesso à terra e garantia de direitos básicos.

---

[4] Valente, 1996b.

A etapa de combate à fome e à miséria transformou-se num dos maiores exemplos de mobilização cidadã que o país conheceu. Sob a liderança de Herbert de Souza, o Betinho, que criou a Ação pela Cidadania contra a Fome e a Miséria, mobilizaram-se diversos setores sociais, que arrecadaram e distribuíram alimentos entre a população com carência financeira e nutricional. Bancos, empresas, igrejas, associações comunitárias e diversos órgãos públicos transformaram-se em comitês da Ação pela Cidadania.

Sindicatos e organizações não-governamentais buscavam recursos para o financiamento de pequenas iniciativas de geração de renda. Proliferaram as padarias comunitárias, as cooperativas de costureiras e outras iniciativas que viabilizaram pequenos negócios em escala local, gerando emprego e renda nas comunidades mais carentes.

Em 1994, último ano do governo Itamar Franco, o Consea e a Ação pela Cidadania organizaram a I Conferência Nacional de Segurança Alimentar. Os resultados dessa conferência mostraram que uma política nacional de alimentação e nutrição só seria efetiva com uma mudança de enfoque da política econômica, que deveria voltar-se para a geração de emprego e a distribuição de renda. Destacou-se também a necessidade de incentivar parcerias entre o governo e a sociedade civil, bem como de reduzir os custos e o peso da alimentação no orçamento familiar.

Com a posse do presidente Fernando Henrique Cardoso, em 1995, o Consea foi desativado e em seu lugar foi criado o Conselho Consultivo do Programa Comunidade Solidária. O novo governo comprometeu-se a manter como prioridade o combate à fome e à miséria; apesar disso, houve uma grande desmobilização do aparato social organizado em torno da Ação pela Cidadania. O Comunidade Solidária, à época de sua criação, distribuiu cestas básicas de acordo com critérios desconhecidos, que não respeitavam as prioridades estabelecidas pelo *Mapa da fome* elaborado pelo Ipea.[5] Esse fato acabou por gerar desconfianças sobre sua atuação e comprometeu sua credibilidade.

O governo Fernando Henrique adotou uma política econômica voltada prioritariamente para a estabilização monetária. Em decorrência disso, assistimos, nos últimos anos, a um grande salto no número de desempregados, o

---

[5] As cestas eram distribuídas apenas para municípios que faziam parte do *Mapa da fome*, mas nem todos os municípios incluídos nesse mapa recebiam as cestas.

que afeta sobremaneira a população mais carente. É visível o aumento do número de excluídos que perambulam pelas ruas das principais cidades brasileiras, na esperança de um dia virem a tornar-se cidadãos de fato.

Segurança alimentar no município

A ausência de políticas sociais de combate à pobreza no âmbito federal e estadual obriga os municípios a elaborarem programas para mitigar o drama da população carente, não obstante a limitada capacidade da administração municipal para gerar políticas dessa natureza.

Apesar dessas dificuldades, a gestão pública municipal é a esfera política mais próxima e mais acessível, sendo a primeira instância da qual a população cobra providências para a elaboração de políticas sociais que amenizem suas dificuldades.

Tendo como base os eixos de ação definidos pela I Conferência Nacional de Segurança Alimentar em 1994, Valente identifica "três tipos de responsabilidade do governo municipal" que podem se traduzir em políticas de segurança alimentar:

1. definir, a partir de um diagnóstico da realidade municipal, como garantir a consecução dos objetivos;
2. abrir espaços e estimular a participação da sociedade civil na elaboração, fiscalização e mesmo execução de políticas públicas voltadas para a segurança alimentar, estabelecendo metas claras para as ações;
3. identificar programas e fontes de recursos dos governos federal e estadual que possam fortalecer ou articular-se a iniciativas locais, estabelecendo mecanismo de cobrança da liberação dos recursos. Existem muitas iniciativas que dependem exclusivamente do poder municipal, como, por exemplo, planos municipais de desenvolvimento agrícola nos quais se incluam o apoio de infra-estrutura a assentamentos de sem-terra, o apoio técnico a agricultores familiares em parceria com o governo do estado, programas de desenvolvimento agroindustrial, programas de abastecimento, planos municipais de saúde etc.

O elenco de responsabilidades destacado por Valente torna-se ainda mais desafiador quando aplicado a grandes cidades, em especial as que formam regiões metropolitanas populosas, como é o caso de Belo Horizonte.

Política de abastecimento e segurança alimentar de Belo Horizonte: antecedentes e concepção

Contextualização geográfica e econômica da cidade

Localizada na região Sudeste do Brasil, na área central do estado de Minas Gerais, 858m acima do nível do mar, Belo Horizonte foi fundada em 12 de dezembro de 1897. Sua população é de 2.091.448 habitantes, ocupando uma área territorial de 335,5km^2 e perfazendo uma densidade demográfica de 6.243,12 hab./km^2. Seus moradores distribuem-se por 560.938 domicílios.[6] Conurbada com outros 25 municípios que formam sua região metropolitana, o estoque de terrenos aptos a receber indústrias é escasso. A restrição espacial também impede o desenvolvimento da atividade agrícola, sendo esse setor de pouca expressão econômica para a cidade.

O setor de serviços vem despontando como a principal atividade econômica, com destaque para o desenvolvimento do turismo de eventos e das atividades de prestação de serviços para as grandes indústrias localizadas nos municípios que formam a região metropolitana.

O orçamento realizado pelo município em 1998 foi de R$1.409.478.751. O imposto sobre serviços (ISS) e o imposto territorial urbano (IPTU) são as principais fontes de receita da cidade. Em 1998, os recursos oriundos desses tributos somaram R$326.875.344. Nesse mesmo ano, a arrecadação obtida com outras receitas tributárias e o recebimento de recursos originados de transferências realizadas pelos governos estadual e federal, como o FPM e o ICMS, totalizaram R$336.502.166.

Aspectos institucionais e condições socioeconômicas da população

A organização da gestão pública local divide-se em nove administrações regionais. Esses órgãos fazem a gestão e o controle local de serviços básicos e são responsáveis pela viabilização de todos os serviços da prefeitura nas suas áreas de atuação.

A tabela 1 nos dá uma noção do tamanho populacional e das desigualdades de acesso aos serviços de infra-estrutura urbana em cada uma das nove administrações regionais da cidade.

---

[6] IBGE, 1996, pesquisa de contagem da população.

Tabela 1

População e serviços de infra-estrutura por administração regional

Administração regional	População	Energia elétrica (%)	Rede de água (%)	Rede de esgoto (%)	Ilum. pública (%)	Pavim. (%)	Renda chefe família (em s.m.)
Barreiro	219.740	91,07	96,81	64,91	91,63	76,37	2,69
Centro-Sul	247.032	98,19	95,84	80,65	96,84	85,52	14,77
Leste	248.742	95,67	94,21	77,76	94,12	81,98	4,75
Nordeste	248.763	99,17	91,13	72,54	92,59	70,20	4,24
Noroeste	337.294	99,33	98,10	75,25	94,21	82,88	4,54
Norte	151.074	96,07	89,74	59,58	90,44	59,74	2,78
Oeste	247.834	96,45	94,16	74,87	95,30	81,31	6,02
Pampulha	105.718	98,72	97,46	71,77	94,27	80,55	7,32
Venda Nova	198.126	99,40	96,25	69,05	94,58	63,27	2,74

Fonte: IBGE, 1991; SMP, 1996.

Apesar de demonstrar uma situação de equilíbrio no acesso a importantes serviços de infra-estrutura urbana, como energia elétrica, rede de água e iluminação pública, o quadro revela um padrão de desigualdade no acesso a rede de esgotos e pavimentação de ruas. A renda do chefe de família, um dos principais indicadores das condições socioeconômicas, também demonstra a grande disparidade existente na população da cidade.

Apesar das diferenças sociais encontradas, alguns indicadores têm evoluído. A mortalidade infantil na cidade, que era de 34,4 em 1994, atualmente está em torno de 29.[7]

Já a situação de pobreza e indigência na Região Metropolitana de Belo Horizonte, ainda que mantida abaixo da média nacional, acentuou-se modes-

[7] Secretaria Municipal de Abastecimento, setor de combate à desnutrição.

tamente, mesmo contrariando a tendência observada nos dados nacionais durante a década de 1980, conforme mostra a tabela 2, que compara os dados da Região Metropolitana de Belo Horizonte com os dados brasileiros.

Tabela 2
População em situação de pobreza e indigência: Brasil e Grande Belo Horizonte

	Brasil		Região Metropolitana de Belo Horizonte	
	1981	1990	1981	1990
Pobreza (%)	34,0	30,0	31,5	30,0
Indigência (%)	14,0	12,0	6,7	7,8

Fonte: Coelho, 1996.

Verificando apenas o conceito de indigência, notamos que mais de 10% da população brasileira não ganham o suficiente sequer para adquirir os produtos essenciais que compõem uma cesta básica. Em 1993, o *Mapa da fome* divulgado pelo Ipea revelou que as condições de vida dos brasileiros eram ainda piores. O número de indigentes chegou a 32 milhões e, na cidade de Belo Horizonte, o percentual de indigência atingiu cerca de 10% do total de famílias.[8]

O quadro social revelado com a divulgação do estudo do Ipea provocou reações indignadas da sociedade e, como já vimos, contribuiu para a criação do Conselho Nacional de Segurança Alimentar.

Implementação da política de abastecimento e segurança alimentar em BH

Em dois momentos históricos muito próximos, a prefeitura de Belo Horizonte atuou no setor de abastecimento com políticas públicas que buscavam baratear o custo do alimento para as camadas sociais mais carentes. Foram iniciativas isoladas que se preocuparam mais com os preços dos produtos,

[8] Nabuco & Pessoa, 1996.

deixando de lado a fiscalização da qualidade e não discutindo a questão do acesso ao alimento como um direito do cidadão.

A primeira dessas experiências ocorreu em 1982, durante a gestão do prefeito Júlio Arnoldo Laender,[9] com a implementação da Coordenação de Abastecimento da Prefeitura e a criação de um programa de venda de alimentos mais baratos.

Beneficiando-se de um convênio com a Comissão de Financiamento à Produção, órgão federal encarregado do controle de estoques reguladores, e da isenção do imposto de circulação de mercadorias concedida pelo governo estadual, esse programa adquiria gêneros alimentícios com preços até 60% menores do que os cobrados pelo mercado e os repassava a comerciantes credenciados, que se encarregavam de vendê-los ao consumidor a preços controlados pela prefeitura.[10]

Mesmo com a venda de produtos superando largamente as previsões, a iniciativa teve de ser revista. Os comerciantes credenciados fraudavam o programa, desviando mercadorias para os supermercados e vendendo produtos de baixa qualidade como se fossem gêneros alimentícios do programa.

Em substituição a essa política pública, elaborou-se um programa denominado Alimentos a Baixo Custo (ABC). Para evitar os problemas ocorridos na experiência anterior, o poder público deixou de trabalhar com o comércio oficialmente estabelecido. A prefeitura montou uma estrutura móvel de venda direta ao consumidor e continuou controlando os preços. Para tornar a experiência viável, a prefeitura ofereceu caminhões para serem usados pelas pessoas autorizadas a trabalhar no programa.

Analisando a metodologia de funcionamento do Programa ABC, Coelho destaca que:

> a vantagem em participar do programa se traduzia pela isenção do investimento inicial em terreno e instalações, pois a venda era feita em caminhões cedidos pela prefeitura, que podiam se localizar em qualquer área pública, inclusive nas proximidades do mercado de comerciantes que vendiam a preços muito mais altos.

---

[9] Até 1985, os prefeitos das capitais eram indicados pelo governador do estado.

[10] Coelho, 1996.

Na gestão Sérgio Ferrara (1986-88),[11] essa iniciativa foi ampliada com a incorporação de associações comunitárias. Segundo Coelho, "o programa foi-se tornando cativo de interesses clientelistas: constataram-se problemas com dirigentes daquelas associações que não pagavam as mercadorias recebidas da prefeitura e que se utilizavam do programa para fins político-eleitorais".

Em 1989, tomou posse na prefeitura Pimenta da Veiga, que não priorizou o Programa ABC. A prefeitura deixou de fiscalizar seu funcionamento. Com a deterioração da higiene e da conservação dos produtos ofertados, o programa perdeu credibilidade e entrou em declínio. Eduardo Azeredo (1990-92), sucessor de Pimenta da Veiga,[12] desativou o Programa ABC, justificando que a iniciativa não atendia aos interesses da população carente, beneficiando apenas as pessoas que trabalhavam no programa.

Note-se que essa experiência também priorizou a questão dos preços dos produtos e trabalhou de forma isolada, sem estabelecer parcerias com outros órgãos públicos e a sociedade civil. Também não discutiu a questão do acesso ao alimento como um direito básico do cidadão, como recomenda o conceito de segurança alimentar.

Vale registrar que, até 1992, a intervenção do poder público municipal na área do abastecimento alimentar limitava-se unicamente às funções de fiscalização e normatização dos equipamentos existentes — mercados distritais, feiras-livres e o Programa ABC. Tais atividades eram realizadas pelo Departamento de Abastecimento da Secretaria Municipal de Atividades Urbanas.

O ambiente político

Em 1992, durante o processo de *impeachment* do presidente Collor, o país viveu momentos de grande efervescência política. Aproveitando essa circunstância, o Movimento pela Ética na Política, sentindo que a população havia sido mobilizada contra a corrupção e a malversação do dinheiro público, julgou que era o momento de sensibilizá-la para o combate a uma das maiores mazelas sociais: a fome.

As discussões sobre segurança alimentar ganharam relevo e sensibilizaram diversas administrações municipais, que tomaram iniciativas para ampliar o

---

[11] Primeiro prefeito eleito, em 1985, depois da redemocratização.

[12] Em 1990, o prefeito Pimenta da Veiga desincompatibilizou-se do cargo de prefeito para concorrer ao governo do estado, deixando a vaga para seu vice, Eduardo Azeredo.

acesso das populações mais carentes aos alimentos, mediante parcerias com pequenos produtores e políticas de combate à desnutrição.

Nas eleições de 1992, a Frente BH Popular,[13] tendo à frente Patrus Ananias de Souza, propôs uma Política Municipal de Abastecimento e Segurança Alimentar em Belo Horizonte. Elaborada pelas professoras Maria Regina Nabuco e Lena Lavinas, especialistas em políticas de produção e abastecimento alimentar, essa proposta levou em consideração o momento político vivido na época. Previa, entre outras ações, a criação de uma Secretaria Municipal de Abastecimento capaz de intervir no setor de alimentos, desde sua produção até a comercialização. Enfatizava, ainda, os seguintes objetivos para os trabalhos da nova secretaria:

- incorporação dos aspectos vinculados ao consumo dentro do conceito de segurança alimentar, aí incluídos:
  - a população incapaz de se alimentar por insuficiência de renda;
  - os grupos biologicamente mais vulneráveis, tais como crianças e gestantes.
- orientação à população para uma dieta saudável, mais eficiente no aspecto nutricional e, naturalmente, mais barata;
- organização da produção e criação de alternativas para a redução dos preços e a intermediação entre o campo e a cidade, além da expansão da oferta de alimentos;
- políticas de comercialização abordando a gestão dos equipamentos públicos, bem como capacitação para realização de políticas de abastecimento de maneira nova e alternativa.

Com a vitória da Frente BH Popular, a professora Maria Regina Nabuco foi convidada a assumir a nova secretaria e, antes mesmo da posse, passou a visitar municípios que implementaram políticas de abastecimento desenvolvidas por prefeituras administradas por partidos de esquerda.

A Secretaria Municipal de Abastecimento

A Secretaria Municipal de Abastecimento (SMAB) foi criada pela Lei Municipal nº 6.352, de 15-7-1993. Mais tarde, teve suas atribuições ampliadas

---

[13] Capitaneada pelo PT e com a participação do PSB, PCB e PCdoB.

pelas leis nº 6.740/94 e nº 6.946/95. Seu primeiro desafio foi unificar as políticas de abastecimento da prefeitura, que se encontravam dispersas por outras secretarias, além de elaborar projetos inovadores para combater a pobreza e a indigência na área alimentar. Suas principais atribuições eram:

- planejar e coordenar as ações de organização e incentivo à produção de alimentos básicos;
- planejar e coordenar ações sociais de abastecimento alimentar de combate à fome, inclusive fornecendo informações e orientações à população, a fim de ampliar seu conhecimento a respeito de mercado, acompanhamento de preços e valor nutricional;
- planejar e coordenar ações de credenciamento, fiscalização dos equipamentos e programas que integram o sistema municipal de abastecimento;
- coordenar o atendimento ao educando nos aspectos de merenda escolar;
- coordenar a execução das atividades administrativas e financeiras da secretaria.

A SMAB centralizou os estoques e a distribuição de gêneros alimentícios para as atividades desenvolvidas por outros programas, entre eles a merenda escolar e a distribuição de cestas básicas. A nova secretaria também se responsabilizou pelo atendimento às demandas de entidades filantrópicas, associações comunitárias, postos de saúde, hospitais públicos e creches.[14]

A centralização de todas as iniciativas da prefeitura no setor alimentar teve como objetivo a racionalização do uso e a distribuição dos produtos, evitando o descontrole dos estoques e a utilização clientelística dos recursos.

A atuação da nova secretaria foi direcionada para três eixos básicos:

1. incentivo à produção de alimentos básicos, pelo estímulo ao associativismo entre os pequenos produtores rurais, em especial os de hortifrutigranjeiros, localizados nos municípios próximos a Belo Horizonte;
2. regulação dos preços do mercado de alimentos, por meio da elaboração de programas voltados para a competição com o comércio varejista;

---

[14] Belo Horizonte não possui uma rede de creches municipais. Todas são administradas por instituições religiosas ou comunitárias que estabelecem convênios com a prefeitura.

3. defesa do consumo alimentar, por meio do desenvolvimento de programas de atendimento dos segmentos da população com renda insuficiente para adquirir alimentos básicos no mercado e também daqueles mais vulneráveis à desnutrição, como crianças, gestantes e idosos.

Para atender a esses objetivos, a SMAB dividiu-se em três departamentos, a saber:

- Departamento de Incentivo à Produção de Alimentos Básicos (Dipab), ao qual coube a coordenação dos programas de incentivo à produção de alimentos. É esse departamento que coordena as parcerias com pequenos produtores de cidades circunvizinhas, grandes fornecedoras de alimentos para Belo Horizonte.
- Departamento de Gerenciamento do Sistema de Abastecimento Alimentar (DGSAAB), ao qual coube a coordenação dos programas de regulação do mercado, de tal sorte que as iniciativas pudessem concorrer com o comércio formal, interferindo assim na regulação dos preços.
- Departamento de Defesa e Promoção do Consumo Alimentar (DDPCAB), ao qual ficaram subordinados os programas de garantia de acesso ao alimento para as populações economicamente excluídas e biologicamente vulneráveis. São de responsabilidade desse departamento os programas de fornecimento de alimento para as entidades conveniadas com a prefeitura e as iniciativas voltadas para a conscientização sobre valores nutricionais e hábitos alimentares mais saudáveis.

Ainda como parte do incentivo ao desenvolvimento de políticas de abastecimento, foi criado um canal de participação da sociedade civil: o Conselho Municipal de Abastecimento e Segurança Alimentar (Comasa).

A criação do Comasa

O Comasa foi criado quatro meses após a instalação da Secretaria Municipal de Abastecimento, por meio da Lei nº 6.739, de 17-10-1994, de iniciativa do Executivo, de acordo com proposta que constava do plano de governo da Frente BH Popular.

De caráter eminentemente consultivo, o objetivo desse conselho é garantir a participação dos agentes de produção, transformação, armazenamento, comercialização e consumo da sociedade civil e do poder público na elaboração de políticas, planos e programas de abastecimento alimentar, realizando assim a conexão entre o governo e a sociedade. O Comasa é presidido pelo secretário municipal de Abastecimento e formado por mais 19 representantes, assim divididos: 12 da sociedade civil (federações de sindicatos patronais, federação de trabalhadores e centrais sindicais); um da Sunab; um da Conab; um da Câmara Municipal de Belo Horizonte; um do Procon-MG; um da Secretaria Municipal de Saúde; e um da Secretaria Municipal do Meio Ambiente.

Com essa pluralidade de atores, o Comasa desenvolveu importante papel na orientação dos trabalhos da SMAB, não se furtando a discutir nenhum tipo de assunto. Exemplo disso foi a deliberação de instalar uma Câmara Setorial para discutir o segmento de carnes e derivados, a qual investigaria as denúncias feitas pelo Movimento de Donas de Casa acerca das más condições de higiene e conservação dos produtos frigorificados comercializados nos supermercados e açougues da cidade.

Essa ação do Comasa gerou um amplo debate entre empresários do setor frigorífico, técnicos da vigilância sanitária, técnicos do Ministério da Agricultura e veterinários, o qual resultou na criação de um Certificado Sanitário Municipal cuja função é garantir o cumprimento das exigências sanitárias dos produtos comercializados em Belo Horizonte.

Apesar de esta ter sido a iniciativa de maior repercussão do Comasa,[15] o conselho desenvolveu outras atividades importantes: avaliou os programas de abastecimento, acompanhou o planejamento e a execução orçamentária da secretaria, dando sugestões que foram acatadas pela SMAB, e também participou na elaboração das diretrizes dos planos anuais e plurianuais da pasta.

Mesmo tendo um peso político sobre as atividades da SMAB, o Comasa foi esvaziado pelo novo secretário de Abastecimento, Rogério Colombini, empossado em 1997, quando Célio de Castro assumiu a prefeitura de Belo Horizonte. O novo secretário não tomou posse na presidência do conselho no prazo regimental, fato que provocou sua extinção. A ex-secretária Regina Nabuco lamenta a desarticulação do Comasa, pela importância que este assumira para as políticas de abastecimento e também para os trabalhos da secretaria. Segundo ela, o órgão extinto era "a expressão da sociedade belorizontina

---

[15] Coelho, 1996.

nas políticas de abastecimento e também era o espaço onde se discutiam, democraticamente, todos os problemas do setor". A mesma opinião é reiterada por Lúcia Pacífico, vereadora do PSDB, partido de oposição ao governo e líder do Movimento das Donas de Casa. Pacífico clama pela volta do Comasa e diz não entender o que levou o secretário a tomar tal atitude.

Lamentando a grande disputa política em torno dos conselhos em Belo Horizonte, Rogério Colombini afirma que o Comasa já estava esvaziado antes mesmo de ele assumir a secretaria. Justifica que esses três anos sem o conselho foram o tempo necessário para se refletir sobre uma nova proposta que em breve será encaminhada à Câmara Municipal.

Enquanto esteve em atividade, o Comasa participou de todo o processo de elaboração e implementação dos programas da SMAB, ainda no governo Patrus Ananias. Sua extinção deixou um vazio político, pelo fato de não estar mais havendo uma conexão simultânea entre os trabalhos da SMAB e o desejo dos vários setores que formam a sociedade local. O fim do conselho pode ter agilizado o processo de tomada de decisões na SMAB; em compensação, esta perdeu sua capacidade criativa, pois muitas idéias inovadoras brotavam das discussões do conselho e da troca de experiências entre os atores que nele atuavam.

Programas implementados

Programas de incentivo à produção de alimentos

Direto da Roça

Em funcionamento desde 1994, é um programa que enfatiza as parcerias. Sua lógica é eliminar o atravessador e transferir a renda por ele auferida ao produtor, possibilitando a diminuição de preço dos alimentos e a melhoria da qualidade dos produtos ofertados. O contato da SMAB com os produtores envolvidos só foi possível com a intermediação da Empresa de Assistência Técnica e Extensão Rural (Emater), do estado de Minas Gerais, e da Companhia de Abastecimento (Ceasa), de Minas Gerais. Os pequenos agricultores são oriundos de diversas cidades próximas de Belo Horizonte, portanto fora do âmbito da ação política local. A intermediação da Emater e do Ceasa foi importante pelo fato de a prefeitura nunca ter elaborado política semelhante envolvendo produtores de outros municípios. Como órgão de assistência técnica aos agricultores, a Emater dispunha de cadastro e contatos estratégicos; além disso, cada técnico da Emater vincula-se a um programa específico entre os vários que compõem o convênio estabelecido entre ela e a SMAB, a saber: Direto da Roça, Central de Abastecimento Municipal, Hortas Escolares e Comunitárias e Merenda Escolar. Como entreposto do comércio de alimentos, o Ceasa também mantinha um contato privilegiado com muitos produtores.

Essa iniciativa tem tido impacto significativo sobre as ações voltadas para o conceito de segurança alimentar: os pequenos produtores, cuja atividade utiliza basicamente a mão-de-obra familiar, vêm melhorando sua qualidade de vida e de trabalho, assimilando novas técnicas de produção, praticando uma agricultura limpa e gerando emprego e renda. Os trabalhos da SMAB, da Emater e dos produtores complementam-se e vêm garantindo resultados positivos. Vejamos os papéis que são desempenhados pelos parceiros.

A SMAB solicita às administrações regionais a liberação de pontos em áreas públicas, onde se instalarão os produtores para comercializar seus gêneros alimentícios. Os pequenos produtores rurais que participarão do programa são escolhidos por intermédio de licitação pública.

Os produtores selecionados responsabilizam-se pela instalação das barracas móveis, padronizadas, que deverão ser desmontadas após o meio-dia. Comprometem-se, também, a cumprir uma tabela de preços abaixo do mercado varejista, que é previamente negociada com a SMAB. Outra exigência para participar do programa é que os produtos comercializados não contenham qualquer tipo de agrotóxico ou aditivo químico.

A Emater orienta os produtores na utilização de técnicas agrícolas para o aumento da produtividade sem o uso de agrotóxicos. Também faz o monitoramento de tudo que é produzido, por meio de análises químicas e biológicas periódicas. Isso acaba funcionando como uma certificação de qualidade dos produtos comercializados.

Entre os produtos colocados à venda, há uma grande predominância de verduras, mas há também mel, biscoitos, polpa de frutas, pães e outros gêneros alimentícios que são resultado de produção familiar.

O programa adquiriu uma grande aprovação popular. Consumidores entrevistados disseram considerar-se fregueses cativos do Direto da Roça, principalmente pela certeza de que estarão comprando um produto de boa qualidade, a preço bem abaixo dos cobrados pelo mercado varejista. Afirmam, também, que repreendem um produtor quando ele não instala sua barraca e, se isso se torna freqüente, procuram a SMAB.

As 39 famílias de produtores rurais do assentamento Dom Orione, ligadas ao Movimento dos Trabalhadores Rurais Sem Terra, da cidade de Betim — município pertencente à Região Metropolitana de Belo Horizonte, em breve estarão integrando esse programa. Venderão verduras e legumes que serão colhidos no assentamento coletivo. Já recebem o suporte de técnicos da Emater e serão obrigados a cumprir as mesmas exigências que são feitas aos outros pequenos produtores. O grau de satisfação dos envolvidos nessa iniciativa é expressivo, sobretudo entre os produtores.

Evaristo Barbosa de Paula, produtor de hortifrutigranjeiros da cidade de Esmeralda, desde 1996 faz parte do programa. Ele enfatiza a mudança em seu padrão de vida, enumerando melhorias na sua propriedade e destacando que seus quatro filhos também trabalham na produção. Seu testemunho é significativo:

> Antes o que se produzia nem sempre era vendido, a gente perdia muita coisa e tinha dificuldade de comercializar; acabava entregando tudo ao atravessador. Agora não, a gente vende aqui direto e aproveita de tudo, aprendi a produzir mel, minha mulher passou a mexer com artesanato aproveitando cipó e taquara, e meus filhos cuidam da plantação. Agora tudo está melhor.

Márcio José da Silva, pequeno agricultor no município de Mário Campos e presidente da Associação de Pequenos Produtores daquela cidade,[16] destaca o salto de qualidade dos agricultores que lidera, citando o seu exemplo pessoal. Ele está no programa desde 1994.

> No sistema em que eu trabalhava antes, entregando o que era produzido para os atravessadores, meu produto passava por pelo menos duas pessoas antes de chegar ao consumidor. O sistema era escravizador, sempre tinha alguém que pegava o lucro da gente. No Direto da Roça nós eliminamos essas pessoas; hoje conseguimos ampliar a área de plantio e, no meu caso, tenho oito pessoas trabalhando comigo, fora os que são da minha família.

---

[16] Segundo o entrevistado, a idéia de criar a associação foi estimulada pela SMAB para que os pequenos produtores se organizassem na defesa de seus interesses.

O líder dos trabalhadores rurais sem terra, José Florêncio, do assentamento Dom Orione, elogia o método de funcionamento do Direto da Roça e fala da expectativa de os trabalhadores do assentamento ingressarem no programa como forma de superar a dependência em relação ao atravessador:

> Hoje, infelizmente, tudo que a gente planta é vendido para o atravessador pelo preço que ele quer pagar. O Direto da Roça é importante porque as pessoas que estão nele melhoraram muito de vida e ampliaram sua plantação.

O trabalho dos técnicos da Emater traz um diferencial muito grande para os produtos comercializados pelo programa, pois há um controle de todo o processo desde o plantio e a colheita até a comercialização. Além disso, os técnicos enfatizam que, apesar de ser essa uma parceria entre a Emater e a prefeitura de Belo Horizonte, os municípios onde se localizam os pequenos produtores também estão sendo muito beneficiados. Há modernização da produção agrícola, geração de emprego e maior circulação de recursos nas próprias cidades, sem que as prefeituras utilizem seus recursos.

Para o atual secretário de Abastecimento, Rogério Colombini, o Programa Direto da Roça tem grande importância entre as iniciativas desenvolvidas pela SMAB, pois atinge os objetivos estabelecidos pela secretaria: gerar emprego e renda, baratear o preço dos alimentos e garantir que a população consuma gêneros alimentícios de qualidade e sem agrotóxicos.

Os preços cobrados pelo programa estão fixados em R$0,35 para as verduras, desde 1998. Nas redes de supermercados, há grande oscilação de preços, mas sempre em patamares bem superiores aos estabelecidos no Direto da Roça. A SMAB informa que os preços dos produtos comercializados pelos pequenos produtores são, em média, 50% menores do que os cobrados pelo mercado varejista.

A SMAB acompanha as atividades e elabora relatórios mensais contendo informações referentes ao produtor, a pontos de comercialização, produtos comercializados, preço unitário e número de compradores.

A tabela 3 traz um balanço dos cinco primeiros anos de trabalho do Programa Direto da Roça (1994-98), enfatizando o número total de produtores envolvidos, o volume comercializado e a ampliação do número de pontos do programa desde a sua implantação.

Tabela 3

Evolução do Programa Direto da Roça (1994-98)

Ano	Produtores (quantidade)	No município de origem do produtor	Nº de pontos	Volume comercializado (em t)	Vendas (em R$ mil)
1994	3	1	3	57,20	33,96
1995	21	15	34	599,67	468,41
1996	40	16	40	797,89	1.109,86
1997	36	14	40	749,41	1.108,50
1998	40	14	45	803,95	1.372,75

Fonte: SMAB, 1993-96.

Nota-se um crescimento significativo no número de produtores participantes desde sua implementação, o mesmo ocorrendo com o número de pontos de venda existentes na cidade e o volume de gêneros comercializados. Esses dados atestam o sucesso e a eficácia do Direto da Roça. A oscilação no número de produtores parceiros da SMAB ocorrida entre 1996 e 1997 explica-se pelo fato de quatro pequenos agricultores não terem-se enquadrado nas exigências do programa quanto aos preços e à qualidade, tendo com isso de abandonar a experiência.

Campanha da Safra

Em funcionamento desde 1994, esse programa é semelhante ao Direto da Roça. Trata-se de uma parceria entre a SMAB e pequenos produtores de municípios próximos a Belo Horizonte para a comercialização direta de produtos hortifrutigranjeiros nos períodos da safra. Seu objetivo é contribuir para o escoamento da produção agrícola. Com isso evita-se a ação dos atravessadores que se aproveitam do excesso de produção, durante a safra, oferecendo preços irrisórios pelos produtos, quando os produtores estão na iminência de perder sua colheita por falta de mercado consumidor.

Seu funcionamento é temporal, estando sujeito ao desempenho da agricultura. Existe sob a forma de campanhas, em pontos estratégicos da cidade, onde se procura atrair a população consumidora, funcionando também como regulador dos preços cobrados pelo mercado varejista.

Como podemos verificar, o vínculo desse programa com o combate à pobreza está no fato de funcionar como estratégia de geração de renda para os pequenos produtores e possibilitar o acesso da população a produtos alimentícios de qualidade e a preços menores.

Muitos produtores que iniciaram a parceria com a Secretaria Municipal de Abastecimento na Campanha da Safra estão hoje fazendo parte do Direto da Roça. A razão é simples. O Direto da Roça funciona cotidianamente, o que abre maiores possibilidades de ampliação das atividades dos agricultores e de diversificação de seu plantio. Já as atividades da Campanha da Safra só ocorrem nos períodos em que há excesso de produção.

Os dados apresentados na tabela 4 demonstram o esvaziamento do Programa Campanha da Safra no mesmo período em que há maior incremento do volume de produtos comercializados pelo Direto da Roça.

Tabela 4

Volume de produtos comercializados pela Campanha da Safra

Ano	Volume comercializado (em t)
1994	79,14
1995	94,16
1996	64,16
1997	184,15
1998	9,00

Fonte: SMAB, 1993-96 e 1997/98.
Nota: Não há dados sobre o número de produtores envolvidos.

Nota-se na tabela um grande esvaziamento da Campanha da Safra no ano de 1998. Os técnicos da SMAB atribuem tal fato à migração de produtores para o Direto da Roça e às constantes quebras de safras. Afirmam ainda que em 1999 uma estiagem prolongada trouxe perdas ao setor agrícola, o que impediu qualquer atividade do programa naquele ano. Questionados sobre o bom desempenho da Campanha da Safra em anos anteriores, eles justificam a ausência de migração de produtores para o Direto da Roça e apontam as grandes safras de abacaxi e banana, ocorridas nos períodos iniciais da experiência, como fatores que impulsionaram grande quantidade de produtos comercializados.

Armazém da Roça

Também voltado para as parcerias, é um convênio entre a prefeitura e associações e cooperativas de produtores. Tem por objetivo a comercialização de produtos caseiros e artesanais, típicos do interior, produzidos por pequenos agricultores de cidades distantes da Região Metropolitana de Belo Horizonte.

Funcionando desde o final de outubro de 1996, essa experiência teve como primeiros parceiros a Associação de Produtores Rurais da Zona da Mata e do Vale do Paraopeba. A comercialização regular dos produtos é realizada nos equipamentos gerenciados pela própria SMAB, como os mercados distritais e a Central de Abastecimento Alimentar. Os preços são previamente negociados entre a secretaria e as associações dos produtores. Em 1998, o programa atingiu mais de 20 associações, com um grande número de parceiros beneficiados.

As associações entregam seus produtos sob consignação, e funcionários contratados e treinados pela secretaria comercializam os produtos da "fazenda", buscando atrair consumidores sensíveis aos gêneros alimentícios feitos com ingredientes naturais, livres de agrotóxicos e aditivos químicos. Os produtos comercializados são: mel e derivados, doces e compotas, biscoitos, derivados da cana, grãos e farinhas. Também é comercializado todo tipo de artesanato mineiro, como tapetes, colchas e toalhas, artigos feitos de crochê e pedra-sabão.

Mensalmente, a secretaria realiza a prestação de contas para as associações, retendo um pequeno percentual sobre o volume de vendas para manter a infra-estrutura do programa e remunerar os funcionários contratados especificamente para a atividade. Recentemente tem-se buscado instalar pontos provisórios do Armazém da Roça em agências bancárias, em locais com grande fluxo de público sensível a esse tipo de produto e nos eventos voltados para a questão do alimento.

A tabela 5 demonstra os resultados alcançados nos três primeiros anos de funcionamento do programa.

Tabela 5

Resultados do Programa Armazém da Roça (1996-98)

Ano	Vendas realizadas (em R$ mil)	Total vendido (em t)	Produtores envolvidos	Municípios beneficiados
1996	4,8	2,7	Sem informação	19
1997	46,5	4,3	200	25
1998	40,6	4,2	50	36

Fonte: SMAB, 1993-96 e 1997/98.

É importante destacar que, em 1996, primeiro ano do programa, este funcionou por apenas dois meses. Chama a atenção a redução no número de produtores parceiros entre 1997 e 1998. Os técnicos da SMAB atribuem-na a uma oscilação conjuntural e, com base em dados preliminares do ano de 1999, afirmam que os produtores envolvidos nessa experiência já somam novamente mais de 200. Semelhante às experiências descritas antes, esse programa busca gerar renda no campo e oferecer à população um tipo de alimentação mais saudável e a preços acessíveis.

Central de Abastecimento Municipal

Inaugurada parcialmente em setembro de 1996, a Central de Abastecimento Municipal (CAM) ocupa um espaço de 10.000m^2 numa antiga feira fixa do bairro São Paulo. O primeiro setor a entrar em atividade foi o varejista, formado por quase uma centena de permissionários, escolhidos em licitação pública, que vieram a comercializar diversos tipos de produtos. Em seguida, o setor atacadista, formado por pequenos produtores rurais, também abriu pontos de comercialização.

O espaço destinado ao setor atacadista é resultado de um convênio da SMAB com as Cooperativas e Associações de Produtores Rurais. Nesse convênio, a secretaria tem como objetivos "atração do público consumidor, melhoria da infra-estrutura e do equipamento, e escoamento da produção".

As entidades recebem um espaço de 70m^2 e ainda dispõem de todas as informações técnicas e de mercado necessárias à venda dos produtos. As associações de produtores assumem os gastos com custeio e implantação da estrutura necessária ao espaço onde se desenvolverão suas atividades.

Antes de entrar em funcionamento, a Central de Abastecimento chegou a sofrer restrições dos técnicos do Ceasa. Eles alegavam que a iniciativa cumpriria uma função que já é desempenhada pelo entreposto de produtos alimentícios do governo estadual. Os técnicos da SMAB rebateram as críticas com o argumento de que a experiência inova por atuar, graças à parceria com a Emater, na fiscalização de preços e no controle da qualidade e da procedência dos alimentos, atividades que o Ceasa não desempenha.

Tendo a CAM como seu concorrente direto, o Ceasa acabou procurando a Emater e estabelecendo o mesmo tipo de convênio existente entre aquele órgão e a prefeitura. Hoje, os produtos comercializados no Ceasa também são fiscalizados pelos técnicos da Emater.

A tabela 6 demonstra os resultados alcançados pelos produtores rurais nas atividades da Central de Abastecimento Municipal em seus dois primeiros anos de funcionamento.

Tabela 6

Vendas dos produtores rurais na CAM

Ano	Vendas (em R$ mil)	Volume (em t)
1997	400,4	901,3
1998	375,0	715,2

Fonte: SMAB, 1997/98.

A tabela mostra uma redução no volume de gêneros alimentícios comercializados entre 1997 e 1998. Os técnicos da SMAB argumentam que a ação do Ceasa, ao buscar uma garantia de qualidade dos produtos comercializados, acabou contribuindo para o esvaziamento da CAM, pois o órgão do governo estadual possui maior variedade de produtos e os preços são idênticos aos cobrados na CAM. Para reaquecer o comércio na Central, a estratégia dos técnicos da SMAB tem sido diversificar os produtos ofertados.

As ações desenvolvidas pela Central de Abastecimento estão articuladas com o interesse público, pois visam não apenas a comercializar produtos, mas também a fiscalizar seus preços, realizar um controle da qualidade e estimular o aumento da produtividade, gerando mais renda para o pequeno agricultor.

Programa Bolsa Verde

Em funcionamento desde 1996, esse programa representa um desafio para a SMAB: viabilizar um sistema diário de informações sobre preços, demanda e oferta de produtos. Com base nesse sistema, procura-se facilitar o fluxo comercial, melhorando a capacidade de venda do produtor e o acesso aos produtos por parte do pequeno comerciante. Os beneficiados por esse programa são sacolões, bares, restaurantes e pequenos supermercados.

A SMAB identifica os gêneros alimentícios mais demandados e, de posse desses dados, aciona os produtores. A base das informações dos preços é fornecida pelo Ceasa, onde os produtos custam, em média, 35% menos do que é cobrado pelo setor varejista.

Em 1998 ocorreu uma mudança importante no programa. O público beneficiário deixou de ser o comércio em geral e resumiu-se às entidades assistenciais e filantrópicas. O comércio formal voltou a ser atendido pelos instrumentos normais de mercado.

Auto-abastecimento: hortas escolares e comunitárias e Pró-pomar

Esse programa incentiva, desde 1994, o auto-abastecimento alimentar, estimulando o plantio de hortas nas escolas e comunidades e distribuindo mudas de frutas para a população. Procura criar uma cultura alimentar diferenciada, empregando técnicas agrícolas ecologicamente sustentáveis e aproveitando os recursos naturais existentes. O produto da colheita destina-se ao complemento nutricional do público envolvido.

Sua implementação contém um aspecto pedagógico, ao promover a valorização dos espaços naturais ainda existentes, chamando a atenção para as questões do meio ambiente, incentivando o aprendizado de técnicas agrícolas e resgatando o valor do trabalho em comunidade.

No caso das hortas escolares, a produção é destinada à complementação da merenda escolar. Quanto às hortas comunitárias, os moradores ficam com o que é colhido, e os critérios de distribuição são definidos e acompanhados pela associação comunitária local.

O Pró-pomar beneficia-se de parcerias com as administrações regionais, por meio de ações integradas que viabilizam a distribuição de mudas em eventos organizados em escolas, creches, centros de saúde e nas próprias regionais. No primeiro ano do programa, foram distribuídas 5.042 mudas; em 1995, esse número saltou para 18.197; em 1998, 11.014 mudas foram distribuídas.

Essa iniciativa conta com diversos parceiros. Os técnicos da Emater orientam sobre a melhor forma de plantio em cada um dos espaços e ensinam a utilizar técnicas agrícolas ecologicamente saudáveis, destacando o valor nutricional do que é produzido. A Superintendência da Limpeza Urbana de Belo Horizonte fornece um composto orgânico sem qualquer aditivo químico, produzido a partir dos resíduos sólidos por ela recolhidos seletivamente em mercados, restaurantes e feiras livres. A Secretaria Municipal de Educação abre as escolas e estimula os professores a participarem da iniciativa, contribuindo assim para um maior envolvimento de toda a comunidade escolar. A Secretaria Municipal do Meio Ambiente, além de fornecer as cartilhas utilizadas como material pedagógico, oferece seus técnicos e estagiários para a realização de oficinas, palestras e eventos nas escolas e comunidades. Por fim, as associações comunitárias mobilizam a população, proporcionam o espaço onde se desenvolve a experiência, zelam por ele e acompanham todo o processo, da conscientização à distribuição.

Um dos pontos mais importantes dessa experiência foi a realização, em março de 1996, do I Encontro das Entidades de Hortas Escolares e Comunitárias, quando se discutiram as dificuldades, os desafios e as novas estratégias, definindo-se com clareza o papel de cada parceiro. Nesse encontro, estabeleceu-se que cada horta deveria ter um monitor para coordenar as atividades internas diárias. Essa medida provocou o desligamento de algumas escolas e entidades, mas representou uma nova etapa para a experiência, pois a SMAB deixou de responsabilizar-se pelo cotidiano das hortas. Tal atividade passou a ser exercida de maneira autônoma pelos próprios beneficiários da experiência.

O programa vem atingindo todas as regiões da cidade e beneficiando um número significativo de famílias. Seu mérito é incentivar o auto-abastecimento, mediante a produção de gêneros alimentícios saudáveis, com componentes nutricionais importantes para o ser humano. Além disso, por meio da implementação dos trabalhos comunitários, vem beneficiando a população carente com um complemento alimentar produzido em parceria com as entidades e a SMAB.

Tabela 7

Número de hortas escolares e comunitárias e beneficiados

Administração regional	Hortas escolares e comunitárias	Famílias beneficiadas
Centro-Sul	10	144
Noroeste	11	287
Nordeste	9	173
Norte	4	109
Leste	5	151
Pampulha	7	242
Oeste	11	500
Barreiro	8	458
Venda Nova	12	388
Total	77	2.452

Fonte: SMAB, dados atualizados em outubro de 1999.

Programas de incentivo à comercialização e à regulação do mercado

Abastecer

Em atividade desde 1993, esse programa é uma reedição modificada do Programa Alimentos a Baixo Custo (ABC). Funcionando como um mercado público em área livre, seu objetivo é comercializar, em pontos fixos, diversos tipos de gêneros alimentícios, fiscalizando sua qualidade e garantindo preços abaixo do mercado varejista. A prefeitura escolheu os locais onde se instalariam os permissionários do programa com base na facilidade de acesso do público consumidor e nas condições de higiene.

Após essa etapa, foram abertas licitações públicas para a permissão de uso dos espaços. As exigências da licitação focavam principalmente uma pequena capacidade de investimento e posterior adequação às normas do contrato de permissão de uso, o que obrigava os permissionários a se submeter, entre outras coisas, a controle de preços e fiscalização de qualidade e higiene dos produtos. Parte das pessoas que conseguiram seus pontos de venda no programa já eram comerciantes no antigo ABC; outra parte eram pessoas que possuíam pequenos recursos e resolveram apostar na iniciativa, como foi o caso de trabalhadores que faziam frete no Ceasa, ex-proprietários de pequenos mercados na periferia da cidade e até mesmo feirantes.

Os permissionários construíram suas estruturas fixas e padronizadas de acordo com um projeto arquitetônico predefinido. Em cada local há uma loja-âncora de hortifrutigranjeiros e outros pontos menores que comercializam biscoitos, carnes, laticínios, café e demais gêneros alimentícios. Os preços dos produtos são negociados entre a SMAB e os permissionários, com base numa pesquisa de acompanhamento do mercado. Segundo dados da SMAB, os preços cobrados pelos permissionários do Abastecer ficam de 25 a 50% abaixo do que é cobrado pelo mercado varejista. A margem de lucro permitida é de até 18%. O aumento de preços depende de um pedido fundamentado em critérios técnicos e de autorização da secretaria.

O público consumidor do Abastecer constitui-se principalmente dos segmentos da população mais carente. Mas donos de bares e de pequenos restaurantes também figuram entre os consumidores. Segundo técnicos da SMAB, a classe média tem solicitado a instalação do programa em seus bairros.

O sucesso do programa entre as famílias pode ser conferido na tabela 8. Entre os permissionários, é possível constatá-lo em alguns depoimentos.

Tabela 8

Desempenho do Programa Abastecer

Ano	Vendas (em t)	Média mensal de famílias atendidas
1993	4.289	14.892
1994	4.563	15.785
1995	10.616	36.779
1996	13.200	45.883
1997	17.620	61.182
1998	18.498	62.424

Fonte: SMAB, 1993-96 e 1997/98.

O comerciante Benedito Oliveira dos Santos, no Abastecer há mais de 15 anos (considerando o tempo trabalhado no ABC), relata que a prefeitura está mais exigente quanto ao asseio e à apresentação dos pontos de venda. Apesar disso, ele está satisfeito com o programa:

> Dou graças a Deus de ter entrado no programa Abastecer; tenho um sacolão, uma equipe de funcionários muito boa, emprego cerca de 50 pessoas, a qualidade dos nossos produtos é comparada à dos melhores supermercados, a gente trabalha com um preço bom e qualidade. Comecei do nada, tudo o que eu tenho agradeço ao Abastecer.

O microempresário Celso Araújo Chaves, proprietário da marca de café Riachuelo e com pontos fixos no Abastecer, elogia o programa pelo diálogo existente entre os permissionários e a Secretaria de Abastecimento:

> O sucesso do programa está na capacidade que ele tem de combinar qualidade com garantia de preço baixo. A gente trabalha com uma margem de lucro pequena, mas nossos consumidores são fiéis. Imaginem se em outro lugar um cliente de classe média iria adquirir pó de café em pontos numa rua ou praça pública. Outra coisa interessante é que a nossa relação com a prefeitura (desde Patrus Ananias) é transparente, não há qualquer tipo de corrupção, todos cumprem a sua função e assim há uma relação mútua de confiança.

O Programa Abastecer consegue atuar em três frentes importantes para a área de segurança alimentar: a) oferece produtos de qualidade a preços mais acessíveis para a população em geral; b) provoca uma redução nos preços cobrados pelo mercado varejista mais próximo dos pontos do programa; e c) gera emprego e renda para muitas pessoas que não conseguiam espaço no mercado convencional.

Comboio do Trabalhador

Funcionando desde 1993, essa experiência é resultado de uma parceria com permissionários escolhidos em licitação pública para comerciar gêneros alimentícios perecíveis em pontos fixos nos locais de grande fluxo populacional durante a semana e em pontos móveis instalados em bairros periféricos nos finais de semana. Os locais de comercialização dos produtos são previamente definidos pela SMAB, segundo critérios técnicos e sociais.

A diferença básica do Comboio do Trabalhador em relação ao Abastecer está no compromisso do primeiro de se deslocar nos finais de semana para a periferia. Nas demais atividades, os programas são semelhantes. A base dos preços ao consumidor leva em conta a tabela de produtos fornecida pelo Ceasa, e a margem de lucro permitida está fixada em 18%. Os preços ao consumidor final ficam entre 25 e 50% abaixo dos cobrados pelo mercado varejista, e qualquer reajuste deve seguir os mesmos critérios do Programa Abastecer. Também há intensa fiscalização da qualidade dos produtos comercializados.

O deslocamento para a periferia é uma exigência contratual e faz parte do termo de concessão de uso assinado pelos permissionários. Segundo técnicos da SMAB, isso visa a facilitar o acesso aos produtos pela população mais carente e a forçar o mercado formal a cobrar preços menores, por força da concorrência com o Comboio do Trabalhador.

Tanto os comerciantes desse programa como os seus usuários afirmam que, quando o Comboio do Trabalhador está na periferia, há imediata redução dos preços cobrados pelos supermercados locais, ocasionando um fato curioso: durante a semana, quando não há o Comboio, os preços no mercado varejista são mais altos; nos finais de semana, eles se adequam aos valores cobrados no Comboio.

Tabela 9

Desempenho do Comboio do Trabalhador, 1993-98

Ano	Vendas anuais (em t)	Média mensal de famílias atendidas
1993	160	833
1994	2.036	10.608
1995	3.108	16.124
1996	6.903	41.578
1997	7.441	31.004
1998	7.828	40.770

Fonte: SMAB, 1992-96 e 1997/98.

Os comerciantes desse programa dizem estar plenamente satisfeitos com sua forma de funcionamento e também com o suporte técnico que recebem da SMAB. Destacam também o volume de empregos gerados e o incômodo que vem causando aos comerciantes do mercado varejista desde a implantação do programa. O perfil dos permissionários que atuam no Comboio do Trabalhador é semelhante ao dos do Abastecer e, do ponto de vista das políticas de segurança alimentar, oferece as mesmas vantagens.

Feiras livres, feiras-modelo

As feiras livres funcionam no período matutino em diversos pontos da cidade. Já as atividades das feiras-modelo são realizadas no período noturno (das 17 às 22 horas); além de constituírem uma forma de acesso aos produtos alimentícios em horário alternativo, elas vêm-se transformando numa opção de lazer para a população. Nas feiras-modelo ocorrem diversos eventos de natureza cultural que atraem um público específico para essas atividades, o qual, por sua vez, se torna potencial consumidor dos produtos da feira.

Quando a secretaria foi implantada, não havia qualquer sistematização de dados sobre as atividades das feiras. A SMAB montou um sistema de informações para monitorar os preços e o volume comercializado e para identificar os produtos. Assim, buscou-se reorganizar um setor de abastecimento que vivia um período de exaustão em face das dificuldades encontradas para concorrer num mercado cada vez mais dinâmico.

A SMAB, além de ter realizado licitação pública para os pontos disponíveis nas feiras livres, passou a fiscalizar a qualidade e as condições de higiene dos produtos comercializados. É preciso ressalvar, porém, que a secretaria apenas acompanha os preços cobrados nas feiras, sem nenhum tipo de controle. Atualmente existem 54 feiras livres em Belo Horizonte, que comercializam 62 toneladas de alimentos e atendem, em média, 2.578 famílias por mês

Das 54 feiras, apenas três são modelo e foram criadas a partir de 1995. O fator inovador desse programa está no monitoramento dos preços e na fiscalização da qualidade dos produtos. Destaca-se, também, o constante diálogo entre a secretaria e os feirantes, o que vem resultando na revitalização desse importante setor de abastecimento.

Mercados distritais e Fecope — Feira Coberta do Padre Eustáquio

Antes de a SMAB assumir o controle sobre os mercados distritais, esses equipamentos públicos eram administrados pela prefeitura e pelo Ceasa. A situação era de total abandono. Os comerciantes estavam trabalhando irregularmente, pois seus contratos de permissão estavam vencidos. Não havia também qualquer tipo de acompanhamento em relação a higiene, procedência e qualidade dos produtos comercializados.

O controle dos mercados distritais representou mais uma etapa da estratégia da secretaria de centralizar todas as políticas de abastecimento sob responsabilidade do município.

Em 1994, a SMAB também assumiu o gerenciamento da Feira Coberta do Padre Eustáquio (Fecope), até então sob controle do Ceasa. Iniciou-se um processo de revitalização do local, buscando atrair outros setores agrícolas por meio de licitação pública, para promover maior diversificação dos produtos comercializados

Dados fornecidos pela SMAB revelam que esses programas vêm apresentando uma média mensal de comercialização de 275 toneladas, consumidas por cerca de 13.748 famílias. Não há qualquer tipo de controle sobre os preços dos produtos, e a SMAB vem priorizando a fiscalização da qualidade.

O destaque dessa iniciativa é o acesso ao alimento com qualidade e a revitalização desses locais. Tais fatores têm acarretado a geração de emprego e renda para um setor da economia que se encontrava desorganizado e abandonado pelo poder público.

Cesta básica da SMAB

Criada pela Lei Municipal nº 7.164, de 22-8-1996, a cesta básica da SMAB é uma parceria com a Faculdade de Economia da Universidade Federal de Minas Gerais. Seu objetivo é identificar o comportamento dos preços dos alimentos básicos em 40 estabelecimentos da cidade.

Montada com base nos hábitos alimentares dos moradores de Belo Horizonte, a cesta básica local é composta de 45 produtos: 36 alimentares, cinco de higiene pessoal e quatro de limpeza doméstica. Seus preços são pesquisados duas vezes por semana e divulgados por toda a imprensa local, semanalmente. Com relação aos produtos industrializados, são pesquisadas algumas marcas mais específicas, escolhidas em função dos hábitos de consumo.

O monitoramento de preços vai além da simples identificação de sua variação percentual. É informado ao público o endereço dos supermercados que vendem a cesta com o menor custo, bem como dos locais onde se pode encontrar cada um dos 45 produtos da cesta pelo menor preço.

Levantamento realizado pela Assessoria de Imprensa da SMAB revela que a divulgação da oscilação de preços da cesta básica foi o assunto que mais atraiu o interesse da imprensa escrita, em comparação com as demais atividades desenvolvidas pela secretaria. No ano de 1999, até o mês de novembro, os três principais jornais da cidade deram destaque para os trabalhos da secretaria em 257 reportagens. Deste total, 84 eram relativas ao comportamento dos preços da cesta básica.

Esse tipo de informação tem sido fundamental para o consumidor. A líder do Movimento das Donas de Casa, Lúcia Pacífico, afirma que a entidade tem-se utilizado da divulgação desses dados para orientar as pessoas sobre a compra de produtos.

É importante destacar o fato de a informação circular por toda a cidade. Vários outros municípios do Brasil realizam pesquisas semelhantes por intermédio do Procon dessas cidades, mas não vêm conseguindo a mesma repercussão alcançada por Belo Horizonte.

Cestão Popular

Em funcionamento desde setembro de 1995, o Cestão Popular é um programa de comércio de alimentos cujo público-alvo é a população mais carente. Seu objetivo é comerciar 22 produtos básicos para um grupo populacional previamente cadastrado, cuja renda familiar não ultrapasse dois salários mínimos.

Os produtos do Cestão são adquiridos pela SMAB em licitação pública e comercializados, semanal ou quinzenalmente, conforme a especificidade do local, em ônibus adaptados exclusivamente para essa iniciativa. Os preços ficam em média 40% abaixo dos do mercado varejista. A SMAB não subsidia os produtos de forma direta, pois as vendas cobrem os custos pagos.

As despesas administrativas, de armazenamento e de transporte do programa não são cobertas com a venda dos produtos. Portanto, a diferença de preço em relação ao mercado está vinculada sobretudo à margem de lucro do varejo.

O cadastramento dos usuários do Cestão, antes realizado pela SMAB, passou a ser de responsabilidade da Associação Municipal de Assistência Social (Amas). Isso ocorreu por força das dificuldades dos técnicos da secretaria para encontrar parâmetros mais adequados para autorizar uma família a ser beneficiária da iniciativa.

A comprovação dos vencimentos não é o único critério para definir um usuário do Cestão, pois muitos trabalhadores não mantêm vínculos formais com seus empregos. Associações comunitárias locais tornaram-se parceiras e vêm contribuindo para a avaliação da situação social das famílias que não possuem rendimentos formais. As pessoas cadastradas recebem um documento de identificação para participar do programa. O volume de compras por família é controlado para garantir o acesso de todos e evitar a revenda das mercadorias. As associações comunitárias fiscalizam os beneficiários, e a revenda dos produtos é punida com a exclusão do programa.

O Cestão vem atendendo mensalmente cerca de 4 mil famílias em 28 pontos periféricos. O volume de produtos comercializados anualmente é de 660 toneladas.

A maior dificuldade da experiência está em manter os preços nos períodos de estiagem e oscilação da produção agrícola. Já houve momentos em que se necessitou da suplementação de verbas devido à elevação dos custos dos produtos, mas isso só ocorreu em conjunturas específicas. De qualquer forma, o mérito alcançado pelo programa supera largamente as dificuldades. Uma família carente que adquire produtos de qualidade por preços 40% abaixo dos de mercado consegue um incremento de renda que repercute na melhoria de suas condições de vida.

Programas de promoção e defesa do consumo alimentar

Alimentação escolar

Em janeiro de 1994, a SMAB assumiu o controle da alimentação escolar, até então sob a responsabilidade da Secretaria Municipal de Educação. Parte dos recursos são federais, provenientes do Ministério da Educação.

Essa transferência acarretou uma mudança importante no papel do alimento para o estudante. Enquanto o setor educacional considera a alimentação escolar um componente pedagógico, a Secretaria de Abastecimento considera as necessidades nutricionais dos alunos.

A atuação da SMAB baseia-se em planejamento, fornecimento, monitoramento e preparação da alimentação nas escolas. Busca-se, com isso, controlar o estoque, garantir o acesso e elaborar um cardápio com valores nutricionais mais adequados ao desenvolvimento dos estudantes. Considerando esse novo aspecto, houve uma reformulação na composição dos produtos oferecidos, ampliando-se de 21 para 46 o número de gêneros oferecidos na merenda e tornando possível a substituição dos alimentos pré-preparados por outros *in natura*.

Essas modificações incrementaram o valor calórico médio da alimentação escolar em 115,8%. Também houve ganho no valor protéico médio. A refeição oferecida pela SMAB tem 11,04g de proteína, superando a recomendação da Fundação de Assistência ao Estudante (FAE) de 9g de proteína por refeição. Essas iniciativas são complementadas pelo projeto de Suplementação Láctea, que concede ao aluno carente um lanche na entrada da aula.

Uma das novas ações da SMAB foi a implementação da alimentação escolar nas férias. Segundo os técnicos, a iniciativa visa a garantir a cidadania alimentar do aluno mais carente. A maior dificuldade dessa iniciativa, porém, está no fato de poucas escolas aderirem ao projeto, em virtude do período do ano em que ele se desenvolve. Nem todas as escolas fazem parte dessa iniciativa.

Dados fornecidos pela SMAB indicam que o conjunto de projetos implementados no programa de alimentação escolar vem garantindo de 15 a 30% das necessidades calóricas diárias dos estudantes.

A diretora do Colégio Fernando Costa, no bairro periférico do Taquaril, elogia a atuação da secretaria, destacando a variedade do cardápio e a preocupação na oferta dos nutrientes necessários ao desenvolvimento dos alunos. Segundo ela, que tem mais de 15 anos de experiência profissional, esse é o melhor programa de merenda escolar.

Todas as escolas municipais estão sendo atendidas pela SMAB, cuja ação inclui desde o fornecimento de gêneros alimentícios até a formação dos cardápios, beneficiando uma população de mais de 150 mil estudantes.

Tabela 10

Gêneros destinados à merenda escolar

Ano	Volume (em t)
1992	554
1993	1.081
1994	2.426
1995	2.630
1996	2.496
1997	3.303
1998	3.332

Fonte: SMAB, 1993-96 e 1997/98.

O crescimento verificado a partir de 1993 deveu-se ao fato de o programa ter figurado entre as prioridades políticas da nova gestão. O programa de alimentação escolar insere-se plenamente no conceito de segurança alimentar, não só por priorizar a garantia do acesso ao alimento, mas também por se preocupar com uma alimentação saudável e balanceada, baseada nas necessidades do corpo humano.

Prevenção e combate à desnutrição

Implementado em 1993, logo no início dos trabalhos da secretaria, esse programa é uma parceria com centros de saúde, hospitais e entidades que combatem a desnutrição de crianças, gestantes e idosos.

Trata-se do fornecimento de 2kg de farinha enriquecida (composto alimentar com farelo de trigo, fubá, pó de casca de ovo e pó de folha de mandioca), para complemento alimentar de gestantes e nutrizes. Os hospitais e postos de saúde controlam a distribuição e acompanham a evolução do quadro de desnutrição dos pacientes. Em 1995, o programa foi ampliado para o combate à desnutrição infantil. São distribuídos 4kg de farinha enriquecida especial (adicionando-se 50% de leite de pó integral) para as crianças carentes atendidas em centros de saúde, hospitais e entidades filantrópicas.

No início, o programa beneficiou 23 centros de saúde. No ano de 1998, essa iniciativa atendeu uma média diária de 9.098 pessoas, distribuindo mensalmente cerca de 21.720kg de farinha enriquecida em 141 equipamentos públicos e entidades conveniadas.

Quando há uma melhoria significativa no quadro de desnutrição do usuário, a equipe de saúde que o acompanha poderá optar por desligá-lo do programa.

A tabela 11 mostra o impacto do programa em Belo Horizonte e no Taquaril — um dos bairros mais carentes da cidade.

Tabela 11

Taxa de mortalidade infantil comparativa, BH e Taquaril

	Mortalidade infantil (1/1.000)	
Ano	**BH**	**Taquaril**
1994	34,4	67,90
1995	34,0	51,00
1996	29,3	45,13

Fonte: SMAB, 1993-96.

Segundo técnicos da SMAB e profissionais da saúde, um dos aspectos mais dramáticos desse programa é a falta de recursos de algumas famílias para retornar aos hospitais e centros de saúde e continuar retirando a farinha enriquecida.

No mais, é um programa bastante simples, em que o combate à desnutrição da população, por meio de uma alimentação balanceada e rica em proteínas, encaixa-se inteiramente no espírito de uma política de segurança alimentar.

Assistência alimentar

Em funcionamento desde 1993, esse programa distribui gêneros alimentícios a diversas entidades públicas ou conveniadas com a prefeitura. Trata-se de creches, centros de apoio comunitário, associações que atendem idosos, crianças de rua, pessoas portadoras de deficiência etc. O cadastro das entidades é realizado pela Secretaria Municipal de Desenvolvimento Social (SMDS), que acompanha os trabalhos de cada uma das entidades. Somente após o aval dessa secretaria, a SMAB encaminha os alimentos solicitados. A SMDS também acompanha e avalia os recursos destinados a essas entidades.

Da mesma forma que a alimentação escolar, esse programa também se preocupa com a composição dos alimentos, além de orientar as entidades na elaboração de cardápios com valores nutricionais e protéicos adequados ao público que cada uma atende. Realiza, ainda, atividades com o objetivo de criar novos hábitos alimentares.

O programa de assistência alimentar vem ampliando seu alcance. Em 1997, beneficiou 33.399 pessoas, fornecendo em média 178.175kg de alimentos por mês a 278 entidades parceiras. Os números de 1998 foram ainda maiores.

Tabela 12

Desempenho do programa de assistência alimentar, 1998

Tipo de entidade	Beneficiários/dia (média)	Gêneros alimentícios kg/mês	Entidades
Creches zero a sete anos	34.757	225.000	232
Centros comunitários	225	5.200	5
Entid. meninos de rua	502	2.500	8
Entid. crianças sete a 14 anos	251	650	6
Entid. portadores deficiência	472	425	9
Entid. idosos	1.061	4.500	28
Incentivo práticas esportivas	3.417	6.400	24
Total	40.685	244.675	312

Fonte: SMAB, 1997/98.

Restaurante Popular

Localizado na área central de BH, próximo às estações ferroviária e rodoviária, o Restaurante Popular foi criado em 1988 e manteve suas operações até 1992, quando foi desativado. No seu primeiro período de funcionamento, o restaurante foi administrado pelo setor privado, e as refeições oferecidas tinham preços próximos aos cobrados por bares e restaurantes da região central. Como a prefeitura apenas cedesse o espaço para ser explorado, não fiscalizando a qualidade das refeições nem seu valor nutricional, o restaurante foi perdendo público até encerrar as suas atividades.

Ao ser reaberto, em 1994, o Restaurante Popular adotou nova concepção de trabalho. Serve refeições de qualidade e alto valor nutricional a preços bem abaixo dos de mercado, graças ao subsídio de 50% do custo, bancado pela prefeitura.

Para tanto, o restaurante passou por uma completa remodelação, com a aquisição de novos equipamentos, o que possibilitou o atendimento diário de até 3 mil pessoas durante o almoço. A partir de 1996, o restaurante atingiu sua capacidade máxima, não havendo estrutura física para expansão.

As refeições são produzidas no próprio local por uma empresa contratada. A gestão financeira, o controle dos alimentos, a elaboração dos cardápios e a fiscalização da qualidade são de responsabilidade da SMAB.

O restaurante oferece almoço, composto de arroz, feijão, carne, salada, legumes, frutas e suco ao preço de R$1, e no jantar, uma sopa, ao preço de R$0,50. Há variação diária nos tipos de carne, frutas, sucos e saladas oferecidos.

Os usuários são oriundos de todas as regiões da cidade e até de outros municípios da região metropolitana. Entre os freqüentadores, 60% recebem até três salários mínimos.[17] Isso demonstra que essa iniciativa vem atingindo seus objetivos.

Tabela 13

Restaurante Popular

Ano	Refeições servidas/dia (média)
1994	1.757
1995	2.246
1996	2.956
1997	3.146
1998	3.163

Fonte: SMAB, 1997/98.

[17] Coelho, 1996.

O restaurante só encontra restrições por parte dos pequenos proprietários de bares e restaurantes da região central, que perderam sua clientela e reclamam não ter como concorrer com o preço e a variedade das refeições oferecidas pelo Restaurante Popular.

A experiência tem atraído diversas visitas de prefeitos de outras cidades, como os de Curitiba, Santo André, Porto Alegre e Rio de Janeiro. Em Curitiba, já foi inaugurado um restaurante público nos mesmos moldes.

Distribuição de cestas básicas

Trata-se de uma parceria da SMAB com a Associação Municipal de Assistência Social (Amas) e a Secretaria Municipal de Desenvolvimento Social (SMDS), iniciada no mês de fevereiro de 1994. A Secretaria Municipal de Abastecimento fornece aos citados órgãos públicos uma cota diária de cestas básicas para que, a partir de critérios próprios, atendam famílias em situação de carência absoluta, bem como crianças que estejam nos projetos sociais desenvolvidos pela própria prefeitura. Distribui cestas básicas, compostas de 10 gêneros alimentícios cada uma, para as vítimas de calamidades e desastres ecológicos. Fornece, ainda, refeições em marmitex para pessoas abrigadas provisoriamente em locais públicos por conta de enchentes, desabamentos, incêndios etc.

A quantidade de cestas básicas distribuídas está muito aquém das necessidades detectadas pelos órgãos de assistência social, o que os obriga a escolher, entre as muitas famílias em condições de vida precária, aquelas em situação de maior carência.

Embora a distribuição de cestas básicas e refeições não figure na ordem de suas prioridades, a SMAB vem desempenhando essa função por ser o órgão responsável pelo controle das políticas de abastecimento.

Além do fornecimento de cestas básicas, a SMAB procura orientar os técnicos de outros setores que lidam diretamente com a população, para que realizem um trabalho educativo voltado à aquisição de hábitos alimentares saudáveis.

A oscilação verificada na tabela 14 ocorre por conta do aumento da demanda de cestas básicas por ocasião de tragédias municipais, principalmente enchentes.

Tabela 14

Distribuição de cestas básicas e refeições prontas, 1994-98

Ano	Cestas básicas	Refeições prontas
1994	2.800	1.940
1995	5.236	3.076
1996	8.491	595
1997	2.088	82
1998	5.085	317

Fonte: SMAB, 1993-96 e 1997/98.

A distribuição de cestas básicas é um programa vinculado ao espírito da segurança alimentar, porquanto preocupa-se com o atendimento emergencial das pessoas que estão em situação de carência absoluta. O benefício do acesso às cestas básicas é limitado a quatro meses para cada família. A renovação só ocorrerá nos casos em que a situação social ainda for muito precária e após rigoroso acompanhamento de assistentes sociais. Na Secretaria de Desenvolvimento Social há um setor que se encarrega de viabilizar a recolocação de desempregados no mercado de trabalho.

Educação para o consumo

Trata-se da montagem de oficinas pedagógicas e da elaboração de cartilhas informativas, com o objetivo de estimular a aquisição de hábitos alimentares saudáveis e com menor custo financeiro, orientando sobre o valor nutricional dos alimentos, o combate ao desperdício e noções de higiene e saúde. Discute-se também a questão da cidadania alimentar, enfatizando a idéia de que o acesso à alimentação é um direito de todos.

O público-alvo são todas as pessoas que freqüentam as entidades e os órgãos municipais parceiros da secretaria. As oficinas são realizadas em creches, escolas, centros de saúde, empresas, associações de bairros e organizações das comunidades. Os técnicos de outras secretarias e membros de entidades parceiras recebem treinamentos específicos e transformam-se em multiplicadores do programa de educação alimentar.

Essa experiência conquistou um espaço privilegiado numa emissora de rádio com grande audiência na cidade. Nos programas de rádio, as nutricionistas da SMAB buscam disseminar hábitos alimentares saudáveis, alertando sobre o desperdício e resgatando antigas receitas caseiras. Diversos ouvintes contatam a secretaria, a fim de obter material com as receitas.

Tabela 15

Oficinas de educação alimentar, 1994-98

Ano	Oficinas realizadas
1994	33
1995	110
1996	127
1997	88
1998	99

Fonte: SMAB, 1993-96 e 1997/98.

O trabalho de educação alimentar vem provocando mudanças nos hábitos alimentares da população, conforme relatam as nutricionistas da secretaria. É um processo educativo amplo, que lida com informações sobre todo o trajeto do alimento, desde a produção até seu consumo, buscando com isso uma conscientização sobre valores nutricionais, combate ao desperdício e respeito aos limites do ambiente natural.

Todas essas atividades custaram, em 1998, R$13.425.009, que representaram 0,95% de todas as despesas executadas pela prefeitura. Destaca-se, entretanto, que pouco mais de 40% dos gastos da secretaria, ou seja, R$5.485.217, têm como origem transferências da União por meio da FAE. Trata-se de repasse exclusivo para a merenda escolar das escolas do município. As demais despesas — R$7.939.792 — foram executadas com recursos da própria prefeitura.

Considerações finais

As políticas públicas desenvolvidas desde 1993 pela Secretaria Municipal de Abastecimento de Belo Horizonte romperam com uma realidade anterior cujas marcas eram: ausência de intervenções mais amplas no setor; descuido com a fiscalização de alimentos; falta de manutenção dos equipamentos públicos; e falta de políticas sociais de acesso aos alimentos para as populações mais carentes que viessem superar o tradicional círculo vicioso da distribuição de cestas básicas.

A criação da SMAB trouxe uma modificação sem precedente na história das políticas de abastecimento sob a responsabilidade da prefeitura de BH, tanto em relação às experiências até então desenvolvidas quanto em relação à definição do objetivo de uma política pública nesse setor.

Com a incorporação do conceito de segurança alimentar, inaugurou-se um período em que identificar a qualidade e o valor nutricional dos alimentos tornou-se tão importante quanto produzir, distribuir, comercializar e doar alimentos. Com isso, buscou-se a elaboração de programas que fossem mais eficazes no atendimento aos excluídos do mercado de alimentos e que também produzissem uma melhoria das condições de acesso para os que adquiriam seus gêneros alimentícios no próprio mercado varejista, sem esquecer as necessárias iniciativas educacionais visando a modificar os hábitos alimentares da população.

Por intermédio de uma política de apoio a pequenos produtores rurais e comerciantes, e pautada por critérios transparentes na permissão do uso de espaços e equipamentos públicos, a SMAB implementou rapidamente diversos programas de produção e comercialização de alimentos.

Todas as experiências desenvolvidas utilizam um conjunto de parcerias cujos atores sociais respeitam a interdependência de papéis em todas as etapas de funcionamento dos programas. O sucesso das políticas de abastecimento de Belo Horizonte tem como um de seus pilares básicos a divisão de responsabilidades e o constante diálogo entre os parceiros envolvidos.

A repercussão das iniciativas e o amplo leque de parcerias estabelecidas tornaram a Secretaria Municipal de Abastecimento uma referência nacional de políticas públicas voltadas para o incentivo à produção, a regulação dos preços do mercado de gêneros alimentícios e a assistência alimentar à população carente. Tal fato pode ser comprovado por intermédio das constantes visitas que essa secretaria vem recebendo de outras prefeituras de capitais e de grandes e médias cidades com problemas semelhantes aos que estão sendo enfrentados por Belo Horizonte.

O fato de a SMAB ter-se estruturado em departamentos específicos para o gerenciamento dos programas de acordo com os três eixos de atuação definidos — incentivo à produção, comercialização de alimentos e defesa do consumo alimentar — facilitou a execução das políticas, permitindo identificar claramente as instâncias a que os parceiros, a população e o conjunto da sociedade local devem recorrer para sugerir, reclamar e reorientar os trabalhos em desenvolvimento.

Os caminhos percorridos na construção das políticas de abastecimento local — estabelecimento de parcerias de diversas naturezas, abertura de licitação para o uso de espaços públicos, priorização das iniciativas voltadas para o benefício da população mais carente, estímulo à concorrência com o mercado varejista como estratégia para forçar uma queda de preços, instituição do Conselho Municipal de Segurança Alimentar com ampla participação da sociedade, valorização do conteúdo nutricional dos alimentos e combate ao desperdício — conferiram legitimidade política à SMAB e garantiram a continuidade dos programas, mesmo com a mudança de governante e a derrota do candidato do prefeito Patrus Ananias nas eleições de 1996.

Com o final do mandato de Patrus Ananias e sua substituição por um prefeito de outro partido, não se verificou qualquer tipo de alteração nas iniciativas implementadas. As experiências continuaram sendo desenvolvidas, incorporando um número ainda maior de beneficiários. Demonstrou-se, assim, o compromisso de continuidade das políticas públicas assumido pelo novo prefeito, Célio de Castro, do PSB, durante a sua campanha.

Nem mesmo a troca do titular da secretaria foi capaz de provocar qualquer tipo de interrupção nos trabalhos da SMAB. O novo titular da pasta disse só ter aceitado a função após saber que os técnicos e diretores que estavam à frente dos programas de abastecimento iriam permanecer em seus cargos.

A continuidade dos programas e a ampliação de seu alcance social também são atribuídas à manutenção de um corpo técnico que participou da criação da SMAB e que sabe quanto é difícil construir uma política pública que busque a eqüidade e quanto ela se torna frágil diante da ausência de seus principais avalistas. Situação semelhante ocorreu com a Superintendência de Limpeza Urbana de Belo Horizonte, que substituiu sua superintendente em 1997, mas manteve o corpo técnico montado na gestão Patrus Ananias.

Cabe fazer aqui uma ressalva à decisão do novo secretário de Abastecimento de interromper os trabalhos do Comasa. Tal fato representou um retrocesso. Segundo relatam alguns técnicos da SMAB e ex-conselheiros entrevistados, o Conselho Municipal de Abastecimento e Segurança Alimentar era um espaço político em que a sociedade local discutia e orientava os trabalhos da secretaria, além de funcionar como arena de debates envolvendo todos os setores vinculados à questão dos gêneros alimentícios, desde a produção até o consumo. Na prática, os trabalhos da secretaria também eram legitimados pelo Comasa.

Estabelecendo diferenças entre os dois períodos da SMAB, de 1993 a 1996 e de 1997 a 1999, alguns funcionários destacam que a gestão Regina Nabuco (1993-96) foi marcada pela criatividade e por não se prender às restrições orçamentárias. Os técnicos tinham autonomia para buscar a viabilização de idéias independentemente da disponibilidade de recursos financeiros.

A ex-secretária exercia maior pressão sobre o prefeito, conseguindo assim mais atenção para o setor de abastecimento. É significativo o fato de todos os programas em desenvolvimento terem sido criados ainda na gestão Patrus Ananias e sob o comando de Regina Nabuco. Após esse período, apenas administraram-se as iniciativas já existentes.

Analisando os programas já implementados, verifica-se que todos eles orientam-se pelo compromisso com a segurança alimentar, buscando diminuir a pobreza ao facilitar o acesso ao alimento de qualidade a preços menores. A população beneficiada vem sendo prioritariamente a que se encontra em maior grau de carência financeira. Busca-se também viabilizar iniciativas de assistência alimentar aos que se encontrem em situação de carência absoluta, sem poder adquirir uma cesta básica mínima com recursos próprios.

Também fica claro que a SMAB não teria conseguido tanto êxito em sua política de abastecimento se não contasse com parceiros tão comprometidos com as iniciativas. Os depoimentos colhidos dimensionam a importância das parcerias e do alcance que representam em termos de políticas de eqüidade. Nos três eixos de atuação da secretaria — incentivo à produção, comercialização e defesa do consumo alimentar — encontraremos os atores sociais parceiros desempenhando papéis que se complementam e que, ao mesmo tempo, são centrais para o sucesso da Política Municipal de Abastecimento e Segurança Alimentar de BH.

Os *programas de incentivo à produção* beneficiam diretamente tanto o pequeno produtor quanto a população. A eliminação do atravessador acarreta uma melhoria nas condições de venda para o produtor, e a população adquire seus alimentos a preços mais acessíveis e com qualidade controlada.

Destaca-se também o papel da Emater, órgão de assistência agrícola do governo estadual, cujas atividades são de importância capital na orientação sobre a forma de plantio e na constante busca de qualidade dos produtos em todo o seu processo: plantio, colheita e consumo.

Os *programas voltados para a comercialização* realizam o controle de qualidade dos produtos e cobram preços cerca de 25 a 50% menores que os do mercado varejista. Essa concorrência leva o mercado formal a reduzir seus preços para manter clientela. Isso beneficia a população como um todo, pois a redução dos custos da alimentação reflete-se positivamente no orçamento familiar.

Destaca-se também o papel do Cestão Popular, uma iniciativa de comercialização de produtos pela própria prefeitura que vem tendo como parceiros as associações comunitárias dos bairros beneficiados. Os usuários desse programa são famílias previamente cadastradas, com rendimento inferior a dois salários mínimos. Os preços dos produtos são bem menores que os do mercado varejista.

Tabela 16

Parceiros e quantidade de empregos por programa

Programa	Parceiros	Empregos gerados
Central de Abastecimento	65	130
Direto da Roça	31	124
Armazém da Roça	206	412
Hortas comunitárias	27	52
Abastecer/Comboio	64	256
Mercados	208	416
Feiras	237	474
Total	838	1.866

Fonte: SMAB, 1999.

Os programas de incentivo à produção e os de comercialização de produtos também contribuíram para que a cidade de Belo Horizonte tenha um dos menores custos da cesta básica, se comparados com os de outras capitais localizadas em grandes áreas metropolitanas.

Pesquisa divulgada pelo Departamento Intersindical de Estatística e Estudos Socioeconômicos (Dieese) em novembro de 1999 revela que, entre as 16 capitais estudadas, a cidade de Belo Horizonte apresentou o terceiro menor custo da cesta básica padrão. O preço de uma cesta básica em BH ficou, em média, 10% abaixo daquele cobrado em São Paulo, Porto Alegre e Curitiba.[18]

Em levantamento semelhante, também realizado em novembro de 1999, a SMAB revelou que os preços dos produtos comercializados por programas

[18] Ver o jornal *Minas Hoje em Dia*, Belo Horizonte, 6-11-1999. Economia.

como Abastecer e Comboio do Trabalhador ficaram em média 15% abaixo do menor preço no comércio varejista da cidade.[19]

Os *programas voltados para a defesa e a promoção do consumo alimentar* atuam socorrendo as pessoas que se encontram em condições de desnutrição e carência absoluta e prestando orientação nutricional na composição das refeições servidas em creches e escolas. Dados sobre redução da mortalidade infantil, melhorias do valor nutricional da merenda escolar, qualidade das refeições servidas em creches e instituições filantrópicas, e ampliação do número de beneficiários atendidos refletem o trabalho extremamente positivo que vem sendo desenvolvido pelos programas dessa área.

Destaca-se, também, como um dos elementos fundamentais dos trabalhos da SMAB a educação alimentar. Organizados em oficinas pedagógicas, esses trabalhos educativos buscam conscientizar a população sobre melhores hábitos alimentares, com adoção de práticas mais saudáveis, valorizando a composição nutricional das refeições e o combate ao desperdício.

Todos os trabalhos desenvolvidos pela SMAB atacam problemas que são comuns às regiões metropolitanas brasileiras: a pobreza, a fome e a miséria, que se manifestam sob a forma de desnutrição alimentar, cuja causa principal é a privação de recursos financeiros. Sua replicabilidade é perfeitamente possível, desde que haja vontade política, capacidade criativa de estabelecer parcerias e coragem para enfrentar um setor econômico que se oligopoliza cada vez mais.

O grande salto de qualidade para as políticas públicas locais de abastecimento só poderá ocorrer quando o poder público federal, que detém de fato o controle sobre a tomada de decisões quanto aos rumos da política econômica, buscar políticas de desenvolvimento que venham a apoiar o pequeno agricultor e a valorizar seu trabalho. Contribuirá, assim, para o aumento da produção e a diminuição dos preços dos alimentos, gerando empregos e renda em escala nacional. Com isso o desenvolvimento de todas as regiões do país seria incentivado, permitindo uma distribuição de riqueza mais eqüitativa.

Por fim, a experiência aqui analisada demonstra que o município pode cumprir muito bem seu papel, e que seu raio de ação, apesar de limitado pela política econômica nacional, pode ser ampliado por intermédio de parcerias com diversos grupos sociais. Por isso é imprescindível que haja, além das

---

[19] Ver o jornal *Minas Hoje em Dia*, Belo Horizonte, 6-11-1999. Economia.

parcerias existentes, um somatório de esforços do poder local junto com os governos estadual e federal, que são os poderes que detêm de fato maior capacidade de interferência nos rumos da produção agrícola.

Bibliografia

Abramovay, Ricardo. *O que é fome.* São Paulo, Brasiliense, 1991.

Coelho, Magda Prates (org.). A política de abastecimento alimentar da prefeitura de Belo Horizonte. Rio de Janeiro, Iuperj/UFMG, 1996. (Relatório de Pesquisa.)

Costa, Cristhiane. Programa Abastecer e Comboio do Trabalhador. In: *20 experiências de gestão pública e cidadania.* Rio de Janeiro, FGV, 1998.

Lavinas, Lena & Nabuco, Maria Regina. O município no comando do abastecimento. *Ciência Hoje.* São Paulo, SBPC, *17*(100), 1994.

Lemos, Mauro Borges & Cunha, Altivo Almeida. Estrutura da demanda alimentar de Belo Horizonte. Belo Horizonte, Ipead-UFMG, 1994. (Relatório de Pesquisa.)

Menezes, Francisco. O conceito de segurança alimentar. In: *As faces da pobreza no Brasil.* Rio de Janeiro, Actonaid Brasil, 1998.

Nabuco, Maria Regina & Pessoa, Maria José. Belo Horizonte inova no abastecimento alimentar. *Revista Proposta.* Rio de Janeiro, Fase, 1996.

Valente, Flávio. *Cúpula Mundial da Alimentação.* Brasília, Instituto Ágora, 1996a.

———. *Do combate à fome à segurança alimentar: o direito à alimentação.* Brasília, Instituto Ágora, 1996b.

———. *Segurança alimentar no município.* Brasília, Instituto Ágora, s.d.

Documentos consultados

Frente BH Popular. Programa de governo, 1992.

———. Programa de governo, 1996.

Secretaria Municipal de Planejamento. *Belo Horizonte: uma breve história.* 1996.

SMAB. Relatório de atividades. 1993-96.

———. Relatório de atividades. 1997/98.

CAPÍTULO 7

Sistema Ceape: Programa de Apoio a Pequenos Empreendedores

Caio Márcio Silveira*

Espalhados por todo o Brasil, os Ceapes oferecem crédito para milhares de microempreendimentos que não têm acesso aos empréstimos bancários.

Apresentação

O sistema de Centros de Apoio a Pequenos Empreendedores (Ceapes), hoje presente em 13 unidades da Federação nas cinco regiões do país (com maior concentração no Nordeste), é responsável por um programa de apoio a pequenos empreendedores populares, centrado na oferta de microcrédito, constituindo assim uma das principais experiências em curso nessa área no Brasil.

O trabalho de campo que apoiou este estudo foi realizado em Pernambuco e no Maranhão, onde os Ceapes existem há mais tempo e estão mais consolidados. A análise que se segue, sem prejuízo da referência específica a esses casos, diz respeito ao conjunto de experiências do sistema Ceape, incorporando informações abrangentes sobre sua trajetória e situação atual.

Aspectos da história do microcrédito no Brasil e a formação dos Ceapes

No Brasil, o tema microcrédito vem ganhando densidade a cada ano. Isso se traduz nas iniciativas de um considerável elenco de atores e nos esforços de desenvolvimento de novas instituições, programas e dispositivos legais, o que contribui para a ampliação dessas ações em larga escala.

---

* Sociólogo e coordenador do Núcleo de Assessoria, Planejamento e Pesquisa (Napp).

De experiências praticamente desconhecidas, as iniciativas de microcrédito transformaram-se, sobretudo nos últimos anos da década de 1990, em referência importante nas políticas de combate à pobreza e à exclusão social. Foram incorporadas à agenda de vários organismos, inclusive nos da esfera federal, que elaboraram o Programa de Crédito Produtivo Popular do BNDES em 1996, criaram o CrediAmigo pelo Banco do Nordeste em 1998 e lançaram o conjunto de programas e ações denominado Brasil Empreendedor em 1999, que inclui os programas citados — entre outros — e propõe-se viabilizar uma estrutura de fomento em que se atribui papel central ao microcrédito.

No caso brasileiro, o período atual constitui uma nova etapa de um processo histórico ao longo do qual se consolidou um acervo inicial de experiências — conduzidas principalmente por entidades não-governamentais com apoio de organizações internacionais. Nesse processo, sobretudo entre meados das décadas de 1980 e 1990, metodologias foram experimentadas, pavimentando caminhos e indicando alternativas que tornaram possível a visibilidade e a ênfase que marcam o tema na atual etapa.

A primeira experiência mundial de microcrédito — na acepção hoje assumida — ocorreu no Brasil na década de 1970. Este é um aspecto da história tão relevante quanto pouco conhecido;[1] em 1973, foi criado o Programa União Nordestina de Assistência a Pequenas Organizações (UNO), por iniciativa da Acción International,[2] envolvendo entidades empresariais de Pernambuco e da Bahia. A UNO, associação civil sem fins lucrativos, foi criada especificamente para desenvolver um programa de crédito e capacitação para microempreendimentos populares, em particular no setor informal.

Ao longo de quase uma década, a UNO desenvolveu uma base técnica de análise de crédito adaptada ao microempreendedor de baixa renda, formou profissionais com esse novo perfil e financiou alguns milhares de microempreendimentos em diversos municípios de Pernambuco e da Bahia. Introduziu uma metodologia de microcrédito focalizada num público sem garantias reais e sem acesso a crédito bancário e outros serviços, como capacitação e assistência técnica.

---

[1] O Grameen Bank, que veio a se constituir em referência mundial a partir da década de 1980, foi fundado em 1976, em Bangladesh.

[2] A Acción International, ou simplesmente Acción, é uma organização privada, sem fins lucrativos, com sede nos EUA, que hoje envolve uma rede de programas em diversos países da América Latina, assessorando-os na metodologia de atuação e no desenvolvimento institucional.

Não cabe analisar aqui os fatores que desencadearam a crise da UNO e levaram ao encerramento de suas atividades. Como registro histórico, destaca-se seu ineditismo como experiência-piloto que se constituiu na principal referência para a expansão desses programas na América Latina. Seu trabalho, sua estrutura e sua metodologia já apresentavam algumas características que só viriam a consolidar-se, em outros continentes, a partir dos anos 1980.

Na trajetória brasileira de instituições de microcrédito, a matriz de ação inaugurada pela UNO viria a ser retomada em outro patamar, incorporando novos elementos na concepção e na metodologia. Ainda na década de 1980, o marco principal desse processo foi a constituição progressiva da rede Ceape, tendo como origem o Ceape do Rio Grande do Sul.

O Ceape-RS nasceu a partir de uma experiência-piloto promovida em 1986 pelo Fundo das Nações Unidas para a Infância (Unicef) em parceria com a Acción International, que implementou o projeto Apoio a Atividades Econômicas Informais de Mulheres e Famílias de Baixa Renda, realizado em áreas periféricas de Porto Alegre. A iniciativa foi impulsionada em especial por Arabela Rota, do Unicef, e Valdi Dantas, que havia participado da experiência da UNO e do trabalho da Acción na América Latina. O projeto estava relacionado à aprovação, pelo escritório do Unicef no Brasil, de uma Proposta de Ação para Melhorar a Renda e o Consumo da Mulher da Família de Baixa Renda, vindo essa entidade a exercer um papel de liderança, apoio financeiro e participação direta no acompanhamento e desdobramento do projeto. A partir dessa iniciativa, em janeiro de 1987, o projeto institucionalizou-se como entidade civil sem fins lucrativos, o Ceape-RS (então denominado Centro Ana Terra). Envolvendo organizações empresariais locais, a entidade surgiu voltada especificamente para o apoio a microempreendimentos geridos por pessoas de baixa renda (com ênfase nas mulheres), por meio do crédito e da capacitação. O Ceape-RS é responsável pela introdução, no Brasil, de elementos que atualmente (início do ano 2000) predominam na tecnologia do microcrédito, inclusive a *metodologia dos grupos solidários*, que teve ali seu primeiro experimento no país, como veremos mais adiante.

A consolidação do Ceape-RS estimulou a continuidade da parceria entre o Unicef e a Acción, que estenderam a experiência a outros estados, prioritariamente para os do Nordeste. Partindo da sensibilização de atores locais — em especial de entidades empresariais —, esse trabalho propiciou a criação de novas organizações especializadas, com perfil semelhante ao do Ceape-RS quanto a estrutura, metodologia e foco de atuação.

Após a experiência pioneira de Porto Alegre, foram constituídos Ceapes no Maranhão e no Rio Grande do Norte, em 1989; em Pernambuco, Sergipe e Distrito Federal, em 1992; na Paraíba e em Goiás, em 1994; no Pará e na Bahia, em 1995; no Piauí e no Espírito Santo, em 1997; e, por último, em São Paulo, recriado em 1999. Com exceção de Paraíba, Goiás e Bahia, onde os Ceapes têm escritórios-sedes nos municípios de Campina Grande, Anápolis e Feira de Santana, respectivamente, a implantação dos Ceapes ocorreu nas capitais dos estados, expandindo-se posteriormente para municípios do interior.

A criação da Federação Nacional de Apoio aos Pequenos Empreendimentos (Fenape), em agosto de 1990, constituiu o principal fator dessa expansão. Os 10 Ceapes criados desde então vieram a contar com a assistência técnica e a coordenação da Fenape, articulada com o apoio técnico e financeiro do Unicef e do Banco Interamericano de Desenvolvimento (BID), além de um conjunto de parcerias em cada local de implantação, tanto para a construção das novas entidades quanto para o desenvolvimento de suas linhas de ação. Participam hoje da rede Ceape cerca de 120 entidades, por intermédio de seus conselhos.

Quando, em meados da década de 1990, as ações de microcrédito passaram a integrar a agenda das políticas públicas no Brasil, os Ceapes, em sua maioria, já se encontravam consolidados, ainda que em diferentes graus. A trajetória iniciada com o Ceape-RS desempenha papel historicamente pioneiro na concepção, nos métodos e na tecnologia de apoio aos microempreendimentos, sobretudo na área creditícia. Esse pioneirismo liga-se, em última instância, ao pioneirismo da própria UNO, que constituiu a referência e o antecedente do processo que levou à criação dos Ceapes, o qual, com novas características, investiu na continuidade e sustentação das ações.

A constituição de um organismo alavancador com o perfil da Fenape, como centro de articulação e expansão dos Ceapes, representou também um aspecto inovador em todo esse processo. A experiência dos Ceapes, como acervo e referência, é hoje reconhecida como de particular relevância na formação histórica do microcrédito no Brasil. Sua trajetória estimulou direta ou indiretamente a sensibilização e a ampliação do quadro de atores envolvidos com o tema, fenômeno visivelmente acentuado nos últimos cinco anos.

Descrição geral das entidades — o sistema Ceape

Em janeiro do ano 2000, havia 13 Ceapes, articulados à Fenape. Todas essas organizações são entidades civis sem fins lucrativos, voltadas especificamente para o apoio aos pequenos empreendimentos, definindo-se por uma perspectiva de promoção de trabalho, renda e cidadania.

As entidades que compõem o sistema Ceape, como a organização passou a ser denominada a partir de novembro de 1999, definem como orientações gerais:

- a ação com caráter não-assistencial;
- a preocupação com a qualidade técnica, aliada ao comprometimento social;
- uma visão estratégica que articula auto-sustentação com perspectiva de atendimento em larga escala.

O foco da ação é o "microcrédito orientado", direcionado a empreendimentos de pequeno porte, muitas vezes informais, mantidos por pessoas de baixa renda que não têm acesso ao crédito institucional.

Em meados de 1999, os Ceapes já estavam presentes em 145 cidades do Brasil, envolvendo diretamente cerca de 400 pessoas como conselheiros ou funcionários. Mesmo com a expansão contínua do programa, os Ceapes mantêm estruturas relativamente pequenas, em geral não mais de uma ou duas dezenas de integrantes, enquanto a Fenape conta com apenas oito pessoas no seu quadro, além de um grupo de cerca de cinco consultores.

Os Ceapes caracterizam-se por princípios, estruturas e tecnologias similares, mas guardam relativa independência entre si, com variações também significativas na sua prática. Ao longo dos últimos 10 anos, a Fenape desenvolveu um trabalho de articulação entre os Ceapes, de forma a promover sua expansão. Esse trabalho apoiou-se em alguns componentes principais:

- responsabilidade pelo planejamento participativo e integrado no âmbito do sistema;
- assistência técnica nas áreas de metodologia e desenvolvimento organizacional, com foco na qualificação profissional dos integrantes do sistema;
- fomento à criação de novos Ceapes;
- intermediação na captação e canalização de recursos para o sistema;
- estabelecimento de novas parcerias.

A partir de março de 2000, a Fenape passou a chamar-se Ceape Nacional, mudança que integrou o processo de constituição do sistema Ceape, visto por seus dirigentes como etapa conclusiva, do ponto de vista do desenho institucional, da progressiva integração entre as organizações componentes.

O Ceape Nacional mantém os objetivos básicos da Fenape, porém com alterações na sua estrutura, em especial quanto à relação entre a unidade nacional e as unidades estaduais, que se torna mais estreita e imbricada.[3] Considera-se que essa integração é fator de fortalecimento institucional, gerando maior agilidade, consistência e coesão. Em particular, a nova estrutura e a nova denominação buscam eliminar a dualidade Fenape e Ceapes, tanto internamente quanto na visão do público, visando dotar a entidade nacional de maior capacidade de coordenar e representar o sistema.

Descrição da ação

O público-alvo e a ação dos Ceapes

O público dos Ceapes corresponde a pequenos empreendedores em geral sem acesso ao crédito institucional. São mulheres e homens integrantes de famílias de baixa renda, que têm na atividade autônoma uma alternativa de vida. Conforme a definição que vem sendo utilizada nos documentos da Fenape, ao longo dos anos, esses empreendimentos são "unidades muito pequenas, geradoras de renda familiar, cujos proprietários trabalham diretamente nos empreendimentos, acumulando funções produtivas e gerenciais, com pequeno número de pessoas ocupadas, recorrendo principalmente aos membros da família, dispondo de pouco capital e tecnologia rudimentar".

Já em 1990, no Brasil, 42% das pessoas ocupadas no meio urbano trabalhavam em empreendimentos com até cinco pessoas. No Nordeste, essa taxa elevava-se para 51,2%.[4] Essa distribuição inclui empreendimentos registrados e não-registrados ou informais. Entre 1990 e 1999, tal proporção tendeu a crescer, como indica o aumento da categoria dos "por conta própria". Isso se deve em parte a fatores cíclicos e, em muito, a tendências estruturais do mundo do trabalho, tal como se expressam no Brasil, com a mescla de aspectos perversos e potencialidades, estas menos visíveis que aqueles.

Mesmo considerando que nas unidades com até cinco ocupados incluem-se profissionais liberais de alto grau de escolaridade e unidades intensivas em

---

[3] O Conselho de Representantes do Ceape Nacional é formado pelos presidentes de todos os Ceapes, sendo o Conselho Diretor eleito entre seus membros. Aspecto significativo da estrutura proposta é a presença de um representante do Ceape Nacional no Conselho Diretor dos Ceapes Estaduais (indicado pelo Conselho Diretor da Unidade Nacional).

[4] IBGE, 1994.

tecnologia, o universo predominante corresponde ao perfil do público-alvo dos Ceapes.[5] São pessoas em geral de baixa renda e baixa escolaridade, protagonistas de uma ampla gama de atividades autônomas que se desenvolvem no meio urbano, em cidades de diferentes portes, nos setores de comércio, produção e serviços.

Os chamados pequenos empreendimentos ou microempreendimentos, além de seu peso relativo e de sua densidade social, apresentam características e potencialidades que lhes são próprias, como a geração de ocupações a baixo custo, a função relevante na renda familiar e a flexibilidade para se adaptar rapidamente às flutuações do mercado. Por outro lado, não obstante seu potencial e o papel que desempenham na vida de dezenas de milhões de pessoas, é reconhecida a vulnerabilidade que caracteriza essas atividades, mesmo quando se abstrai a dinâmica geral de retração ou expansão da economia. Cotidianamente, esses empreendimentos, muitas vezes informais, enfrentam toda sorte de dificuldades para sua consolidação e expansão: desde restrições burocráticas e legais até carências no plano gerencial, passando por barreiras no acesso a mercados e fontes de financiamento.

O reconhecimento desse quadro, com a existência de uma demanda potencial de grandes proporções, torna relevantes as iniciativas de fomento direcionadas ao empreendedorismo popular, em particular ao crédito e à capacitação. Essa situação tende a se firmar, sejam as políticas de apoio encaradas como transitórias, sejam elas encaradas como componentes de uma estratégia de longo fôlego, associada ao processo geral de reestruturação produtiva e a uma perspectiva de desenvolvimento não excludente.

Nesse contexto insere-se o trabalho dos Ceapes. Seu fundamento é a identificação das necessidades e características dos microempreendimentos populares e a busca de uma ação de suporte sistemática, profissionalizada e sintonizada com essa demanda, tendo como centro o apoio creditício.

Objetivos

As entidades integrantes do sistema Ceape definem como sua missão "a melhoria da qualidade de vida dos pequenos empreendedores através da mas-

---

[5] Com base em dados de Pernambuco e do Maranhão, pode-se estimar que cerca de 90% dos empreendimentos apoiados pelos Ceapes têm esse porte, com uma média de 2 a 2,5 ocupados, tomando como referência o momento inicial de relação com o programa.

sificação do crédito orientado, em âmbito nacional, como estratégia de combate à pobreza".

Associados a essa missão, são formulados objetivos múltiplos e interligados:

- fortalecer os pequenos empreendimentos;
- melhorar o nível de renda dos pequenos empreendedores;
- criar novas ocupações e fortalecer as existentes;
- contribuir para a permanência de crianças e adolescentes na escola;
- contribuir para a valorização e o reconhecimento do papel da mulher que trabalha por conta própria, no meio social, econômico e cultural;
- promover a cidadania.

O microcrédito como eixo de ação: princípios e metodologia

O apoio creditício a pequenos empreendimentos constitui a essência das atividades exercidas pelos Ceapes. A concepção adotada visa ao reforço da capacidade de auto-sustentação dos microempreendedores apoiados e à sua consolidação como agentes econômicos, o que se associa à rejeição de subsídios ou doações. A concessão de empréstimos ocorre com juros reais, em sintonia com essa concepção e com a necessidade de cobrir os custos financeiros e gastos operacionais das entidades. Como perspectiva institucional, os Ceapes são direcionados para a auto-sustentação, como forma de assegurar sua continuidade e ampliar o público atendido.

A metodologia de crédito tem como principais elementos:

- a acessibilidade (facilidade do contato cliente/programa);
- a substituição da exigência de apresentação de garantias reais por formas alternativas de garantia (fiança solidária ou aval individual);
- a rapidez na liberação dos empréstimos;
- o acompanhamento e a renovação dos créditos;
- a centralidade dos agentes de crédito no relacionamento com o cliente em todo o processo (aspecto de capital importância).

A fiança solidária consiste na associação de pessoas — cada qual responsável por um pequeno empreendimento — que assumem coletivamente as obrigações quanto ao retorno dos empréstimos. A opção pelo grupo solidário, formado pela auto-seleção de seus membros, pressupõe a convivência anterior e a confiança, pois seus integrantes são co-avalistas: se um deles não pagar sua dívida, os outros deverão assumi-la. Há critérios e restrições para a constituição de um grupo. Seus membros não podem participar do mesmo empreendimento nem ser parentes próximos com a mesma fonte de renda. Os empreendimentos devem ter um ciclo operacional semelhante, já que recebem créditos com os mesmos prazos, aplicados de forma individual, mas com procedimentos administrativos em conjunto.

Caso a opção seja o crédito individual, cabe ao cliente conseguir um avalista que possa comprovar renda mensal correspondente ao dobro da parcela de pagamento do crédito (essa proporção não é idêntica em todos os Ceapes). Também existe a possibilidade de o cliente conseguir mais de um avalista, sendo computada a soma de suas rendas mensais, comparativamente ao valor do crédito. Isso significa que o aval individual não exige condições de renda inatingíveis para o círculo social do cliente.

O processo de ingresso de um novo cliente, até a liberação do primeiro crédito, envolve os seguintes passos:

- fornecimento de informações básicas;
- formalização do grupo (ou do cliente com o avalista) e preenchimento da solicitação de crédito;
- visita ao cliente;
- análise da solicitação de crédito;
- liberação do crédito.

Para obter informações específicas, o interessado dirige-se ao escritório local do Ceape, que funciona com um sistema de pronto atendimento. Mesmo com um movimento constante, o atendimento tende a ser rápido e personalizado, seja para um indivíduo ou para um grupo potencial. Ali são apresentados os serviços oferecidos e a documentação necessária (identidade, CPF e comprovante de residência). Colocam-se, então, as alternativas de ingresso: formação de um grupo solidário ou crédito individual com avalista. Em qualquer hipótese, o empreendimento já deve ter pelo menos seis meses de funcionamento, podendo ser informal e exercido no próprio local de moradia.

No segundo contato, é efetuada a consolidação do grupo solidário por meio de ata que formaliza os compromissos entre os membros ou, conforme a opção adotada, por cadastramento do interessado e do avalista. É então elaborada a solicitação de crédito e agendada a visita do agente de crédito (denominado "técnico em crédito", no sistema Ceape) ao local de funcionamento da atividade, o que em geral ocorre em menos de 48 horas. A continuidade do processo passa por consulta ao SPC e telecheque, geralmente automática, para verificação da situação do cliente.

O passo seguinte, a visita do técnico ao local de trabalho do pequeno empreendedor, é decisivo para atestar a existência da atividade e para embasar a análise da solicitação de crédito, bem como a adequação do valor solicitado às dimensões do negócio. Na maioria das vezes, as atividades são informais, sem registros, mas os técnicos são treinados justamente para lidar com esse universo. Conversando com o cliente em seu local cotidiano de trabalho, o técnico obtém informações para analisar a viabilidade econômico-financeira do empreendimento e também a credibilidade pessoal do cliente, o que é reforçado em contatos com seu círculo local de relações. A visita gera a Ficha de Informações Básicas da Atividade Econômica (Fibae), que contém um conjunto de dados sobre o empreendimento, o titular e sua família. A Fibae é um instrumento-chave para diagnosticar a situação do cliente no momento de seu ingresso no Ceape, servindo como referência na avaliação do impacto do programa junto aos beneficiários diretos, quando cotejado com momentos posteriores.

A partir da análise do crédito, cabe ao técnico assinar parecer, especificando montante e condições de pagamento. Para créditos inferiores a R$1 mil (como é a tônica dos primeiros créditos), a análise é simplificada e o parecer do técnico é suficiente para a abertura do crédito. O momento seguinte corresponde à liberação: assinados o contrato e a nota promissória, o cliente pode sacar diretamente no banco conveniado. O tempo entre a solicitação e a liberação do primeiro crédito é mínimo, não ultrapassando três dias nos casos estudados. Esse é um aspecto fundamental da metodologia, que pode ainda ser aperfeiçoado, pois uma parte do tempo entre a solicitação e a liberação dos recursos, nos casos de Pernambuco e Maranhão, é requerida para a assinatura de um ou mais conselheiros. É razoável supor que tal procedimento possa ser suprimido. Mesmo que os conselhos tivessem um papel mais técnico, este não faria parte do trabalho cotidiano.

A partir de então, o microempreeendedor passa a ter uma linha de crédito permanente, sendo os empréstimos renováveis e tendencialmente crescentes. Esse elemento da metodologia é considerado importante para educar o cliente no uso do crédito e incentivar o pagamento em dia. O primeiro crédito, em particular, é considerado um "crédito de conhecimento" e, assim, seu montante tende a ser inferior ao das renovações. Parte-se da idéia de que devem ser injetadas quantidades pequenas de recursos que o empreendimento possa absorver e manejar de forma gradativa, numa trajetória ascendente.

Considera-se que "o fato de vivenciar a obtenção, a administração e a liquidação de diversos créditos aumenta a confiança e a motivação em relação às possibilidades de crescimento da atividade econômica, assim como o grau de informação e de organização do pequeno empreendedor".[6]

A linha de crédito até então operada pelos Ceapes destina-se a capital de giro, com prazos diferenciados, porém nunca superiores a 180 dias. Os valores podem variar entre R$300 e R$2 mil, situando-se os primeiros créditos em faixas próximas ao limite inferior. A taxa de juros modifica-se de acordo com a época e as condições locais, sendo destinadas a cobrir gastos operacionais, custos financeiros e reserva para perdas.

Em dezembro de 1999, nos casos estudados, os juros efetivos situavam-se em 5,5% ao mês (Maranhão) e 6,5% (Pernambuco), taxas seguramente elevadas, mas ainda competitivas nos mercados locais naquela conjuntura.

Parte-se da idéia de que os microempreendedores apoiados desenvolvem atividades que lhes permitem assumir o compromisso financeiro, havendo uma política de cobrança explícita e rigorosa, com vistas à recuperação do valor aplicado e à manutenção da integridade do fundo de crédito. Além do não incremento do crédito, as penalidades por atraso envolvem multa, juros de mora e a exclusão do cliente, indo seu nome para o SPC.

Durante todo o processo, o papel desempenhado pelos agentes ou técnicos em crédito é central, pois sua atividade requer perfil e treinamento específicos. Diferentemente do técnico do sistema bancário tradicional, o agente mantém uma relação individualizada com os clientes e um monitoramento das atividades financiadas. Sua prática é um elemento-chave dentro do conceito definido pela rede como *tecnologia do microcrédito orientado*. Adota-se a idéia de estabelecer, em diferentes momentos e com vários instrumentos de conhecimento e análise, uma relação com o cliente que agregue valor à sua atividade e ao seu desenvolvimento pessoal.

As experiências de Pernambuco e Maranhão revelam ênfases distintas quanto a esse ponto. Em Pernambuco, prioriza-se a agilidade do atendimento e a massificação do crédito, com todo o corpo técnico e administrativo concentrado na rapidez e na amplitude do processo de concessão e recuperação dos empréstimos, flexibilizando a metodologia em torno desse eixo. Exemplo

---

[6] Dantas, 1999.

disso é o trabalho que o Ceape-PE vem desenvolvendo com grupos de duas pessoas ou duplas, inovando o padrão adotado no restante da rede de trabalhar com grupos de três a cinco pessoas. Essa alternativa é considerada pela equipe local fator comprovável de produtividade, que vem incrementando tanto a abertura quanto a recuperação dos créditos.

No caso do Maranhão, um dos diferenciais da ação do Ceape é a forte ênfase na cultura institucional, nas orientações gerenciais e comportamentais. A idéia geral presente no sistema de "compromisso com o êxito do cliente" é, nesse caso, associada a uma freqüência maior de visitas e contatos e a uma preocupação acentuada com os aspectos pedagógicos da relação com os clientes.

De todo modo, tanto o Ceape do Maranhão como o de Pernambuco implementam linhas de ação complementares ao crédito, como serviços de capacitação e apoio à comercialização, ainda que em caráter essencialmente periférico. É importante notar que serviços dessa natureza são hoje exceção no âmbito das entidades integrantes do sistema Ceape, embora sejam características de sua trajetória anterior. Há uma tendência crescente, estimulada pela Fenape, à estrita especialização no microcrédito como marca da atuação dos Ceapes, ainda que isso não signifique uma plena padronização de procedimentos e ênfases.

Resultados e indicadores de desempenho

São aqui destacados alguns resultados (no sentido de produtos, realizações) obtidos no âmbito do sistema Ceape e nos casos diretamente estudados (Pernambuco e Maranhão), considerando o alcance das ações e o público efetivamente atendido, conforme sua distribuição por diferentes segmentos. Acrescenta-se uma breve análise de alguns indicadores de desempenho, entre aqueles utilizados internacionalmente no monitoramento e avaliação de programas de microcrédito.

O público coberto pelas atividades dos Ceapes é predominantemente composto de microcomerciantes. Os dados disponíveis relativos ao Ceape-PE e ao Ceape-MA indicam uma proporção de 70 e 85% para o setor do comércio. As atividades apoiadas nesse setor são as mais diversas: vestuário, mercearias/mercadinhos, armarinhos, ferragens, autopeças, bijuterias, brinquedos e produtos diversos vendidos por feirantes, ambulantes e sacoleiros.

O setor de serviços apresenta uma proporção de 22% em Pernambuco e 1% no Maranhão, correspondendo a atividades como serviços de quentinhas, salões de beleza, serigrafias, locadoras e serviços de reparação, manutenção e instalação. No setor de produção, destacam-se artigos diversos: vestuário, doces, sorvetes, móveis, vassouras e produtos de artesanato. Esse setor responde por 7% dos empréstimos do Ceape-PE e 14% do Ceape-MA.

Em consonância com seus objetivos, há entre os clientes dos Ceapes uma ampla parcela de mulheres que tende a ser majoritária em proporções que variam conforme o estado, em alguns atingindo perto de 75% do total de clientes (nos casos de Pernambuco e Maranhão, as mulheres correspondiam respectivamente a 57 e 51% dos participantes do programa em 1999).

Há predomínio de empreendimentos informais, comparativamente às microempresas registradas. Nos casos examinados, essa proporção gira em torno de dois terços, característica que diferencia os Ceapes de outras iniciativas de microcrédito hoje implementadas no país. Os dados sobre o valor médio dos créditos (tabela 1) atestam esse traço predominante.

Tabela 1

Valor médio dos créditos em 1999 (em R$)

Indicador	Ceape-PE	Ceape-MA	Sistema Ceape
Valor médio dos créditos novos	618	659	647
Valor médio dos créditos renovados	1.211	1.098	1.017
Valor médio dos créditos (novos mais renovações)	1.054	947	913

Merece destaque a diferença entre o valor médio dos primeiros créditos (créditos novos), o valor médio dos refinanciamentos (créditos renovados) e a média geral de R$913. Observa-se que Pernambuco e Maranhão apresentam valores próximos às médias do conjunto dos Ceapes.

Considerando as faixas de crédito, nos casos estudados, cerca de 60% dos empréstimos situavam-se abaixo da média geral, no final de 1999, enquanto aproximadamente 40% correspondiam a valores inferiores a R$500. A concentração de créditos nessas faixas é indicativa do perfil do público atendido: microempreendedores cujos níveis de renda e dimensões do negócio configuram uma demanda de empréstimos que seriam considerados insignificantes para pequenas empresas e microempresas mais estruturadas.

Tabela 2

Resultados gerais do sistema Ceape em 1999

Indicador	Dados de 1999
Número de pequenos empreendimentos novos apoiados	19.256
Número de renovações	49.593
Número total de créditos	68.849
Valor total emprestado (em R$)	61.306.094
Número de clientes ativos	29.000
Valor da carteira ativa (em R$)	17.815.989

A estimativa para 1999 indica, em comparação com 1998, um crescimento de 43% tanto no volume global de créditos quanto no número de empréstimos para novos clientes (primeiros créditos). Considerando os últimos quatro anos (1996-99), a expansão média anual do sistema Ceape tem sido da ordem de 50%.

Os resultados são bastante diferenciados entre os Ceapes, no que se refere à carteira e ao volume de operações, e refletem seus diferentes estágios de crescimento e consolidação, entre outros fatores. Merece grande destaque o papel ocupado pelo Ceape-PE nos números do sistema, correspondendo a 26% de todos os créditos concedidos em 1999. Adicionando ao Ceape-PE os três Ceapes mais antigos (Rio Grande do Sul, Maranhão e Rio Grande do Norte), pode-se verificar nesse grupo uma concentração de 62% no número de operações e de 66% no número de clientes ativos.

Os casos de Pernambuco e Maranhão mostram-se representativos da trajetória evolutiva dos últimos quatro anos, período no qual têm mantido seu papel de relevo no sistema quanto ao volume e ao alcance das ações, com evidente destaque para os números do Ceape-PE.

A diferença nas proporções entre número de créditos e clientes ativos está ligada à utilização de prazos maiores de amortização no Maranhão (até 180 dias), em comparação com os de Pernambuco (até 120 dias). O crescimento ano a ano vem-se mostrando expressivo nos dois Ceapes, salientando-se a progressão realizada em Pernambuco no volume de operações. Como traço marcante de sua atuação, o Ceape-PE traz como diferencial o ritmo intenso e crescente de concessões de crédito, chegando ao final de 1999 em condições de liberar cerca de 100 créditos ao dia.

Tanto no caso do Ceape-PE quanto no do Ceape-MA, a ampla maioria dos créditos é concedida a grupos solidários. Em Pernambuco, a proporção dos créditos grupais no ano de 1999 correspondeu a 78%, enquanto no Maranhão esse percentual foi de 80. A utilização do formato das duplas solidárias em Pernambuco, embora esteja associada ao incremento das operações, não se reflete em redução na proporção dos créditos individuais, em comparação com o Maranhão. Mas o dado que se destaca é a aceitação preferencial da fiança solidária por parte dos clientes nos dois estados.

No que se refere a alguns indicadores clássicos de desempenho, entre aqueles mais freqüentemente utilizados em avaliações de programas de crédito (em particular avaliações de processo ou de gestão), a tabela 3 é indicativa do comportamento dos dois Ceapes estudados.

Tabela 3

Indicadores de desempenho (média em 1999 até setembro)

Indicador	**Ceape-/PE**	**Ceape-MA**
Índice de inadimplência	3,2%	4,9%
Valor da carteira ativa por técnico em crédito (em R$)	327.701	221.566
Número de clientes ativos por técnico	526	479
Custo por unidade monetária emprestada (em R$)	0,10	0,11
Proporção dos gastos operacionais sobre carteira ativa	31,6%	40,6%
Auto-sustentação operativa	125,3%	117,0%

Aspecto central no desempenho dos fundos rotativos de crédito é o retorno dos empréstimos por parte dos clientes. Em linhas básicas, a manutenção de índices de inadimplência compatíveis permite diagnosticar, em primeira instância, a saúde financeira do fundo. Nos termos aqui expostos, a inadimplência corresponde ao valor com mais de 30 dias de atraso sobre o total da carteira ativa. Proporções acima de 3% podem ser consideradas elevadas para um programa de microcrédito, inclusive do ponto de vista das metas institucionais no âmbito do próprio sistema Ceape (ainda que não o fossem no contexto geral do mercado, ao longo de 1999, no Brasil).

O valor da carteira ativa e o número de clientes ativos com que cada técnico trabalha, em média, são indicadores clássicos de desempenho de experiências de microcrédito. Os parâmetros a respeito vêm-se modificando no sentido ascendente: segundo os padrões do BID, cuja experiência na América Latina é referencial, considera-se que 300 clientes por técnico é um índice positivo. Observa-se que os Ceapes estudados estão bem acima desse patamar, incluindo o Ceape-MA, que privilegia o atendimento personalizado e o acompanhamento do cliente. A prática de empréstimos com maiores prazos, como adotada no Maranhão, é também um fator a considerar no comportamento desse indicador (pois amplia o número de créditos em andamento sob a responsabilidade de cada técnico).

Outro indicador para a análise do desempenho financeiro do programa é o custo por unidade monetária emprestada, obtido a partir da divisão dos custos operacionais pelo valor total dos créditos (ou seja, quantos centavos de cada real emprestado correspondem aos gastos operacionais). É importante considerar que, quanto menor o custo administrativo de cada unidade emprestada, menor poderá ser a taxa cobrada do cliente. Todavia, esse indicador — cujo comportamento pode ser visto como favorável — é considerado menos relevante do que a razão entre os gastos operacionais totais e a carteira ativa média no ano. Ainda segundo os referenciais do BID, um desempenho positivo desse indicador (definido como eficiência operativa) corresponderia à obtenção de níveis abaixo de 25%, parâmetro não atingido no âmbito do sistema em 1999.

Os Ceapes trabalham com a perspectiva de auto-suficiência operativa plena, de modo que as receitas da linha de crédito sejam suficientes para cobrir integralmente seus custos operacionais. A situação favorável apresentada pelos Ceapes de Pernambuco e do Maranhão indicam a possibilidade de consecução dessa meta no âmbito do sistema, embora a maioria dos Ceapes ainda não tenha atingido o patamar de 100% de auto-suficiência. Um aumento no valor médio dos créditos pressionaria positivamente esse índice, mas seria restritivo aos empreendedores de renda mais baixa, mesmo considerando que créditos de menor valor (abaixo de R$500) não cobrem seus custos. Uma trajetória evolutiva na direção da auto-suficiência depende sobretudo da ampliação da carteira ativa por meio do aumento do número de clientes (e, no limite, do próprio incremento dos fundos de crédito), além da busca permanente de aumento da produtividade. Isso significaria aprofundar uma tendência em curso no caso dos

Ceapes estudados, que já os coloca em plano elevado no contexto latino-americano, considerando o valor da carteira, o número de clientes ativos e o comportamento da maioria de seus indicadores de desempenho.

Impactos do trabalho dos Ceapes

Quanto aos impactos, é possível distinguir, entre outros: a) efeitos diretos nos beneficiários; e b) efeitos ampliados de irradiação ou replicação. Nas análises de impacto direto nos beneficiários, constitui problema clássico verificar se os eventuais benefícios auferidos provêm das ações do programa ou também de outros eventos. Assim, convém que as avaliações possam cotejar as mudanças identificadas nos clientes com a trajetória de outros grupos no mesmo contingente social. No entanto, as avaliações até então realizadas sobre diferentes Ceapes consistiram em análises de desempenho (enfocando processos e mecanismos de gestão, principalmente aspectos operacionais e financeiros) ou em avaliações circunscritas ao universo de beneficiários.[7]

Existem, portanto, elementos de aferição de impactos diretos, tendo como referência a trajetória evolutiva dos clientes, desde o momento da adesão ao programa até um ano ou mais de permanência. Estudos desse teor foram realizados em diferentes conjunturas econômicas (com seus matizes de recessão e crescimento, inflação e estabilização), tendo entre seus focos os efeitos do programa sobre variáveis como faturamento bruto, renda líquida, ocupações fortalecidas e geradas, controle gerencial e renda familiar, além de aspectos sociais e comportamentais.

Em resumo, constataram-se, em graus variados conforme o Ceape, melhorias substantivas principalmente em termos de faturamento e renda familiar, mais do que de geração de ocupações (em termos ocupacionais, os efeitos se dão no fortalecimento de postos de trabalho antes precários e instáveis, e não tanto na criação de novas ocupações). Os efeitos extra-econômicos, por sua própria natureza, mostram-se menos tangíveis, exceto algumas variáveis de progresso organizacional e uso de instrumentos de gestão, que apresentaram

---

[7] Em 1999, foram realizadas avaliações de desempenho do Ceape-PE pelo BID, o Banco Mundial e a Development Alternatives, Inc. (DAI). Anteriormente, em cooperação com o Unicef, o BID e o Sebrae, o Núcleo de Assessoria, Planejamento e Pesquisa (Napp) realizou, em diferentes momentos, avaliações de gestão e desempenho dos programas e de impactos sobre os clientes, envolvendo, no caso do sistema Ceape, as seguintes entidades: Ceape-RS, Ceape-MA e Ceape-RN (1992), Ceape-PE (1996), Ceape-SE (1997) e Ceape-DF (1998).

variação positiva tênue ou mais acentuada, conforme os diferentes Ceapes. Tanto em estudos anteriores — mais sistemáticos, como análises avaliativas —, quanto no presente estudo de caso, as percepções dos clientes, captadas em entrevistas, indicaram não apenas aceitação do programa como também sua contribuição para reforçar novos comportamentos e perspectivas de vida e trabalho, envolvendo questões de gênero, auto-estima e desenvolvimento de características empreendedoras.

Os efeitos de irradiação e replicação podem ser examinados em diferentes graus de abrangência. Num primeiro plano, a própria expansão da rede — sua implantação progressiva em 13 unidades da Federação, sua penetração no interior de alguns estados — constitui um efeito nesse sentido. Porém, mais amplamente, o ponto a destacar é a construção de uma referência que abriu caminho para a entrada de outros atores no cenário do microcrédito. O trabalho dos Ceapes envolve um conjunto de métodos e ações comprovadamente replicáveis. Isso se expressa não apenas na própria consolidação da rede, mas também na transferência de metodologia para outros projetos hoje em curso, bem como para programas na esfera federal.

Parcerias

Em grande parte, a trajetória de criação e expansão dos Ceapes ao longo dos últimos 14 anos não teria sido possível sem a construção e manutenção de parcerias. Existem caminhos não trilhados, limites a transpor, oportunidades não aproveitadas. Porém, a formação de parcerias é elemento relevante desde a origem do sistema, algumas com caráter alavancador e estratégico, outras viabilizando apoio institucional ou possibilitando ações complementares. Vistas como um todo, desenham um espectro amplo e diferenciado de atores, do plano local ao internacional.

Com diferentes graus de intensidade ou abrangência, e também com diferentes tipos de parceria, instituições diversas vêm atuando em cooperação com os Ceapes e a Fenape:

- agências internacionais, como Unicef, Acción, BID, Fundação Friedrich Naumann (FFN) e, mais localizadamente, DED (cooperação alemã), Fundo para Eqüidade de Gênero (canadense), Disop (belga) e Essor (francesa);
- organizações e federações empresariais dos setores de indústria e especialmente do comércio (associações comerciais, clubes de diretores lojistas etc.);

- organizações mistas ou da sociedade civil, como o Serviço Brasileiro de Apoio às Micro e Pequenas Empresas (Sebrae) ou o Movimento de Organização Comunitária (MOC), na Bahia;
- órgãos de governo na esfera municipal (como Petrolina e Cabo, em Pernambuco), estadual (como em Sergipe) e federal (como o Ministério do Trabalho e, particularmente, o Banco Nacional do Desenvolvimento Econômico e Social (BNDES).

Na viabilização e expansão dos Ceapes, desempenharam papéis decisivos o Unicef — desde a origem — e o BID — desde 1991. A partir de 1998, destaca-se a participação do BNDES, por intermédio de seu Programa de Crédito Produtivo Popular.

O papel do Unicef foi fundamental para criar as bases do crescimento da entidade. Além de ter participado ativamente da experiência piloto que deu origem ao primeiro Ceape (o Centro Ana Terra, no Rio Grande do Sul), o Unicef contribuiu de forma decisiva, nos planos técnico e financeiro, para a viabilização dos demais organismos que compõem o sistema. Em muitos casos, a contribuição do Unicef envolveu desde o trabalho inicial de sensibilização para a criação das entidades até o aporte de recursos para a constituição e ampliação dos fundos de crédito, passando pelo apoio institucional e o suporte à capacitação técnica dos funcionários dos Ceapes, por meio da Fenape. Progressivamente, esse papel vem-se definindo por um caráter de complementaridade, uma vez que organizações como o BID e o BNDES passaram a cooperar significativamente com o programa, em especial com o aporte de recursos reembolsáveis para os fundos de crédito.

Desde 1991, o BID vem cooperando com os Ceapes e com a Fenape. Sua presença foi fundamental para a capitalização dos fundos de crédito, que permitiu a expansão de diversos Ceapes (com aporte de até US$500 mil por projeto), além de possibilitar a transferência de recursos para assistência técnica, viabilizando consultorias para capacitação de pessoal e fortalecimento das estruturas operacionais.

Marco mais recente desse processo é o surgimento do Programa de Crédito Produtivo Popular do BNDES, que transfere recursos reembolsáveis para organizações não-governamentais que implementam programas de microcrédito. Em 1998, o programa aportou para o sistema R$5,8 milhões, abrangendo nove Ceapes (Rio Grande do Sul, Pará, Bahia, Rio Grande do Norte, Paraíba, Espírito Santo, Pernambuco, Sergipe e Goiás), o que possibilitou considerável crescimento das carteiras de crédito, estando assegurado um novo volume de empréstimos para liberação em 2000.

A própria constituição de cada Ceape, desde o Centro Ana Terra, em Porto Alegre até o Ceape do Espírito Santo, em 1997, representa uma história específica de montagem de parcerias. São dinâmicas e atores variados, tendo como aspecto comum a sensibilização, o envolvimento e a participação de forças locais. Entre estas, papel significativo vem sendo desempenhado por entidades empresariais (como as associações comerciais), tanto na composição dos conselhos quanto no apoio institucional, especialmente em infraestrutura. O grau de participação desses atores no curso dos projetos é diferenciado conforme o local. No que se refere aos conselhos, é reconhecido que, na maioria dos Ceapes, sua participação ativa tem sido pequena, aspecto que a mudança organizacional em curso — constituição do sistema Ceape, maior imbricação do Ceape Nacional com os Ceapes estaduais — pretende modificar, o que dificilmente ocorrerá de forma simples ou imediata.

Uma frente relevante de parcerias, no âmbito local, é a participação de prefeituras municipais. Nos casos estudados, destacam-se as experiências de Petrolina e Cabo, em Pernambuco, em que as prefeituras se envolveram na abertura e consolidação dos escritórios locais, encarando sua atuação como elemento de uma política pública de geração de trabalho e renda naqueles municípios.

Em âmbito nacional, o Sebrae foi a primeira organização a estabelecer um convênio de cooperação técnica e financeira com o sistema Ceape, a partir de 1995. Tratava-se essencialmente de uma parceria programática no sentido de complementaridade de ações. O Sebrae considerou que o trabalho desenvolvido pelos Ceapes junto aos pequenos empreendimentos informais é complementar ao trabalho que o próprio Sebrae realiza junto às microempresas formalizadas, caracterizando objetivos comuns e a possibilidade de atingir um público tradicionalmente não beneficiado pelas ações do Sebrae.

Em termos estaduais, nas experiências mais diretamente examinadas neste estudo, destaca-se a parceria estabelecida com o Sebrae do Maranhão. Essa parceria atingiu alto grau de consolidação e incorporou outras dimensões, como a própria interiorização do programa dos Ceapes pelo estado, com papel ativo do Sebrae-MA na viabilização de novos postos nos municípios e na articulação com as prefeituras. O canal abriu-se, o processo está em andamento, e outras ações conjuntas tendem a ocorrer.

Numa visão ampla, a dinâmica de construção de parcerias entre os Ceapes e outros atores requer uma transformação. Por mais amplo e rico que seja o leque já constituído de parcerias, há lacunas, limites, novas frentes e mesmo novos referenciais e padrões a desenvolver.

Há atores que ainda dialogam pouco com o sistema Ceape. Na esfera local, afora pontas aqui e ali, o potencial de articulação com organizações comunitárias de base e também com outras organizações não-governamentais — inclusive com atuação expressiva nos municípios onde o Ceape está presente — permanece quase adormecido. Há exemplos de suporte promocional e institucional via sindicatos (como o dos microcomerciantes informais em Pernambuco), associações de moradia (como em Sergipe) e organizações intermediárias (como o MOC, na Bahia). Há iniciativas localizadas e exitosas de articulação com prefeituras municipais (como citado, em Petrolina e Cabo). São exemplos, possibilidades, casos, mais do que estratégias. Na esfera nacional, naturalmente, questões de *funding* e assistência técnica continuarão centrais, donde a necessidade das ações do Ceape Nacional.

Porém, as circunstâncias e os horizontes já exigem mais do que relações bilaterais, por muito que estas somem. Outras frentes, pouco vivenciadas na história e no universo dos Ceapes, merecem ser vistas. Duas hipóteses ou possibilidades podem ser destacadas:

- *Os Ceapes como atores na reflexão sobre o microcrédito e no desenho nacional de suas alternativas.* Isso significa ir além do projeto organizacional (suporte, apoio, parcerias preferenciais). Mais do que se fazer ouvir como ator relevante, o sistema Ceape tem a possibilidade de se reconstruir em uma nova plêiade de relações que se abre e se multiplica. Faz parte desse processo conviver com novos movimentos institucionais e repensar sua própria natureza. Trata-se de um papel que o sistema Ceape deve assumir — por sua força referencial — e que, desde a origem da Fenape, está entre seus objetivos. O dado novo é a possibilidade de agir mais sistematicamente nesse sentido, ampliando o foco em sintonia com um movimento crescente de atores no cenário nacional.
- *Os Ceapes — e o microcrédito — numa institucionalidade mais ampla.* Especialização e articulação são necessidades conjugadas, sobretudo pela força agregadora de uma intervenção qualificada na área de microcrédito, sem a qual ações locais integradas correm o risco de se esvaziar. É difícil, por exemplo, pensar em desenvolvimento local sem uma oferta intensa de

microcrédito. Se essas dinâmicas começam a existir e a se ampliar, cabe supor que os Ceapes podem ter papel significativo nesse processo, em grande parte dos mais de 150 municípios onde já atuam.

Elementos de síntese

A título de conclusão, destacamos a seguir alguns pontos na trajetória dos Ceapes, envolvendo conquistas, lacunas, dificuldades — superadas ou não — e alguns dos desafios a serem vencidos. Há menção aos casos mais detidamente examinados, Pernambuco e Maranhão, mas o referencial predominante é a rede ou sistema Ceape como um todo.

Entre outras possíveis considerações aqui não contempladas, que poderiam assumir igual relevância, segue um conjunto de 16 formulações tomadas como elementos de síntese:

1. A trajetória dos Ceapes é claramente evolutiva, com crescimento progressivo ao longo de toda a década de 1990, atravessando diferentes conjunturas macroeconômicas. Consideramos aqui tanto o sistema como um todo, incluindo aí sua ampliação para 13 unidades da Federação e mais de 150 municípios, quanto particularmente nos casos estudados, Maranhão e Pernambuco. Tal constatação diz respeito a indicadores de resultados/produtos e também a indicadores de desempenho/produtividade. Pernambuco destaca-se como aquele que apresentou o crescimento maior e mais intenso, tornando-se o Ceape-PE a organização não-governamental com a maior carteira de microcrédito no país. Seus indicadores de rentabilidade, qualidade de carteira e produtividade vêm sendo considerados exemplares para o conjunto das ONGs de microcrédito no Brasil.
2. No que se refere aos efeitos do programa de crédito junto aos clientes, as avaliações já realizadas indicam variações positivas no tocante a variáveis básicas, como faturamento bruto, renda líquida e renda familiar, a partir da convivência com o programa por períodos superiores a um ano. Em termos ocupacionais, os efeitos observados relacionam-se antes ao fortalecimento de postos de trabalho instáveis e precários do que à criação de novas ocupações. Constata-se, mais amplamente, a necessidade de avaliações que permitam cotejar a trajetória de clientes e não-clientes dos Ceapes num mesmo período de tempo, o que envolve condições especiais e maior complexidade operacional. Ainda assim, vale considerar que a evolução positiva dos indicadores básicos de impacto foi observada em diferentes regiões e conjunturas econômicas.

3. Um dos pontos fortes do trabalho dos Ceapes diz respeito à qualificação de seus recursos humanos, aspecto que se salienta nos casos estudados. Em qualquer programa de microcrédito, é hoje amplamente reconhecida a centralidade do papel dos agentes de crédito (ou dos gerentes e técnicos em crédito, para usar a linguagem da organização), ganhando especial importância a seleção e a qualificação desses profissionais. Com base em análises anteriores e no presente estudo de caso, podem-se observar algumas características: sintonia entre competências adquiridas e necessidades técnicas da metodologia aplicada; comprometimento social e empatia com o público; capacidade de observação e escuta; conjugação entre postura dialógica e preocupação com a eficiência; abertura para a aprendizagem. Mais amplamente, destaca-se a existência de práticas sistemáticas de capacitação de pessoal e desenvolvimento organizacional, estimuladas e promovidas no sistema como um todo, a partir do Ceape Nacional. Acrescente-se a característica dominante de baixa rotatividade de pessoal — a indicar a capacidade de retenção desses profissionais e a construção de um acúmulo considerável ao longo dos anos —, que se manifesta claramente nas experiências de Pernambuco e Maranhão.
4. Associada ao ponto anterior, destaca-se a consolidação de uma tecnologia de atendimento que junta acessibilidade e agilidade na concessão dos créditos. São características que favorecem a obtenção de indicadores de produtividade considerados elevados em relação aos padrões não apenas do Brasil, mas da América Latina, como se verificou nos dois estados especificamente estudados. O desafio de conjugar atendimento personalizado e eficiência está sendo em grande parte vencido, propiciando uma considerável fidelização dos clientes e níveis compatíveis de inadimplência. A questão da inadimplência, no entanto, permanece um problema central, notando-se que os indicadores do Maranhão e Pernambuco não podem ser considerados satisfatórios ou seguros, embora em última instância não tenham afetado a saúde das carteiras.
5. Ainda no que tange à eficiência, algumas dificuldades históricas do sistema Ceape não foram plenamente superadas, apesar dos esforços empreendidos. Destaca-se aqui a questão dos sistemas de informação, que se encontram ainda em construção e ajuste. Já se consolidou uma cultura de planejamento e monitoria na entidade, mas são necessários sistemas informatizados ágeis e eficientes, que favoreçam decisões gerenciais em tempo oportuno e garantam um controle mais rigoroso da carteira, integrado à

contabilidade. Somente a partir de 1999 essa deficiência começou a ser adequadamente enfrentada, com a implantação de um novo sistema que deverá consolidar-se no decorrer do ano 2000. Há, portanto, um tempo a ser recuperado no que se refere aos mecanismos de informação e controle.

6. Uma necessidade estrutural de qualquer programa de microcrédito sustentável — e também uma tradicional dificuldade — diz respeito à auto-suficiência operativa, de modo que as receitas da linha de crédito sejam suficientes para cobrir integralmente seus custos operacionais. Como visto, essa situação vem-se mostrando favorável no caso dos Ceapes do Maranhão e de Pernambuco; porém, a maioria dos Ceapes não atingiu o nível mínimo de 100%. Incrementos substanciais nas carteiras e na produtividade são também fundamentais nesse sentido, além do que representam em termos de resultados e alcance dos serviços. Deve-se considerar que as pressões da concorrência induzem a uma redução das taxas de juros hoje em vigor (muito altas diante da rentabilidade das atividades financiadas), conquanto os custos operacionais dos Ceapes sejam relativamente elevados: trabalhar nessa equação, mais do que um desafio permanente, é um ponto focal na consolidação das entidades integrantes do sistema, a curto prazo.

7. Uma área inegavelmente frágil na atuação dos Ceapes são as ações de divulgação e promoção. Estas são rudimentares, mais reativas do que estratégicas. Isso se expressa na debilidade de meios e instrumentos, mas decorre em última instância da ausência de uma política de difusão e marketing mais densamente refletida e elaborada. Na prática, a transmissão ocorre sobretudo nos círculos informais de relações dos próprios clientes, o que não deixa de refletir a credibilidade alcançada junto ao público direto. Mais amplamente, deve-se considerar que a divulgação é não só um primeiro e fundamental passo em todo o ciclo de trabalho do programa, mas também fator de relevo para a obtenção de ganhos de escala, meta a ser insistentemente perseguida. Estima-se que os Ceapes atinjam uma média em torno de 1% de seu público potencial, nos diferentes municípios onde atua. Ainda que essa demanda latente dependa de outros fatores para se tornar efetiva (como a própria suficiência dos fundos de créditos disponíveis), uma política mais consistente de divulgação, adequada às características e aos diferenciais dos Ceapes, tende a tornar-se imperativa, diante das exigências de maior alcance e do aumento da concorrência.

8. Em termos setoriais, é marcante a concentração em atividades de comércio, no conjunto das entidades integrantes do sistema Ceape. Isso mostra que, se o crescimento do programa vem sendo expressivo e contínuo, existe ainda um campo de demanda que permanece pouco explorado, sobretudo no ramo de serviços (alimentação, reparação, entretenimento etc.). Esse setor poderá ser tratado com a devida ênfase, considerando suas particularidades, nas estratégias de crescimento a serem estabelecidas pela entidade.
9. Uma importante lacuna reside na própria estruturação da oferta, pois os serviços dos Ceapes concentram-se quase exclusivamente em um produto único: o crédito de curto prazo para capital de giro, direcionado a microempreendimentos já existentes. Nesse modelo de oferta, os Ceapes já consolidaram sua tecnologia. Porém, a diversificação de produtos é um desafio fundamental para articular a oferta com uma demanda multifacetada, num cenário de incremento da concorrência. Modalidades alternativas de crédito — como aquelas destinadas a investimentos em capital fixo (equipamentos e instalações) — e outros serviços no campo das microfinanças devem ser estudados e implantados, superando a dependência de produtos cuja tecnologia já se encontra mais solidamente testada e absorvida.[8]
10. Um traço em comum entre a atuação dos Ceapes e os programas de microcrédito em andamento no Brasil consiste no apoio exclusivo a empreendimentos já existentes, mesmo que informais. Isso é compreensível do ponto de vista da administração das linhas de crédito, uma vez que o financiamento da criação de empreendimentos envolve maior risco, além de exigir recursos mais elevados e a oferta conjugada ou anterior de outros serviços (notadamente no campo da capacitação). Contudo, essa diretriz tende a reduzir os impactos dos programas, especialmente em regiões menos desenvolvidas. O suporte a novos empreendimentos é algo que a experiência brasileira ainda não sedimentou, carecendo de referências claras e dissemináveis. Porém, se faltam referências, não falta demanda. Ainda que a diversificação da oferta anteriormente sugerida possa passar por muitos caminhos,

---

[8] Têm surgido inovações, como o mecanismo de "crédito relâmpago" (no qual se utilizam os cheques dos clientes do público direto dos Ceapes), de início experimentadas no Rio Grande do Sul e hoje em fase de sistematização e difusão para outras entidades do sistema. Mas ainda estão circunscritas ao produto básico, que é o crédito para capital de giro.

além ou antes deste, é necessário acentuar a inexistência de modelos dessa natureza em âmbito nacional, bem como o papel que poderiam desempenhar em relação à geração de novas ocupações e à dinamização de bases econômicas locais.

11. Conforme salientado, todo o processo de criação e consolidação da rede Ceape foi indissociável de uma política de construção de parcerias, envolvendo instituições de perfis diversos. Todavia, há um significativo campo ainda inexplorado, particularmente quanto à possibilidade de os Ceapes atuarem como atores relevantes em processos interinstitucionais articulados, em que o microcrédito se insere como elemento de estratégias ampliadas de geração de trabalho e renda ou mesmo de desenvolvimento local. De fato, ainda inexistem no Brasil experiências plenamente implantadas com esse contorno, porém há uma convergência crescente de atores e um campo fértil para que esses caminhos sejam trilhados.

12. É pacífica a ampla demanda de crédito popular. Comprova-se também que os programas dos Ceapes vêm permitindo a incorporação de segmentos de baixa renda, tradicionalmente excluídos dos esquemas convencionais de financiamento. Por outro lado, o microcrédito — na qualidade de estratégia de fomento ao empreendedorismo popular — tende a enfrentar dificuldades para incorporar a população abaixo da linha da pobreza absoluta, a qual, na maioria dos casos, não dispõe de condições educacionais, culturais nem econômicas para internalizar tal modalidade de apoio. Assim, as políticas de crédito direcionadas a setores de baixa renda — em situação de pobreza, mas não de extrema pobreza — não podem ser vistas como um substituto dos sistemas básicos de proteção social.

13. Sem prejuízo da consideração anterior, o microcrédito representa efetivamente uma política pública de combate à exclusão, adquirindo nítida conotação social e atuando como contrapeso às tendências de concentração de renda e ampliação das disparidades socioeconômicas. Ações como as dos Ceapes trazem ainda um componente relevante de mudança cultural e formação para a cidadania, estimulando a auto-estima, lidando de forma transformadora com questões de gênero e abrindo possibilidades de novos vínculos sociais e ampliação do acesso a direitos. Trata-se de uma estratégia de promoção, mais do que de proteção, um tipo de política que se desenvolve na interface entre o econômico e o social, rompendo a barreira que costuma separar essas duas dimensões.

14. Essa mescla de referenciais de uma política social (no sentido de operar no combate à desigualdade e à exclusão) e de uma política de desenvolvimento (em particular no sentido do fomento ao empreendedorismo) pode ser vista como uma característica das políticas de trabalho e renda. No âmbito dessas políticas, o microcrédito consolidou-se como um dos componentes fundamentais, além das diversas modalidades de formação básica, capacitação profissional e geração de alternativas e encadeamentos de mercado. Nesse universo, a necessária especialização de programas de microcrédito como o dos Ceapes só adquire maior sentido sistêmico em contextos que permitam conjugar outros serviços e atores, na oferta e na demanda ativa. Essa integração continua a ser um dos desafios não superados nos experimentos de geração de trabalho e renda que frutificaram no país na última década, mesmo que exitosos nos resultados diretos e na demonstração de replicabilidade, como é o caso dos Ceapes.
15. Na história do microcrédito no Brasil, os Ceapes desempenharam papel pioneiro e sua experiência foi fator relevante para que o tema entrasse na agenda pública do país. No início do ano 2000, surge outro cenário: ampliam-se os atores diretamente envolvidos com o tema, formulam-se novos programas e arcabouços legais, redefinem-se os desafios. Estão claramente indicadas a necessidade e a possibilidade de amplo crescimento e a diversificação de serviços no campo das microfinanças, tendo como foco o empreendedorismo popular. O lugar do sistema Ceape, num futuro próximo, dependerá de sua capacidade tanto de evoluir e inovar nesse campo de especialização quanto de articular-se com iniciativas afins e complementares. Se o primeiro fator é uma exigência específica no universo do microcrédito, o segundo é sobretudo uma oportunidade de reinserção estratégica num contexto de transição nas políticas de trabalho e renda, o que requer novos padrões de parceria e articulação.
16. Mais amplamente, para além do caso dos Ceapes, isso significa superar a ação experimental e demonstrativa — mas ainda fortemente segmentada — que marcou o período anterior. O próprio caráter exitoso de ações como as dos Ceapes estimula a ultrapassagem desses limites, bem como todas as iniciativas surgidas nos anos 1990 e o ambiente que mais recentemente se construiu em torno do tema no Brasil. Especialização e integração conjugam-se, portanto, nesse desafio, que envolve tanto o fortalecimento do microcrédito como eixo estratégico específico quanto sua incorporação a ações multissetoriais com maior densidade, alcance e impacto social.

Bibliografia

Amaral, Carlos. *Avaliação intermediária do Projeto Viva Cred.* Rio de Janeiro, Napp/BID, 1998.

———; Silveira, Caio Márcio & Saboia, João. *Microunidades econômicas de Porto Alegre — significado, dinâmica e possibilidades de apoio.* Porto Alegre, GTZ, 1992.

Becerra, Norah & Silveira, Caio Márcio. *Relatório de avaliação do Prorenda/GTZ no Ceará.* Fortaleza, GTZ, 1997.

Carvalho, Fernanda (org.). *Economia informal: legalidade, trabalho e cidadania.* Rio de Janeiro, Sebrae/Ibase, 1998.

Coelho, Franklin (org.). *Projeto nacional de desenvolvimento para micro e pequena empresa.* Rio de Janeiro, Sere/FES, 1994.

Dantas, Valdi. *Tecnologia do microcrédito.* Brasília, Fenape, 1999.

Fenape. *Política de recursos humanos da rede Ceape.* Brasília, Fenape, 1996.

———. *Estudo sobre os fatores que influenciam no crescimento da carteira do Ceape-PE.* Brasília, Fenape, 1999.

Instituto Brasileiro de Geografia e Estatística — IBGE. *Mapa do mercado de trabalho no Brasil.* Rio de Janeiro, IBGE, 1994.

Microbanking Bulletin. *Informe del desempeño financiero (preparado para Ceape-PE).* Washington, DC, MBB, 1999.

Ringvald, Miguel. *Evaluacion de Ceape-PE.* BID, 1999

Silveira, Caio Márcio & Amaral, Carlos. *Crédito popular no Brasil: exame de experiências selecionadas.* Rio de Janeiro, Napp/BID, 1997.

——— & Mello, Ricardo. *Projetos de geração de emprego e renda no Brasil.* Rio de Janeiro, Ibase/Setas-MG/GTZ, 1991.

——— (orgs.). *Trabalho e renda — ações institucionais de fomento no Brasil.* Rio de Janeiro, Fase/Napp/GTZ/Sactes, 1995.

Documentos consultados

Ceape-PE e Ceape-MA. Relatórios estatísticos mensais.

Fenape. Relatórios anuais da rede Ceape. Brasília, Fenape, 1992 a 1998.

Documentos operacionais e sistemas de informação utilizados pelos Ceapes (fichas de clientes, solicitações de crédito, instrumentos de análise e controle de crédito).

CAPÍTULO 8

Incubadora Tecnológica de Cooperativas Populares da Coppe/UFRJ

Pedro Cláudio Cunca Bocayuva*

Desempregados e trabalhadores informais encontram nessa experiência uma oportunidade de se organizar, ter acesso ao mercado formal de trabalho e conquistar direitos básicos de cidadania.

Apresentação

A experiência da Incubadora Tecnológica de Cooperativas Populares (ITCP), da Coordenação dos Programas de Pós-Graduação em Engenharia da Universidade Federal do Rio de Janeiro (Coppe/UFRJ), abriu um novo conjunto de ações de apoio às iniciativas de geração de trabalho e renda. A ITCP tem por objetivo desenvolver atividades voltadas para a inserção de setores economicamente marginalizados no mercado formal de trabalho. Seu público-alvo é um grande contingente de trabalhadores, desempregados ou vinculados ao plano da economia informal, que pode conquistar requisitos básicos de cidadania a partir da organização do trabalho. A incubadora nasce na universidade pública, a partir de um centro de alta tecnologia. O impacto dessa novidade difunde-se num sistema complexo de parcerias, estrutura-se em redes semelhantes dentro da universidade e articula-se em alianças com outros atores sociais nacionais. Num momento de reestruturação econômica que acentua a precarização do mercado de trabalho, a experiência da ITCP faz parte de um processo ora organizado, ora espontâneo dos setores da classe trabalhadora, nas comunidades excluídas do espaço social e produtivo do capital.

A incubadora insere-se num trabalho nacional sobre as novas relações de trabalho, envolvendo questões como cooperativismo, mercado, legislação e sistemas de crédito voltados para o cooperativismo e os microempreendimen-

---

* Diretor da Federação de Órgãos para a Assistência Social e Educacional (Fase).

tos. No momento atual, a ITCP se transforma num modelo de ação da universidade no combate ao desemprego e à exclusão, como prática de extensão e também como um conjunto de metodologias desenvolvidas para ações de inserção social e combate à pobreza. Seu impacto nacional repercute no debate sobre o campo das políticas públicas e as práticas e conflitos ligados ao futuro do trabalho e à redistribuição de renda, o que levou ao seu desenvolvimento e difusão em outras unidades da Federação, por meio da montagem de outras incubadoras universitárias e de uma rede universitária nacional.

Segundo Gonçalo Guimarães, coordenador da Incubadora Tecnológica de Cooperativas Populares da Coppe/UFRJ e coordenador nacional da Rede Universitária de Incubadoras Tecnológicas de Cooperativas Populares:

> O projeto da Incubadora é, hoje, uma vertente de extensão das universidades públicas brasileiras. Iniciado em meados da década de 1990, na Coppe/UFRJ, encontra-se implantado em 13 universidades distribuídas em parte significativa do território nacional. Essas universidades estão estruturadas sob forma de rede, num programa da Fundação Unitrabalho, que reúne 78 universidades brasileiras, envolvendo grupos ligados especificamente à área do trabalho.

Nascida no ciclo de ações de combate à pobreza, a Incubadora Tecnológica de Cooperativas Populares da Coppe/UFRJ representa um impulso na transformação das práticas de extensão universitária, visando aos setores populares excluídos social, econômica, cultural e espacialmente. Focalizando o tema da geração de trabalho e renda, teve como plataforma inicial de atuação as demandas oriundas do contexto criado pela campanha da Ação da Cidadania contra a Fome e a Miséria e pela Vida, a chamada campanha do Betinho (Herbert José de Souza).

A questão inicial, além de desafio prático, teórico e metodológico, que se colocava para docentes, pesquisadores, técnicos e discentes da Universidade Federal do Rio de Janeiro era: como garantir inserção no mercado para setores excluídos e precarizados, de maneira a propiciar-lhes acesso a ocupação e renda? Como garantir trabalho, no sentido juridicamente formal, para trabalhadores que, numa visão imediata, estariam condenados ao subemprego e à desocupação? Tais questões ligavam-se ao problema das atividades autônomas, informal e precariamente desenvolvidas na produção de bens e serviços, até então realizadas e, quase sempre, tratadas como desafios individuais.

O surgimento de um debate e de iniciativas difusas no país, tendo por objeto a grupalização, o associativismo e principalmente o cooperativismo no meio popular, aparece como uma primeira resposta para setores da universidade e para inúmeras organizações da sociedade civil, tais como as organizações não-governamentais. Trata-se de construir uma metodologia de acompanhamento e apoio técnico qualificado que representa um desafio na ação direta junto às populações excluídas. Desde o início, as questões da continuidade e da formalidade estiveram ligadas no experimento da ITCP, pois uma das características gerais das políticas de emprego e qualificação profissional reside no fato de que, historicamente, elas acentuam as divisões entre formal/informal, qualificado/desqualificado, condenando os setores populares a uma exacerbação do dualismo e da exclusão sociais.

O projeto da ITCP combina, na sua fundação, um conjunto de opções voltadas para a reformulação estratégica das políticas de fomento aos empreendimentos e iniciativas populares difusos. Busca assim a marca de uma relação estrutural, diacrônica e tecnicamente qualificada, no atendimento a demandas potencialmente presentes no mercado de trabalho e no contexto urbano metropolitano. O contexto regional da cidade do Rio de Janeiro e a socioespacialidade da questão urbana, com a problemática dos segmentos favelizados, constituem um desafio decisivo para os quadros técnicos do projeto de incubação. A definição e a transformação da noção de incubação apresentam, nessa problemática, a exigência de um deslocamento para o trabalho direto e uma concepção de trabalho que enfatize a dinâmica comunitária. A dimensão pública e o enquadramento político do projeto tentam pôr o saber universitário, técnico e científico à disposição das classes populares. O caráter institucional de origem do projeto traz a marca desse princípio para abordar o esforço empreendedor de setores populares.

O desafio institucional de pôr o potencial da universidade, e seu saber, a serviço das classes populares é o corte político principal da proposta: organizar e operacionalizar o saber formalizado e sistematizado na direção da construção de empresas sociais de caráter coletivo. Dessa maneira, o trabalho da incubadora pretende acompanhar o processo de integração formal dos cooperativados no mercado de trabalho e no terreno da competição com empresas, o que amplia, em função do público-alvo escolhido, as exigências de competências, recursos, alianças e parcerias. Os problemas técnicos e organizativos para agrupar as comunidades, construir as cooperativas e garantir sua viabilidade econômica exigem mais do que um esforço educativo comunitário ou a vontade abnegada de uns poucos. A produção de um novo enquadramento das políticas públicas de fomento e o arcabouço institucional para o cooperativismo popular colocam-se como um bloqueio estratégico, o que desde o início politiza a questão da inserção no mercado. A ITCP tem consciência de que ao lado da organização do ator coletivo do empreendimento cooperativo está o tema da construção de um espaço econômico de novo tipo, de um espaço público e de uma rede de atores produtivos. E isso traz à tona a necessidade de um debate nacional sobre a democratização e a socialização de oportunidades, ou seja, dos meios de acesso à renda e à ocupação.

Neste trabalho, procuraremos, num primeiro momento, abordar o processo de fundação da ITCP e relatar o seu experimento. Trataremos, em seguida, do tema da estratégia e da metodologia de incubação; por fim, abordaremos as questões relativas ao tema das parcerias institucionais, políticas e sociais da incubadora. As parcerias, ao lado dos espaços de redes com outros atores e agências, permitem alcançar parte dos objetivos estratégicos, já que estes estão ligados ao esforço combinado de criação de empreendimentos cooperativos; além disso, viabilizam um espaço econômico de atuação que atenda aos setores populares excluídos, criando ocupações e gerando renda. O enfoque estratégico da temática do trabalho e a perspectiva ético-política presidem esse esforço de valorização da organização coletiva de setores populares na caracterização da iniciativa pioneira da ITCP.

Opção pelo cooperativismo popular[1]

O caráter inovador na abordagem da extensão universitária partiu de um desejo da Coppe de transformar o enfoque da incubação, voltando-o não para as empresas de base tecnológica, e sim para as empresas cooperativas populares. Para isso, partiu-se de uma nova demanda pública no contexto da campanha da Ação da Cidadania. Nas palavras de Luiz Pinguelli Rosa, da direção da Coppe:

---

[1] Segundo Veiga (1999), "O cooperativismo procura proteger a economia dos trabalhadores e se caracteriza por garantir a participação mais ampla possível da população nos frutos da atividade econômica. É, portanto, uma forma alternativa de pensar e realizar o trabalho e coordenar a economia".

> A proposta era incubar, a exemplo do que já fazíamos na Coppe com empresas, projetos que servissem de instrumento para gerar renda e que absorvessem a tecnologia e o *know-how* disponíveis na UFRJ.

Os trabalhos tiveram início em julho de 1995, com a experiência da montagem da Cooperativa dos Trabalhadores de Manguinhos. A favela de Manguinhos, situada junto à Fundação Oswaldo Cruz (Fiocruz), no Rio de Janeiro, além de ser local de moradia de muitos funcionários dessa instituição, apresentava no seu cotidiano as tensões e os conflitos típicos do cenário carioca da "cidade partida". As questões da ordem e da criminalidade tinham recebido até então um tratamento exclusivamente policial e sensacionalista. O narcotráfico e as ações da polícia impediam uma visão do conflito social e das demandas da população local em termos de alternativas.[2]

A construção da cooperativa inaugurou um novo capítulo no entendimento das relações e dinâmicas no espaço urbano e do trabalho junto às comunidades faveladas. Afirmava-se o enfoque centrado na estratégia de geração de trabalho e renda, combinando a organização do potencial empreendedor dos trabalhadores autônomos, desempregados e subempregados com uma iniciativa de parcerias institucionais e políticas de apoio. A partir daí, a incubadora estendeu sua atuação à Baixada Fluminense, na periferia metropolitana do Rio de Janeiro, culminando, na sua primeira etapa, com a opção pela ação territorializada nas favelas do Rio de Janeiro.

Na definição básica do projeto de atuação da ITCP estava a perspectiva de trabalhar com a organização popular autônoma, com os movimentos sociais, com as entidades próprias dos moradores, bem como com as associações, igrejas e instituições presentes no meio popular. A opção foi fortalecer o capital social existente, buscando soluções coletivas para os setores excluídos. O acesso ao mercado de trabalho exige um instrumento de caráter sociotécnico como a incubadora, para romper o quadro de fragmentação social e de precarização do mercado de trabalho, com seus correlatos culturais de marginalização e criminalização das populações faveladas. O cooperativismo apresenta-se como o instrumento mais próximo dessa abordagem política, com uma definição precisa do seu sentido e do seu limite como empresa de trabalhadores. A tensão entre a iniciativa autônoma e as limitações reais de inserção no mercado de trabalho poderia exigir um instrumental técnico e educativo adap-

---

[2] Ver ITCP/Coppe/UFRJ, 1998.

tado ao esforço de emprestar formalidade aos postos de trabalho e ocupações gerados, dando-lhes institucionalidade e garantindo viabilidade para as cooperativas de corte popular. A afirmação dessa perspectiva deu-se na contramão das tendências dominantes no cooperativismo brasileiro, visto até então como instrumento de terceirização e precarização do trabalho ou como modalidade adequada ao grande capital agroindustrial. A definição do cooperativismo popular deu-se concomitantemente a um conjunto de iniciativas e preocupações semelhantes por parte de outros atores sociais e que acabam confluindo em processos como o do Fórum do Cooperativismo Popular do Rio de Janeiro.

Eixos orientadores do perfil da atividade

A construção de uma metodologia adequada ao projeto devia ir além da capacidade de oferecer meios técnicos e competências já construídas na universidade. A formação da equipe da Incubadora ganhou primazia e deveria, desde o início, adaptar-se ao contexto social e aos aspectos complexos de ensino-aprendizagem encontrados nesse novo território de organização empreendedora. Os aspectos políticos, culturais e educacionais da questão do trabalho direto com os setores populares excluídos exigiam um enfoque interdisciplinar na formação da equipe de trabalho. Nas palavras de Gonçalo Guimarães:

> (...) a implantação da Incubadora Tecnológica de Cooperativas Populares se deu através da formação de uma equipe interdisciplinar, com profissionais oriundos da área social e da área tecnológica, que atua desde a organização dos grupos, na formação do cooperativismo, até a sua inserção no mercado de trabalho.

O objetivo específico de apoiar, fomentar, capacitar e acompanhar as cooperativas populares amplia-se quando o enfoque experimental e difuso torna-se uma perspectiva de apoio sistemático e contínuo. Mesmo que a escala atingida pelo projeto possa conferir-lhe um sentido demonstrativo, como ocorre no mundo das ONGs e entidades filantrópicas de apoio social no atualmente denominado terceiro setor, a ITCP elabora uma metodologia que, partindo da noção de incubação, pretende construir um campo de sentido estratégico mais amplo nas políticas públicas. A partir do peso da universidade pública e dos recursos técnicos e científicos que estão ao seu dispor, e constituindo uma equipe interdisciplinar, podiam colocar-se questões mais amplas ligadas ao tema do modelo econômico nacional.

A hipótese de fomentar alternativas de geração de trabalho e renda a partir da criação de cooperativas populares aponta para um embate em torno de iniciativas solidárias de maior vulto. A difusão de uma cultura cooperativista com perspectiva autônoma, democrática, coletiva e popular coloca-se como um princípio organizativo inteiramente novo no universo empresarial produtivo brasileiro.

O trabalho da incubadora e as cooperativas populares criam novas exigências em termos de políticas públicas de capacitação profissional, de crédito e de práticas contratuais e competitivas. O contexto de afirmação de novos atores sociais em rede e do protagonismo das empresas sociais coletivas soma-se ao debate nacional sobre princípios de gestão empresarial e construção pública de mercados. Desde o início de sua atividade, a ITCP adentra o campo do debate sobre a reorientação estratégica do modelo de desenvolvimento do país, a partir do engajamento na questão da chamada economia solidária.

A ITCP da Coppe/UFRJ assim define seus eixos de atuação básicos:

1. a construção de cooperativas populares;
2. a criação de condições institucionais e de políticas públicas favoráveis ao fortalecimento e à viabilização econômica do cooperativismo popular;
3. a construção de redes universitárias e de cooperativas que façam avançar um projeto mais amplo de economia solidária.

Para esse terceiro ponto é digno de nota o trabalho de articulação nacional realizado pela ITCP, que se desdobra numa rede nacional de incubadoras universitárias voltadas para o cooperativismo popular e para as alternativas de trabalho e renda, principalmente em torno de projeto ordenado na Unitrabalho, uma instituição que articula os pesquisadores e as iniciativas universitárias ligadas aos temas do mundo do trabalho.[3]

---

[3] Segundo informação da Rede Interuniversitária de Estudos e Pesquisas (Unitrabalho), está sendo elaborado um "primeiro retrato sobre as iniciativas que podem ser recobertas com o guarda-chuva da economia solidária". A pesquisa nacional "Significado e tendências da economia solidária no Brasil", coordenada pela Rede Unitrabalho com o apoio da CUT, começa a consolidar os primeiros resultados. Os dados reunidos até o momento sinalizam algumas tendências. A primeira é o crescimento progressivo do número de cooperativas. A segunda é a alteração do perfil dos empreendimentos no que diz respeito à atividade econômica, à composição social dos associados e à gama de agentes sociais envolvidos. "Também ficam patentes alguns limites para a expansão e a consolidação nesse campo, como a inexistência de mecanismos de intercâmbio entre os empreendimentos", afirma Luiz Inácio Gaiger (Unisinos), que coordena a primeira etapa da pesquisa.

No desdobramento do trabalho voltado para a organização na base territorial dos setores excluídos, o contexto de privatização e reestruturação produtiva cria novas demandas para a organização de trabalhadores em cooperativas. A ampliação do espectro da demanda e do trabalho de articulação política remete-nos a um problema relativo ao equipamento e aos recursos de que dispõe a incubadora.

Meios, equipamentos e financiamento

No seu trabalho com mais de 20 grupos, dos quais cerca de 12 já se encontram legalizados, a ITCP atinge um público direto de cerca de 1.200 pessoas. O dado quantitativo deve levar em consideração a metodologia escolhida, que é a do acompanhamento desde a formação do grupo, passando pela fundação e etapas de incubação, até a emancipação completa das cooperativas. A estratégia de qualidade supõe um trabalho que produz resultados mais palpáveis entre dois e três anos, mas só se consolida em prazos médios e longos (entre cinco e 10 anos).

A equipe sempre conta com dois técnicos ligados diretamente ao corpo técnico-acadêmico da universidade e recorre ao conjunto de estudantes universitários. O corpo profissional oscila entre 29 pessoas na sede e um total de 45 pessoas no conjunto, dependendo das possibilidades orçamentárias e da dinâmica de trabalho. O uso de bolsas de estudos e de recursos iniciais da Financiadora de Estudos e Projetos (Finep) garantiu o impulso e a instalação da incubadora numa área do *campus* da UFRJ. Nos dois primeiros anos de trabalho, o apoio da Finep, da Fundação Banco do Brasil e de convênios com os governos estadual e municipal garantiram a atividade.

A incubadora está instalada num espaço que conta com 10 salas de aula, três banheiros e um auditório. Uma sala maior serve de escritório de contabilidade e administração para os contratos compartilhados por um conjunto de cooperativas. Todo esse espaço serve às reuniões de equipe, aos cursos de capacitação e às reuniões da rede e Central das Cooperativas (organização que unifica as cooperativas incubadas, como veremos adiante). O quadro de coordenação das atividades e a equipe técnica trabalham em ambiente marcado por um espírito de forte companheirismo, havendo nesta última um número significativo de mulheres. Os dois coordenadores do projeto e as pessoas da equipe desenvolvem o trabalho de planejamento, dirigem as atividades, acompanham os cursos (como o de pintura para jovens, realizado com recursos da Comunidade Solidária) e as reuniões, assim como sustentam opiniões e um intenso debate sobre a abordagem dos temas educativos e metodológicos. Podemos afirmar que o ambiente de trabalho na incubadora envolve alto grau de engajamento no trabalho e um grau mais profundo de engajamento com lideranças, afora a busca de oferta de serviços qualificados. Temos, assim, um verdadeiro centro de apoio ao cooperativismo, ainda bastante isolado dentro de uma extensão universitária que ainda espera uma política de efetiva reforma e reorientação de prioridades.

Os principais apoios institucionais são:

1. da UFRJ, para custeio do projeto localizado institucionalmente na Coordenação dos Programas de Pós-graduação em Engenharia (ITCP/Coppe/UFRJ);
2. da Prefeitura Municipal do Rio de Janeiro, no Programa Favela-Bairro, primeiro junto à Secretaria Municipal de Desenvolvimento Social e depois junto à Secretaria Municipal do Trabalho, com recursos do BID;
3. da Finep, que apoiou, durante dois anos, o processo de instalação da Incubadora;
4. do governo do estado do Rio de Janeiro, para o trabalho junto aos lixões de Niterói e São Gonçalo, no âmbito do Programa de Despoluição da Baía de Guanabara/BID;
5. do Projeto Integrar CUT/CNM, com recursos do FAT/MTb para o apoio na construção de 20 cooperativas formadas por trabalhadores das indústrias do complexo metalúrgico afetados pelo processo de reestruturação;
6. da Organização Holandesa para a Cooperação Internacional (Novib);
7. da Organização Intereclesiástica de Apoio ao Desenvolvimento (Icco), agência holandesa que ministrou um curso de formação de dirigentes em cooperativismo popular.

Graças a esse curso, a incubadora pôde construir, em maio de 1999, um Centro de Extensão do Trabalho, onde procura fortalecer e aprofundar suas atividades de capacitação e formação, dada a demanda crescente nascida da reestruturação produtiva e da privatização recente de várias empresas estatais, sem qualquer política social e trabalhista de transição e requalificação profissional e ocupacional. Neste último caso, o projeto Integrar e a sua aproximação com a CUT aparecem como um campo imediato de atuação. Nesse novo campo, de intervenção direta em formação e qualificação profissionais, a incubadora torna-se uma referência nacional que extrapola os muros da universidade e se articula com um novo conjunto de ações com os sindicatos.

No plano estratégico, a Unitrabalho e as demais Incubadoras Tecnológicas de Cooperativas Populares, assim como a CUT e, mais especificamente, a Confederação Nacional Metalúrgica e a nova Agência de Desenvolvimento Solidário/CUT são parceiras estratégicas num projeto de âmbito nacional, cujo terreno experimental mais sólido se dá em projetos desenvolvidos pelo Consórcio Intermunicipal do Grande ABC, em São Paulo. O peso dessas tarefas e atribuições nacionais põe o coordenador da ITCP da UFRJ à frente da coordenação nacional da rede de incubadoras universitárias em projeto articulado na Fundação Unitrabalho. A Incubadora da UFRJ torna-se articuladora, impulsionadora, difusora e mesmo consultora na criação de projetos e programas de formação de cooperativas populares. A estratégia articulada com as incubadoras da USP, de São Carlos e de Santo André pretende, ao lado de inúmeras alianças e parcerias com a CMN-CUT e prefeituras, desencadear um impacto mais amplo, com a construção de 130 cooperativas. Essa ampliação de escala de atuação, em nível nacional, visa a tornar o cooperativismo popular parte de uma estratégia combinada de fortalecimento de políticas públicas e de autogestão e economia solidária. No ano de 1998, várias iniciativas foram tomadas no sentido de internacionalizar a rede de incubadoras das diferentes universidades no conjunto do continente americano (México, Canadá, Costa Rica etc.). Também no ano de 1998 foi formada a Rede Pan-americana de Universidades e Cooperativismo, de cuja coordenação participa a Rede de Incubadoras de Cooperativas brasileira.

Segundo Gonçalo Guimarães, trata-se de, a partir dessa rede paulista, abrir uma brecha no campo do trabalho, criando um novo sujeito coletivo da atividade empreendedora e da atividade produtiva de bens e serviços sob forma popular e coletiva.

Existe um obstáculo geral a essa política no que diz respeito aos problemas de construção concreta das incubadoras, sua metodologia, seu custeio, seus projetos, e à enormidade da tarefa nacional ampliada pelo contexto de reestruturação do mercado de trabalho, com a flexibilização espúria, a precarização, a terceirização, a subcontratação etc. Há uma segunda barreira na viabilização de um modelo contratual novo para o fomento desse recorte específico do cooperativismo, nascido dos setores excluídos e precarizados, e que se apresenta no terreno das políticas de crédito, das concorrências públicas e na questão tributária. Essas preocupações e obstáculos levam a uma divisão de tarefas entre a dinâmica nacional e as dinâmicas regionais de sustentabilidade material e política das incubadoras.

Os questionamentos sobre as políticas de parcerias levam em consideração os problemas específicos de construção dos projetos e programas de trabalho da ITCP da UFRJ, nos quais existe uma clara problemática derivada das diferenças nos modos de atuação dos diferentes agentes de fomento e dos atores que disputam as políticas para o setor popular e de geração de emprego e renda: o caráter pontual e de prazos curtos dos financiamentos institucionais, a descontinuidade política dos governos e secretarias no plano municipal e estadual, a profundidade da crise e os modos de financiamento dos recursos do Planfor/FAT/MTb, a crescente demanda dos sindicatos, as dificuldades de conquistar a universidade em seu conjunto para um novo padrão de extensão e, por fim, as dificuldades próprias das cooperativas em processo de formação ainda recente.

Outros problemas derivam dessa passagem de dinâmicas espaciais dispersas e dirigidas a um pequeno número de cooperativas para escalas mais abrangentes em termos de mesorregiões como o ABCD, com aqueles que ligam o mercado ao trabalho autônomo das cooperativas mistas, principalmente de serviços, e as cadeias produtivas mais complexas, nascidas da crise da grande indústria fordista.

Questões metodológicas da incubação

O sucesso das cooperativas depende de seu processo de incubação. Esse processo, que trata do cooperativismo popular, merece um cuidado especial das incubadoras universitárias. Trata-se de apoiar a construção associativa e legal-formal, o acesso ao mercado, a elaboração de projetos, a definição de processo e produto, o acompanhamento e a capacitação gerencial, a administração, o planejamento, a controladoria, a contabilidade e outras áreas necessárias ao sucesso do empreendimento. Isso tudo numa perspectiva de longa duração e apoiado numa estratégia de construção de alianças, de mudança de ambiente e de obtenção de recursos materiais e técnicos. Essa vocação para um trabalho integrado permanente faz da incubadora um meio sociotécnico de novo tipo. O transplante de linguagem, do terreno acadêmico e da tecnologia de ponta para o terreno do setor popular da economia,[4] exige a construção de novas estratégias de formação e capacitação dos incubados, de metodologias de educação e aprendizagem, de elementos de cidadania e de aspectos culturais e

---

[4] Sobre o setor popular da economia urbana, ver Coraggio (1998).

antropológicos presentes nesse novo público com o qual a universidade não está acostumada a trabalhar.

O objetivo mais importante é criar elos entre os processos organizativos e a viabilidade técnica e econômica, na base comunitária, definindo os objetivos e a viabilidade da construção de cooperativas e das ações voltadas para os possíveis mercados. No início dos trabalhos, a ITCP optou por uma metodologia seqüencial, integrada e sistemática, baseada numa divisão de trabalho e tarefas entre seus quadros. Esse processo, que garantiu o êxito na criação das primeiras cooperativas, trouxe alguns problemas, uma vez que as demandas impostas pelo processo de criação das cooperativas eram múltiplas e complexas, principalmente devido às questões diferenciadas e aos ritmos variados que afetam as dinâmicas do cooperativismo de base popular. O perfil popular das cooperativas mistas de serviços prevalece no horizonte inicial dos possíveis cooperados. A cooperativa, num primeiro momento, apresenta-se como a perspectiva de emprego imediato dessa força social de trabalho, dadas as características socioculturais e educacionais das populações faveladas. É esse o público-alvo majoritário da ITCP.

Os procedimentos e as etapas vêm sendo adequados de acordo com os problemas enfrentados no processo. Isso exige um atendimento quase *on line* e muitas vezes *on job*, forçando tanto uma mediação crescente e um tratamento diferenciado das exigências técnicas e administrativas, quanto a constituição de espaços de partilha e resolução de problemas comuns (como contratos de maior envergadura, dificuldades contábeis e tributárias etc.).

Na metodologia de incubação temos:

1. formação e aperfeiçoamento contínuo da equipe interdisciplinar da Incubadora, com qualificação para atuação social e técnico-científica, incluídas as exigências pontuais no plano jurídico, na atuação junto aos mercados de trabalho e na produção de bens e serviços;
2. identificação das demandas comunitárias para a formação de cooperativas populares;
3. análise de viabilidade econômica das iniciativas e empreendimentos, a partir das potencialidades presentes na comunidade, combinando capital social e conhecimentos específicos;
3. aperfeiçoamento, passo a passo, do cooperativismo (desenvolvimento do projeto da empresa cooperativa voltada para o mercado, elaboração de estatutos e regimento interno, constituição de fundo, realização de assem-

bléias, processo associativo, construção da direção, organização e construção de infra-estrutura e fundação/legalização);

5. pesquisa e prospecção econômica para a atuação das cooperativas; treinamento técnico da mão-de-obra para as atividades requeridas; organização jurídica, contábil e administrativa das cooperativas;
6. acompanhamento e assistência técnico-administrativa para os projetos e atividades desenvolvidos pelas cooperativas populares.

As dinâmicas de democratização interna, por meio de conselhos e assembléias, definem um contexto institucional próprio e realidades particulares quanto ao processo de formação de uma capacidade de autogestão. O acompanhamento dessa dinâmica no plano da mentalidade de trabalho coletivo e das exigências sociais e materiais dos associados, assim como os problemas ligados aos contratos e ao processo de trabalho requerem cada vez mais uma atuação direta das cooperativas e dos cooperativados. No plano coletivo do fórum específico dos grupos e cooperativas e da central que coordena as atividades e demandas conjuntas, a incubadora complementa um enfoque metodológico de interação, troca e partilha que aprofunda a dimensão educativa de educadores e educandos e que permite a constituição de uma força com atuação pública na busca de alianças, na modificação dos ambientes externos, na definição de políticas públicas e na relação com os governos, na capacidade de unificar forças para participar de contratos e concorrências e, por último, na constituição de redes mais amplas de atores da esfera pública emergente, que têm a perspectiva de imprimir uma marca política ao cooperativismo popular.

O peso dessas múltiplas dinâmicas exige a perspectiva de propiciar condições de multiplicação e difusão e aponta para futuros estrangulamentos que talvez possam ser equacionados com um salto interno na capacidade de estabelecer parcerias e obter financiamentos para a Incubadora, embora os problemas específicos de financiamento desta possam também ser resolvidos por uma dada proporção entre a quantidade de técnicos da equipe e o número de cooperativas e cooperados atingidos ou, ainda, mantendo espaços mais abertos e coletivos nos fóruns, cursos e redes, bem como um relacionamento mais próximo com cooperativas realmente incubadas em todas as etapas de sua construção. O alto índice de fracasso nos esforços de construção associativa e cooperativa e dos grupos menores exige ainda uma atenção específica, mas é na questão do sentido misto e de serviços e no alcance de mercados fortemente controlados que estão os desafios para obter bons contratos, como ocorre na demanda de serviços de limpeza em instituições públicas.

A própria universidade é um campo experimental para a formação de mercados e para o fortalecimento da capacidade competitiva das empresas cooperativas. A incubadora teve nesse espaço uma grande abertura, além de oferecer um serviço de melhor qualidade e com melhor preço, gerando um resultado social e de qualidade de trabalho superior. Durante este estudo, não pudemos fazer uma observação de campo mais detalhada da atuação das cooperativas de serviços, entrevistando seus contratantes ligados ao espaço universitário e a hospitais públicos. Embora fugisse ao escopo deste trabalho uma avaliação das próprias cooperativas, pudemos identificar um êxito na geração de empregos e na construção de cooperativas de serviços, em especial as de limpeza, bem como no fortalecimento de cooperativas de corte e costura numa favela. Na mesma favela, uma cooperativa de trabalho mista já realizou contratos em várias especialidades, como empresa terceirizada na área petroquímica e na siderurgia.

Dimensões socioespaciais e cooperativismo popular

Nesse tópico fazemos nossa abordagem apoiados na problemática que relaciona as possibilidades de empreendedorismo popular micro ou cooperativado a partir de reflexões realizadas com a equipe do Labtec-Laboratório Territórios da Comunicação-CCH-UFRJ no tratamento das temáticas ligadas aos contextos pós-fordistas de produção. A abordagem das pesquisas aí realizadas leva em conta a experiência da Terceira Itália e o estudo sobre os novos agenciamentos produtivos que manejam as possibilidades de combinar recursos locais com tecnologias de comunicação e informação, redes materiais com redes imateriais de trabalho, capital social com institucionalidade e acesso tecnológico, o que favorece a integração em cadeias produtivas/mercados dentro de novos padrões logísticos.

> Nos distritos [da chamada Terceira Itália], o tecido socioterritorial favoreceu a construção de uma rede material e cognitiva capaz de internalizar as inovações tecnológicas nos processos de aprendizagem produtiva. Este mesmo tecido tornou possível a atenuação da concorrência através de formas originais de cooperação, possibilitando, mais geralmente, a manutenção da união entre economia e sociedade.[5]

---

[5] Cocco, 1999.

O desenvolvimento da experiência da incubadora da UFRJ deu-se no espaço urbano metropolitano do Rio de Janeiro e num trabalho articulado com políticas urbanas voltadas para contextos de exclusão socioespacial. A decisão política e a formação de uma entidade voltada para a geração de trabalho e renda, a partir de um centro de alta tecnologia, modificam no âmbito interno da universidade as visões estreitas sobre a capacidade empreendedora das classes populares e, portanto, sua relação com o espaço urbano marcado pelas estruturas da desigualdade. Mas aqui o aspecto mais importante é a necessária e contraditória confluência de atores institucionais com estratégias diferentes que definem um terreno de cooperação prática. A questão da participação das incubadoras em políticas e projetos públicos faz parte das diversas modificações por que vem passando a esfera pública brasileira, em especial no que se refere ao problema da pobreza urbana.

Os ideais que desencadeiam uma nova abordagem da extensão universitária foram o ponto de partida e a motivação inaugural para a criação da incubadora. O campo experimental foi marcado pela modificação das relações entre instituições públicas e territórios urbanos estigmatizados pela sua posição periférica e marginalizada (favelas). Mas o esforço de uma atuação sistemática teve de enquadrar-se nas novas políticas urbanas de caráter social, por meio das quais, por motivos práticos e opções políticas, os governos subnacionais buscam incorporar instituições da sociedade civil e, de forma análoga, setores específicos da universidade para focalizar as ações e qualificá-las ou para realizar uma perspectiva de terceirização de sua ação. O tema da parceria, portanto, remete a um redesenho das políticas urbanas e de combate à pobreza e à exclusão social.

É nesse quadro que o trabalho com os setores populares que tiram seu sustento dos lixões e com as comunidades faveladas do Rio de Janeiro cria oportunidades, construindo um campo para a incubadora a partir da exigência de articulação entre atores públicos e privados que pretendem enfrentar os temas da agenda social no espaço urbano. Assim, a elaboração de projetos apoiados pelas agências financiadoras públicas, as brechas nos financiamentos internacionais para obras e programas públicos de infra-estrutura e saneamento urbano e as novas ações públicas de urbanização em áreas periféricas e faveladas abrem espaço para acordos e projetos de ação local, designados na nova linguagem política como parcerias, para a execução de ações determinadas e focalizadas. É nas brechas dessas tendências e arranjos institucionais que se desenvolve e viabiliza parte da atuação da incubadora do Rio de Janeiro, com destaque para o Programa Favela-Bairro realizado pela administração municipal.

Além da busca de contratos junto aos possíveis clientes, o trabalho da incubadora focaliza a relação entre o trabalho junto à cooperativa e a articulação política na sede da ITCP, no *campus* da UFRJ na ilha do Fundão, bem como articulações com entidades financiadoras — como a Fundação Banco do Brasil. No entanto, há possibilidade de ampliar a sinergia na comunidade, mas isso depende de maior integração com as ações locais da Secretaria Municipal do Trabalho, voltadas para a qualificação profissional (como o Projeto Rio *On Line*), e da Associação de Trabalhadores Autônomos (ATA), que são executadas nas proximidades da sede da cooperativa, como é o caso do Caju (local onde se situa a Central de Cooperativas Populares nascida do processo de incubação).

O trabalho direto da ITCP orienta-se pelo desafio de obter uma rápida integração das cooperativas populares no mercado de trabalho por meio de contratos, como os de limpeza da universidade, os quais poderão ser ampliados com a difusão do processo cooperativista em sinergia com redes e políticas públicas que incidem no plano local. Para tanto seria necessário um comprometimento maior da Secretaria Municipal do Trabalho com a perspectiva do cooperativismo popular, o que permitiria às atuais cooperativas ampliar suas possibilidades de acesso a novos mercados e incorporar os resultados das qualificações em microinformática, por exemplo. A cultura desenvolvida pelas cooperativas e os desafios que elas enfrentam poderiam ser assumidos pelos agentes públicos, o que aliviaria muitas das atuais atribuições que sobrecarregam a incubadora. De todo modo, essas questões já parecem mais claras e devem ser um dos motivadores da central criada na articulação horizontal promovida pelo processo de incubação a partir da interação entre as diferentes cooperativas.

A busca de um referencial socioespacial não deriva apenas dos processos perversos de exclusão, mas também de uma perspectiva logística que parece reorientar muitas das práticas dos atores sociais e agentes públicos, como parece ser o caso do processo que visa a converter as suas parcerias na região de Manguinhos, no Rio de Janeiro, num conjunto de ações definidas pela perspectiva de um projeto unitário de desenvolvimento local integrado (apoiado pela Caixa Econômica e pela Finep). O impacto das transformações derivadas do projeto Favela-Bairro pode mostrar essa conexão entre espaço local e processo produtivo, como pudemos constatar na cooperativa de costura que opera em Fernão Cardim, pequena favela urbanizada por esse programa.

Em Fernão Cardim, o processo de formação da cooperativa popular contou com as parcerias da ITCP, da Secretaria Municipal do Trabalho, da Fundação Banco do Brasil e até mesmo do consulado britânico. A linha industrial de roupas e uniformes está instalada em prédio construído pelo programa de urbanização, que também construiu uma loja para comercialização. A urbanização facilitou os contatos diretos com os clientes e promoveu uma sinergia na comunidade, podendo-se observar resultados semelhantes na montagem de outros empreendimentos privados no mesmo segmento produtivo, com base na cultura profissional das mulheres

As dinâmicas de produção difusa, no território transformado pela intervenção urbana planejada, acompanhadas de um conjunto de políticas públicas, com seus sistemas de parcerias, contribuem para transformar as externalidades em fatores produtivos. Os efeitos diretos sobre os empreendimentos dependem dessa "abertura" para a possibilidade de integração em redes produtivas presentes potencialmente no quadro urbano, desde que o capital social local possa organizar-se como força produtiva, com efeitos geradores de emprego e renda cuja profundidade depende do grau de autonomia para avançar na verticalização e diversificação da atividade produtiva no sentido de uma atuação mais direta no mercado.

A classificação e a qualificação das parcerias

Os critérios de classificação das parcerias passam pela complexidade dos níveis diferenciados de atuação, bem como dos atores sociais e dos agentes governamentais e não-governamentais relacionados com a incubadora.

Para Marcos Azevedo, que coordenava interinamente os trabalhos da ITCP à época desta pesquisa, existe um claro critério de gradação no sistema de parcerias desenvolvidas. O primeiro nível de relações é com as próprias incubadoras tecnológicas, nas universidades de diferentes estados da Federação.[6] Várias reuniões nacionais estão sendo realizadas, como a de Salvador, no início do ano 2000, quando se procurou consolidar os vínculos dentro das próprias instituições universitárias. A semelhança dos projetos das diferentes

[6] Além da Coppe/UFRJ, integram a rede as seguintes universidades: Universidade Federal do Ceará (UFC), Universidade Federal Rural de Pernambuco (UFRPE), Universidade Estadual da Bahia (Uneb), Universidade Federal de São João del Rei (Funrei), Universidade Federal de Juiz de Fora (UFJF), Fundação Santo André (FSA), Universidade Federal de São Carlos (UFScar), Universidade de São Paulo (USP), Universidade Federal do Paraná (UFPR), Universidade Federal de Santa Catarina (UFSC), Universidade Regional de Blumenau (Furb) e Universidade do Vale do Rio dos Sinos (Unisinos).

incubadoras permite um intercâmbio de idéias e experiências no que diz respeito à sua presença no âmbito das políticas de extensão, às abordagens metodológicas e à difusão tecnológica, à formação das equipes de trabalho e ao papel das cooperativas na sociedade e na economia.

Num plano de prioridades, a Fundação Unitrabalho ganha destaque como campo para a unificação de estratégias de intervenção e de projetos, bem como de pesquisa e de apoio às ações de difusão e articulação dos atores universitários em sistemas mais amplos de alianças, o que amplia as possibilidades de impacto nacional, como vem ocorrendo em São Paulo. Nesse plano de articulação com atores nacionais, destaca-se a criação da Agência de Desenvolvimento Solidário da CUT, que focaliza os temas que fazem parte do debate nacional sobre "economia solidária" e que conta com o apoio da Unitrabalho e do Dieese, além de outras organizações da sociedade civil e da Icco holandesa. A agência da CUT foi lançada num seminário internacional e vem-se difundindo nos diferentes estados por intermédio das regionais da CUT, que optam por tratar de temas como trabalho autônomo, microempreendimentos, microcrédito, Bancos do Povo, cooperativismo etc. Esse projeto visa a atender aos sindicatos, diante dos problemas que atingem suas bases, onde já se realizam projetos espontâneos de organização de cooperativas. No seu conjunto, a agência deve tratar de questões análogas, em termos de conteúdo, público-alvo e opções metodológicas, que já encontram nas incubadoras um tratamento sistemático e sistêmico.

O próprio processo de incubação vem ganhando espaço em muitos sindicatos, o que já se traduz em projetos com interfaces entre qualificação profissional e formação para autogestão/cooperativismo de trabalhadores. Lembremos que, em outros países, a tradição cooperativista se relacionou de maneira mais sólida, como observou o professor Paul Singer, com o processo de formação das classes trabalhadoras e de seus sindicatos.[7] Para a incubadora, essa relação de parceria com sindicatos faz parte de um campo político com identidades mais fortes, possibilitando assim uma ação mais estruturada contra o desemprego e na contramão das chamadas "gatoperativas" construídas pela ação patronal com fins de redução de custos e de direitos dos trabalhadores.

A ITCP da Coppe/UFRJ já vem lidando com demandas organizadas de cooperativas de trabalhadores com recorte mais específico, como é o caso da

---

[7] Singer, 1998.

Coopluz, formada por trabalhadores afetados pelo processo de privatização do setor energético e que já prestam serviços para a Light. Próxima dessa linha está a Associação Nacional de Trabalhadores em Empresas de Autogestão e Participação Acionária (Anteag), cujo projeto de constituição de empresas industriais autogeridas apresenta grandes semelhanças no tratamento dos temas da gestão autônoma envolvendo empresas de diferentes ramos de produção cujo controle foi obtido pelos trabalhadores dentro do binômio crise e reestruturação produtiva. A preocupação com o cooperativismo e a autogestão difunde-se também no meio rural, por meio de inúmeras iniciativas, como as que unificam os assentamentos do Movimento dos Trabalhadores Rurais Sem Terra. Os processos de associação, agrupamento e criação de cooperativas se difundem e ampliam os públicos com os quais a ITCP trabalha, o que abre campo para novas alianças e parcerias. Basta lembrar o largo espectro que vai das famílias de presidiários até a população que trabalha nos lixões ou os setores ligados ao trabalho com saúde mental.

Outro tipo de contato, ainda incipiente, se dá no universo das ONGs, por meio da participação no movimento do Fórum de Cooperativas Populares do Rio de Janeiro. Para a incubadora existe a possibilidade de que uma centralização maior do trabalho das cooperativas, por força da atuação de atores nacionais, como a CUT, venha a promover também maior centralização das relações entre as instituições que trabalham com as cooperativas populares.

A definição e a classificação das parcerias está ligada, na visão dos dirigentes da ITCP, a uma identidade de propostas e objetivos, mais próxima de um sistema de alianças, que se distingue das demais formas de relação, tais como projetos pontuais, participação em atividades e programas públicos e relações com agências de financiamento nacionais e internacionais.

Nesse sentido, existe um campo mais elástico de parcerias com sentido específico, como a que se estabelece com as demais modalidades de cooperativismo, sem que isso signifique qualquer concordância com as definições sobre estrutura que marcam a Organização Nacional das Cooperativas Brasileiras, de corte mais oficialista, ou com a Federação Nacional das Cooperativas de Trabalho (Fetrabalho). Além disso, temos as instituições financiadoras que, afora a universidade, sustentam o projeto da incubadora e suas ações diferenciadas: Finep e Fundação Banco do Brasil.

Quanto aos convênios com a Prefeitura Municipal do Rio de Janeiro e com o governo do estado do Rio de Janeiro, a equipe da incubadora os considera parcerias, com algumas ressalvas, pois não se exploram todas as possibilidades políticas criadas pelo cooperativismo popular nas políticas públicas. Segundo

Marcos Azevedo, isso se deve: a) a uma limitação quanto à própria natureza das instituições governamentais, que têm suas próprias lógicas e limitações políticas; b) ao fato de essas instituições terem cronogramas e agendas de trabalho marcadamente descontínuos e sujeitos aos ciclos do calendário político. Por outro lado, existe o problema do enfoque minimalista das políticas públicas, que considera as cooperativas populares segundo um enquadramento restrito de políticas sociais compensatórias, o que significa desconsiderar o protagonismo econômico e social que pode emergir de um tecido socioprodutivo de empreendimentos coletivos. A experiência com a Secretaria Municipal de Trabalho do Rio de Janeiro foi marcada por uma indefinição quanto ao desenho mais orgânico das políticas públicas de geração de trabalho e renda. Essa deficiência não pode ser suprida por nenhum ator da sociedade civil e exigiria uma opção que privilegiasse o cooperativismo popular, integrando esse novo paradigma organizativo ao conjunto das ações e políticas municipais. A mesma ausência de clareza política marca a atuação do governo estadual, que criou um fórum de interlocução política sem definir um plano de ações e sem oferecer um claro apoio institucional. Poderíamos afirmar que os governos municipal e estadual, apesar de suas diferenças políticas, ainda não acompanham suficientemente os avanços alcançados no seio da sociedade civil e nas experiências das redes de apoio e das redes de cooperativas populares.

No sistema de parcerias, ganha destaque a relação com as próprias cooperativas incubadas e com grupos e cooperativas em processo de incubação. Tanto a ITCP quanto as cooperativas consideram-se parceiros estratégicos na construção de uma esfera de ações que resulte em transformações institucionais, legais e tributárias. Nesse terreno, trata-se menos da dinâmica de longa duração em termos de viabilidade econômica, técnica e de gestão empresarial, e mais da afirmação dos princípios de autonomia e autogestão, dos valores democráticos de relação entre os associados e as comunidades, de construção de redes de atores sociais, de abertura de espaço dentro da economia e de criação de políticas públicas de fomento. Trata-se da afirmação da especificidade do cooperativismo popular como instrumento central de construção de uma estratégia de economia solidária.

Bloqueios do cooperativismo popular e novos esforços de aperfeiçoamento da ação da incubadora

Os desafios impostos às cooperativas populares para participar de concorrências e manter uma receita que garanta renda e ganhos permanentes exigem a institucionalização de um tratamento diferenciado por parte dos órgãos e agentes governamentais. O conjunto das cooperativas aponta como perspectivas: a) a busca da verticalização das atividades dentro da cadeia produtiva por parte das cooperativas de produção; b) a ampliação do poder de disputa e barganha nos mercados abertos pelas instituições públicas, por meio da participação em licitações das cooperativas mistas de serviços; e c) a construção de um tratamento tributário adequado aos limites próprios das cooperativas populares.[8]

As dificuldades encontradas por muitos grupos e cooperativas na evolução das etapas de incubagem levaram a um esforço de revisão metodológica. Uma estrutura adequada tanto ao público-alvo quanto às novas demandas dos trabalhadores demitidos pela reestruturação e privatização, bem como às dos sindicatos, exige uma dinâmica modificada, que considere as seguintes temáticas: cooperativismo, qualificação profissional, gestão, organização do trabalho etc. A formação continuada no processo de incubação é realizada por uma equipe de quatro a seis pessoas, a qual já superou a forma compartimentada que a caracterizou no período inicial do trabalho. A montagem de novos espaços de articulação com as cooperativas e a oferta de novos espaços de formação, abertos a novas demandas, permitirão um alívio na carga de trabalho da equipe interdisciplinar e, ao mesmo tempo, o aprimoramento do modelo de atendimento.

A metodologia amplia as funções definidas pela incubadora. Até 1998, tais funções estavam assim definidas:

- capacitação: montagem e coordenação de cursos, produção de material didático e treinamentos;
- formação: organização do grupo a ser cooperativado, formação em cooperativismo, acompanhamento da gestão;
- projetos: atividades da cooperativa, viabilidade econômica e acompanhamento técnico;
- administração: legalização da empresa, administração e acompanhamento financeiro.

---

[8] Um dos resultados apontados pela incubadora é a criação da Central de Cooperativas Populares e, também, do Fórum de Cooperativas Populares. Segundo Gonçalo Guimarães, "este último é a articulação política das cooperativas e tem por objetivo a representação e discussão dos problemas que extrapolam as ações políticas intrínsecas à Incubadora e à Universidade".

Essas funções, centrais no desempenho das tarefas de incubação das cooperativas populares, ganham dimensões interativas com os avanços obtidos e os conhecimentos gerados nas próprias cooperativas de maneira autônoma. No seu conjunto, as funções definem a especificidade do meio sociotécnico de aprendizagem constituído pela incubadora, o qual é distinto do apoio ao cooperativismo popular desenvolvido pelas ONGs e o próprio sistema Sebrae, que tenta fazer incursões no tema do cooperativismo. A equipe técnica da incubadora vem desenvolvendo estudos sobre as diferentes metodologias de capacitação empreendedora voltada para as classes populares e mostra interesse nos temas ligados a metodologias de capacitação em massa.

O conceito de incubação vem sendo desenvolvido por meio do debate com a Rede de Incubadoras Tecnológicas das universidades e deve levar em conta o acúmulo obtido pelo referencial metodológico da ITCP/Coppe. Mas devemos considerar o conjunto dos ramos de atividade atingidos na primeira etapa dos trabalhos, cuja marca distintiva é o contexto socioespacial das favelas cariocas, bem como das populações que ora se organizam sob forma de cooperativas mistas.

Para observarmos a diversidade do quadro de cooperativas populares incubadas, citamos a tabela elaborada pela incubadora da Coppe/UFRJ até 1999.

Cooperativas criadas pela COPPE/UFRJ até 1999

Ramo de atividade	Nº de cooperativas
Limpeza geral	7
Limpeza hospitalar	4
Construção civil	1
Hotelaria	1
Eletricidade	1
Portaria	1
Alimentação	2
Transporte	1
Costura	1
Saúde	1

A participação na Aliança Cooperativista Internacional tem sido uma preocupação no plano da política internacional, e a busca de fontes de financiamento já obteve alguns resultados parciais, como o apoio da Icco. O aprimoramento da capacidade de elaboração de projetos e de captação de recursos no plano internacional é um aspecto que vem merecendo a atenção da coordenação da incubadora.

Territorialidade e redes na estratégia das incubadoras tecnológicas

Os êxitos da primeira etapa de formação de cooperativas, viabilizados pelo espectro de ações institucionais desencadeadas pelas parcerias da incubadora e pela abertura institucional da universidade, alcançaram seu limite. Os novos mecanismos de articulação em rede e alianças, os novos procedimentos metodológicos, a constituição de uma central/fórum de cooperativas e grupos incubados, a elaboração de novos projetos e a conexão do campo político voltado para uma estratégia de socioeconomia solidária marcam um ponto de inflexão na trajetória da ITCP/Coppe/UFRJ. Superar as limitações do contexto institucional e ampliar a capacidade de atendimento aos novos públicos, eis os desafios que se apresentam à montagem da infra-estrutura do meio sociotécnico inovador que é a incubadora.

Para concluir, parece-nos interessante desenvolver alguns temas pertinentes ao desafio ligado ao macrotema da geração de trabalho e renda que impulsiona a maioria dos atores envolvidos no debate sobre cooperativismo e economia solidária. Como a opção principal da incubadora está voltada para a dimensão cooperativista dos empreendimentos populares, visto que essa forma organizativa apresenta maiores possibilidades de construção estratégica e êxito econômico-social, não caberia colocar aqui todos os desafios apresentados pela crescente informalização e precarização das relações de trabalho ao travarmos um debate sobre os rumos daquilo que foi batizado como processo de incubação. Mas é interessante perguntarmo-nos que tipo de trabalhador está sendo formado nesse processo e em que ele se diferencia do atual trabalhador informal e autônomo. Que tipo de trabalhador está sendo formado pelas cooperativas de trabalho e produção que são terceirizadas em cadeias produtivas mais formalizadas?

Duas linhas de interrogação poderiam ser propostas para a incubadora, para além do efeito-demonstração que representam as cooperativas como reforço político e constituição de capital social e força social e produtiva gerada pela cooperação dos excluídos sociais. A primeira diz respeito ao difuso processo de emergência de um novo trabalhador empreendedor e de um novo tipo de empresariamento político. A segunda diz respeito aos problemas das redes e cadeias produtivas territorializadas.

Os desafios de formação do trabalhador empreendedor

A investigação de novas formas de trabalho que surgem a partir das microempresas e cooperativas articuladas como redes é um desafio teórico e prático para os processos de incubação, para as políticas públicas de emprego e renda, e para o objetivo estratégico da economia solidária.

A partir da ênfase na conexão entre mutações no trabalho e cooperação sobre o território, temos uma indicação para refletir sobre a relação entre microempreendimentos populares e a constituição de um novo tipo de trabalhador, bem como sobre a formação de redes de cooperativas populares e de trabalhadores urbanos nas regiões metropolitanas. Eis, portanto, a oportunidade para refletir sobre a hipótese de construção de estratégias e esferas públicas de capacitação para a reinserção profissional ou a constituição do novo empresário trabalhador.

Apesar de podermos encontrar, em recortes espaciais, determinados requisitos necessários para um processo virtuoso de reestruturação a partir das identidades coletivas e do capital social das comunidades, baseado nas organizações populares autônomas, com suas particularidades culturais e lógicas próprias de cooperação, a questão é que, de maneira geral, os espaços locais só encontram saídas no contexto da transição de regime de acumulação quando colocados no âmbito dos fluxos econômicos, seja os que atravessam, seja os que excluem o recorte que se constrói como referência para projetos e esferas de ação política e de mercados. A limitação que ocorre com os espaços sociais territorializados é a mesma que se verifica quando estamos diante de um aglomerado difuso de cooperativas populares. De imediato se impõe a exigência de uma articulação em rede que leve em conta inúmeras dimensões logísticas que dependem de uma reorganização estratégica das políticas públicas e da constituição de atores sociais que representem o potencial de trabalho presente nas áreas populares. Estabelecer um elo entre redes de cooperativas, políticas públicas e ações espacializadas integradas, desenvolvendo novas dinâmicas horizontais no espaço econômico, constituindo mercados e promovendo empreendimentos, eis o desafio que apresenta para as incubadoras e para os diferentes sujeitos sociais dispostos a fortalecer uma área da economia social cooperativa como base para estratégias de economia solidária. Daí que as agendas e ações locais só se convertem em elementos capazes de alavancar estratégias sustentáveis quando processos endógenos (dentro dos lugares) levam em conta a escassez de meios materiais, financeiros e informacionais.

Romper as barreiras do lugar para melhor explorar suas potencialidades tem sido a forma de resposta mais bem-sucedida dos microempreendedores e trabalhadores autônomos. É exemplar o que ocorre em algumas experiências de desenvolvimento local, como as realizadas em Santa Catarina e em algumas áreas do Nordeste por intermédio do convênio Pnud/BN, ou o cooperativismo de assentados do MST, ou ainda as ações relacionadas a contextos urbanos específicos, como o morro da Mangueira no Rio de Janeiro, com formas combinadas de sistemas de parceria e cooperação num contexto institucional emergente com forte potencial de inovação. Os diferentes sistemas municipais de emprego, as agências de desenvolvimento local e os programas especiais para assentamentos urbanos fazem parte de um conjunto de respostas parciais para os conflitos nascidos da crise e reestruturação dos contextos urbanos metropolitanos. O peso da atuação da incubadora no Programa Favela Bairro do Rio de Janeiro parece apontar para essa reflexão, que vimos desenvolvendo ao longo deste trabalho, sobre o papel social e produtivo das redes e fluxos que atravessam o espaço urbano.

As redes emergentes de cooperativismo e associativismo com enfoque na socioeconomia solidária já apontam para outras dimensões de políticas públicas que visam a disputar os fluxos da economia dominante, com seus diferentes impactos sobre o espaço local, municipal, estadual, regional, nacional e global.

A centralidade da questão informacional-comunicacional, a dimensão de conhecimentos e as diferentes formas de capital se distribuem de forma desigual, porém estão difusas no espaço metropolitano, de tal forma que a contigüidade física e os recursos imateriais e simbólicos só podem ser aproveitados por meio de alianças com outros atores e com o envolvimento do Estado. As exigências de mediação entre os meios técnicos da "terceira onda" e a maior complexidade das demandas de trabalhadores mais qualificados excluídos da grande indústria apresentam-se como obstáculo e oportunidade para as incubadoras. Questão que escapa ao padrão localista e mesmo institucionalista das estratégias de apropriação das novas possibilidades de socialização dos impulsos da revolução informacional e das geografias econômicas que combinam fluxos materiais com fluxos virtuais, instrumentos informacionais e recursos financeiros.[9]

A aprendizagem na construção das redes tornou-se, dessa maneira, condição para o aproveitamento do capital social presente nas localidades, o qual deve construir suas interfaces produtivas com os fluxos e a fluidez dos processos e esferas que escapam de seu controle.

Os modos de apropriação e uso do espaço urbano acabam por definir tendências contraditórias nas dinâmicas territoriais e nas formas de organização empresarial. Esse processo torna-se ainda mais complexo quando visto do ângulo das dimensões intangíveis de lógicas competitivas que, afetadas pela dinâmica da revolução informacional, produzem novos condicionamentos. Novos requisitos de integração internacional e novas formas de exclusão social afetam os processos de precarização, criando novas dificuldades para o trabalho com os pequenos e microempresários urbanos e com os trabalhadores precarizados e vulneráveis e, portanto, para as cooperativas por eles formadas. A questão social da exclusão deve ser respondida do ângulo da temática do trabalho, já que apostamos na redefinição dos sentidos de apropriação do espaço, tendo em vista os conflitos gerados pela crise do modelo de desenvolvimento. E tal redefinição deve ocorrer a partir do caráter combinado dos desafios do ajuste macroeconômico, da reestruturação empresarial produtiva, das reformas neoliberais, além da revolução informacional-comunicacional.

O que propomos é colocar no centro das reflexões dos atores sociais e das agências de fomento o objetivo de investigar a oportunidade e as possibilidades de construir, hoje, políticas e modelos de formação e de incubação para estimular a emergência do novo trabalhador empreendedor como agente social econômico da economia solidária, na medida em que ele possa se organizar de forma coletiva em redes cooperativas ou na forma de redes de trabalhadores autônomos e microempreendedores.

Bibliografia

Bidet, Eric. *L'économie sociale*. Paris, Le Monde, 1997.

Cocco, Giuseppe et alii (orgs.). *Empresários e empregos nos novos territórios produtivos: o caso da Terceira Itália*. Rio de Janeiro, Dpea, 1999.

---

[9] Veltz, 1996.

Coraggio, José Luis. *Economia urbana: la perspectiva popular*. Abya-Yala, 1998.

Dupas, Gilberto. *Economia global e exclusão social: pobreza, emprego, Estado e o futuro do capitalismo*. São Paulo, Paz e Terra, 1999.

Guimarães, Gonçalo. *Sindicalismo e cooperativismo. A economia solidária em debate: transformações no mundo do trabalho*. São Paulo, Unitrabalho, 2000.

ITCP/Coppe/UFRJ. *Os ossos do ofício: cooperativas populares em cena aberta*. Rio de Janeiro, UFRJ, 1998.

Laville, Jean-Louis. *L'économie solidaire: une perspective internationale*. Paris, Desclée de Brouwer, 1994.

Meyer, Raúl Gozález. *Chile, taller permanente*. 1997.

Singer, Paul. *Uma utopia militante. Repensando o socialismo*. Petrópolis, Vozes, 1998a.

———. *Globalização e desemprego: diagnóstico e alternativas*. 2 ed. Petrópolis, Vozes, 1998b.

Siqueira, Carlos Aquiles (org.). *Geração de emprego e renda no Brasil: experiências de sucesso*. Rio de Janeiro, Dpea, 1999.

Vienney, Claude. *L'économie sociale*. Paris, La Découverte, 1994.

Veiga, Sandra M. *Cooperativismo: uma revolução pacífica em ação*. Rio de Janeiro, Fase, 1999.

Veltz, Pierre. *Mondialisation, villes et territoires: l'économie d'archipel*. Paris, PUF, 1996.

CAPÍTULO 9

A Anteag e a autogestão do ponto de vista dos trabalhadores

Maria Magdalena Alves*

Assumindo o controle de empresas que estavam encerrando as atividades, trabalhadores evitaram o desemprego e demonstraram a força de sua organização

Mundo do trabalho na década de 1990

Na década de 1990, o principal problema enfrentado por países pobres e ricos foi a questão relativa ao trabalho e à geração de emprego. No Brasil não foi diferente. Foram inúmeros os diagnósticos e as propostas de geração de novos empregos.

Na opinião do economista Paulo Nogueira Batista Júnior:

> Os anos 1990 são piores do que a década perdida. (...) os problemas sociais se agravaram porque o país cresceu menos, houve desnacionalização da economia, e o desemprego e o subemprego aumentaram.[1]

Aqueles que discordam dessa opinião alegam que foi nessa década que o país conseguiu controlar a inflação e avançar em alguns indicadores sociais, como alfabetização e mortalidade infantil. O fato é que os resultados positivos dos últimos 20 anos são diminutos e não bastaram para compensar o crescimento populacional.

---

* Assistente social, membro da coordenação paulista da Ação da Cidadania contra a Fome e a Miséria e pela Vida, diretora da regional São Paulo da Associação Brasileira de Organizações Não-Governamentais (Abong) e doutoranda pela PUC/SP.

[1] Apud Grinbaum, 1999.

Segundo Grinbaum,

> (...) os especialistas divergem sobre as razões dessa paralisia econômica. Uma das principais hipóteses é que as questões econômicas se embaralham com problemas políticos. (...) Ao mesmo tempo em que fez a transição da ditadura para a democracia, o país abriu sua economia ao comércio internacional, privatizou estatais e promoveu outras mudanças de inspiração liberal.[2]

O empresário e consultor de empresas Roberto Teixeira da Costa, argumentando que a transição demorou demais, considera que

> (...) ocorreram muitos passos em falso, mas o principal problema é que faltou consenso político sobre o modelo econômico para o país.[3]

Outras vozes, em especial de economistas de esquerda, apontam a estratégia de dependência do capital externo como uma das principais causas dessa situação.

> Nos anos 1980, o Brasil pagou a conta do pesadíssimo endividamento externo da década de 1970. Já os problemas atuais decorreriam da crise gerada pelos investimentos especulativos estrangeiros a partir do Plano Real, lançado em julho de 1994.[4]

É voz corrente que não se podem reduzir as causas do desemprego a simples desajustes do mercado de trabalho. O economista Márcio Pochmann, estudioso do tema, analisa as medidas que têm sido aplicadas no Brasil, afirmando que elas tendem a se mostrar muito limitadas. Programas de formação profissional, estímulo ao auto-emprego, redução do custo do trabalho e flexibilização dos contratos de trabalho têm sido insuficientes para combater esse problema, porque

> (...) o emprego representa variável dependente do funcionamento mais geral das economias de mercado e por isso não pode ser entendido apenas e tão-somente como resultado do relacionamento entre oferta e demanda de mão-de-obra no mercado de trabalho.[5]

---

[2] Grinbaum, 1999.

[3] Apud Grinbaum, 1999.

[4] Apud Grinbaum, 1999.

[5] Pochmann, 1998.

Uma das conseqüências da ameaça de fechamento das fábricas tem sido o surgimento de experiências coletivas de trabalho e produção: os trabalhadores, visando à preservação de seus postos de trabalho, assumem uma postura proativa, empenhando-se na formação de empresas auto ou co-gestionárias. As primeiras experiências apareceram no meio rural, fruto da exclusão dos pequenos produtores das políticas agrícolas, de comercialização e de crédito. Segundo dados da Organização das Cooperativas Brasileiras (OCB), o Brasil já conta com 1.661 cooperativas de trabalho organizadas, envolvendo 293.499 associados e 6.422 funcionários.[6] Essas cooperativas evitaram a demissão de milhares de trabalhadores:

> As privatizações, o aumento do volume de falências, os processos de reestruturação gerencial de grandes empresas e as novas organizações em rede estão levando vários grupos de trabalhadores a se unirem para assumir o controle da organização do seu trabalho e de processos produtivos. Destes processos surgiram no Brasil um grande número de empresas em regime de autogestão.[7]

Muitos desses processos são desencadeados por empresários interessados numa redução de custos, a qual geralmente resulta na precarização das condições de trabalho. Outros processos são fruto da organização de trabalhadores na busca de alternativas que permitam a manutenção de seus empregos.

Segundo Cido Faria, diretor técnico da Associação Nacional de Trabalhadores em Empresas de Autogestão e Participação Acionária (Anteag),

> (...) os trabalhadores das empresas de autogestão estão mantendo o emprego e a renda pelas próprias forças e vão consolidando os projetos, tornando-os viáveis do ponto de vista econômico/financeiro, mesmo com um pequeníssimo apoio do Estado. [8]

Faria afirma que os empregos gerados graças à coragem, garra e criatividade dos próprios assalariados estão sendo mantidos a custo zero para o Estado. A atuação da Anteag insere-se nesse contexto, e seu trabalho objetiva desenvolver projetos a partir de uma análise de viabilidade pela ótica dos trabalhadores.

---

[6] Dados de dezembro de 1999.

[7] Todeschini et alii, 1999:5.

[8] Faria, 1998.

Organização da produção e do trabalho

As empresas auto e co-geridas enfrentaram, na década de 1990, problemas antigos e atuais, cuja resolução exigiu certo esforço. Não podemos considerar, no entanto, que a idéia da autogestão seja uma novidade dessa década. Segundo Vieitez, ela é tão velha quanto a própria empresa industrial.

> Hoje, ela volta ao cenário em função, basicamente, das experiências denominadas economia social, terceiro setor e cooperativismo de trabalho, que apresentam uma vitalidade impressionante nas economias da Europa ocidental e Estados Unidos. No Brasil, esta nova geração de empresas auto-geridas está representada pela Anteag.[9]

No Brasil, a abertura do mercado interno, com câmbio sobrevalorizado e altas taxas de juros, atingiu brutalmente a indústria nacional, provocando falências. É nesse contexto que têm-se multiplicado as empresas industriais organizadas a partir da autogestão ou co-gestão.

Cada setor industrial tem procurado alternativas para resolver essa situação. Exemplo disso é o setor automotivo do ABC paulista, que reduziu sua mão-de-obra de 106 mil para 95,3 mil trabalhadores entre 1997 e 1998. A paridade entre o real e o dólar desfavoreceu as exportações; isso, somado ao incremento das importações, levou à retração da produção e ao aumento da concorrência, que atingiu seriamente a vida dos trabalhadores. Em recente negociação, a Volkswagen e o Sindicato dos Metalúrgicos do ABC buscaram minimizar o choque imediato desse fenômeno sobre o emprego: ao banco de horas, instituído em 1995, somaram-se férias coletivas e licenças remuneradas.

Essa crise pode levar as empresas de menor porte ao encerramento de suas atividades. Com o objetivo de preservar seus postos de trabalho, os trabalhadores têm empreendido outras formas de organização da produção, as quais aos poucos vão constituindo uma ação social diferenciada: as empresas auto e co-gestionárias.

> As empresas autogestionárias surgiram através de processos de tomada de controle desencadeados pelos trabalhadores, em geral apoiados por entidades de classe, visando assumir o controle dos negócios ou através de projetos articulados pelos proprietários anteriores. As histórias variam, mas em ambos os casos visaram evitar a desativação irreversí-

---

[9] Vieitez, 1997:27.

> vel dos negócios. Em alguns casos, as empresas ficaram muito endividadas e têm dificuldades de negociar/administrar essas dívidas, a maioria com os governos. Esses endividamentos dificultam essas empresas beneficiarem-se de linhas de financiamento em bancos oficiais.[10]

O BNDES considera que:

> Autogestão é um modelo administrativo no qual o controle da empresa é exercido pelos trabalhadores. O objetivo principal é a democratização do capital através de soluções coletivas para a manutenção dos postos de trabalho, associada ao desenvolvimento e ao crescimento empresarial. (...) Os projetos de autogestão destinam-se aos trabalhadores organizados, na sua maioria em associações ou cooperativas nos setores industrial e de serviços.

A Anteag considera a autogestão um "modelo administrativo em que as decisões e o controle da empresa são exercidos pelos trabalhadores". Trata-se de uma proposta a partir da qual os trabalhadores "decidem sobre tudo: metas de produção, salários, políticas de investimento e modernização, política de pessoal, mercado etc.". Segundo essa leitura, "autogestão é a busca de soluções coletivas para problemas sociais, em meio à crise industrial e ao desemprego, por meio do controle das empresas. É a participação direta e inteligente do coletivo na tomada de decisões e no poder da empresa".[11]

A autogestão contribui para a busca de saídas para problemas concretos de grupos de trabalhadores, na medida em que preserva postos de trabalho que de outra forma estariam perdidos.

De acordo com Ana Castro, técnica do BNDES, esse novo experimento social aponta para uma "mudança radical que se encontra em construção tanto do ponto de vista pessoal (dos trabalhadores) quanto nos seus aspectos legais, de gestão e de organização da produção".[12] Nesse processo de mudança emergem aspectos que precisam ser aprofundados, na medida em que se propõe:

- uma nova relação entre propriedade e liberdade de ação — ao entrar na cooperativa, os trabalhadores assumem o papel de proprietários, mas em sua maioria continuam se comportando como se ainda fossem empregados;

---

[10] Peixoto, 1999:11.

[11] Anteag, 1998.

[12] Em depoimento à autora, por correio eletrônico.

- outra perspectiva da remuneração, pois, além da esperança de ganhar mais, há um sentimento subjacente de estabilidade no trabalho que cria um sentimento de segurança;
- co-responsabilização pelas decisões, o que exige uma apropriação do negócio em toda a sua amplitude, além de uma postura clara ao definir os regimentos;
- equilíbrio orçamentário da empresa, de modo a permitir a compra dos equipamentos necessários, sem esquecer a necessidade de remuneração justa para os trabalhadores.

A autogestão implica a coesão entre os trabalhadores. Em outras palavras, trata-se de uma relação que se constrói apesar dos conflitos e a partir deles. Como externalidade positiva, as empresas de autogestão têm provocado um aumento no número das organizações populares. Tais grupos, que sempre foram excluídos, demandam uma pedagogia nova, a partir da qual possam se apropriar de tecnologias produtivas, adequando-as à sua cultura e ao saber popular. Inicia-se, assim, a construção de um novo conceito: o de economia popular solidária. Esta, embora se integre e se comunique com a economia de mercado, mantém certa autonomia, na medida em que encerra uma outra lógica — a lógica da solidariedade e da democracia. Essa construção não se dá sem riscos, como a baixa remuneração (dada a necessidade de novos investimentos); a sobrecarga de trabalho (horas extras não remuneradas para superar equipamentos desatualizados); o imobilismo na espera de subsídios; e até mesmo certo desapontamento quando os benefícios e dividendos demoram a ser distribuídos (principalmente em virtude das dívidas da antiga empresa, que podem vir a ser "eternas").

Segundo Paul Singer, em depoimento à autora,

> A autogestão é a experiência mais revolucionária em face do autoritarismo característico das relações de trabalho capitalistas. Ela constitui um modo de produção distinto dentro do sistema econômico dominado pelo capital e prenuncia uma economia democrática, sucessora da atual. As experiências de autogestão proporcionam a criação de postos de trabalho, mas em nível inevitavelmente lento, pois exigem um processo de reeducação da maioria dos trabalhadores. Dada a urgência em enfrentar o desemprego em massa, a autogestão não substitui políticas de desenvolvimento econômico que ensejam a reinserção de milhões na produção e consumo.

Anteag: a materialização de um sonho

Sérgio Mendonça, diretor do Dieese, sustenta que

> O debate do emprego e desemprego é muito recente no Brasil. Nós enfrentamos, por vários caminhos, as dificuldades da economia brasileira nas últimas décadas. A abordagem da distribuição de renda foi muito forte nos anos 1970; a abordagem da inflação e da transferência de renda, a partir do processo inflacionário, permeou nossa discussão nos anos 1980; o debate da dívida externa foi muito importante nos anos 1980. Mas só a partir dos anos 1990 é que começamos a olhar as transformações no mercado de trabalho e as questões relacionadas ao emprego e desemprego.[13]

Inserida nesse processo histórico, a história da Anteag começa anos antes de sua formalização jurídica, ocorrida em 1994.

Enquanto a Europa, na década de 1960, vivia um grande surto autogestionário, no Brasil, setores comprometidos com a luta dos trabalhadores entendiam que a organização da força de trabalho pressupunha o conhecimento dos mecanismos pelos quais a produção se efetivava: conhecer para criticar, combater e construir uma nova relação no mundo do trabalho e na sociedade. Havia, no entanto, grande dificuldade na organização sindical e comunitária, uma vez que o governo militar proibia a organização autônoma da população e dos trabalhadores. Apesar disso, tem início nesse período a retomada da organização sindical e, paralelamente, a da organização comunitária desses mesmos trabalhadores.

Foi somente no final dos anos 1970, após mais de 10 anos de ditadura militar, que a sociedade civil começou a dar sinais de reorganização. Manifestou-se então um novo modo de organização dos trabalhadores, conhecido como o novo sindicalismo.

> O novo sindicalismo se manifesta no âmbito de independência da classe em relação ao Estado e ao patronato e se direciona para um sindicalismo de lutas, de massas, de base, que rompe com a estrutura sindical vertical prevista pela Consolidação das Leis do Trabalho (CLT) e constrói a nova estrutura sindical a partir da CUT.[14]

---

[13] Mendonça, 1999:44.

[14] Abramides, 1995:15.

A concepção e a prática do novo sindicalismo estão intimamente ligadas ao compromisso com a luta por melhores condições de vida e trabalho e com o engajamento dos trabalhadores no processo de democratização da sociedade, visando, ainda, à defesa dos interesses imediatos e históricos da classe trabalhadora.

No início dos anos 1990, sendo o desemprego crescente, grande parte da sociedade brasileira preocupava-se com a retomada do crescimento econômico, perguntando-se se tal crescimento seria acompanhado de crescimento do emprego.

> Em 1989, 66% dos ocupados eram considerados empregados, que se dividiam em trabalhadores assalariados com ou sem registro em carteira. Em 1997, há uma queda expressiva, embora numericamente não haja queda em termos absolutos. Havia 39 milhões de pessoas nessa condição em 1989 e 41 milhões em 1997. A população ocupada cresceu num nível superior ao da oferta de trabalho. É por isso que o desemprego vira um grande problema nos anos 1990.[15]

O número de trabalhadores autônomos cresce de 13,268 milhões em 1989 para 15,7 milhões, em 1997. As duas tendências do mercado de trabalho nos anos 1990 são a perda da importância do trabalho assalariado e a perda da importância do emprego industrial no conjunto dos empregos.

Os trabalhadores, organizados em seus sindicatos, vêem as empresas serem fechadas e massas de novos ex-trabalhadores engrossarem as taxas de desemprego. Nesse contexto, setores desses sindicatos e lideranças de ONGs iniciam um processo de reflexão conjunta na busca de caminhos para superar o problema.[16]

Em dezembro de 1991, a Makerli — empresa do grupo Sândalo — teve sua autofalência decretada e demitiu 482 funcionários. Com a ajuda do sindicato, os trabalhadores perceberam que a falência não fora apenas uma questão de finanças. Havia problemas administrativos. Auditoria do Dieese atesta que havia possibilidade de reerguer a empresa, organizando-a de forma autogestionária. Em abril de 1992, 150 daqueles trabalhadores retornaram a seus cargos e, em dois meses, conseguiram trazer de volta todo o conjunto de demitidos. O grupo teve dificuldades de toda ordem, agravadas pela demora para a liberação de empréstimos. Como conseqüência, perderam clientes e não consegui-

---

[15] Mendonça, 1999:47.

[16] Há que se salientar, nesse processo, a figura de Herbert de Souza, o Betinho.

ram manter a produção. Mas a experiência deixou como saldo positivo a crença de que tal processo era possível.

No mesmo período surgiram outras experiências: Coopervest, Hidrophoenix, Frunorte, Coopertex, Coopermambrini, Coopertratt e outras. A proposta de todas era fazer uma adaptação de experiências internacionais, especialmente aquelas baseadas no modelo norte-americano dos Employee Stock Ownership Plans (Esops).

Os Esops vinham se multiplicando nos EUA desde 1974, ocasião em que foi aprovada uma lei concedendo incentivos fiscais para empresas que abrissem seus capitais à participação dos trabalhadores.

> A intenção do senador Russel Long ao propor incentivos aos Esops era democratizar a propriedade do capital, até então fortemente concentrada nas mãos de 0,5% da população possuidora, em 1976, de cerca de metade de todo o capital acionário do país. Mas a crise industrial que acometeu os EUA revelou uma outra utilidade dos Esops: a de evitarem o fechamento de fábricas. Quando empresas chegam a um estado pré-falimentar, o seu fechamento puro e simples representa prejuízo total, ou quase, para os proprietários. Uma forma de diminuir o prejuízo é vender a firma aos empregados, com o uso do fundo de pensões, ou doar-lhes o patrimônio em troca do débito trabalhista. Nos EUA, a legislação favorável aos Esops facilitou a transferência de empresas aos empregados, que passam a operá-las em regime de autogestão, evitando a perda de empregos.[17]

Em 10 anos, sete mil empresas, que empregavam cerca de 10% da força de trabalho dos EUA, tornaram-se propriedade parcial de seus empregados. Cerca de 1/4 dessas empresas concentram 90% dos empregados beneficiados por Esops. Os empregados, nestes casos, possuem uma participação muito reduzida no total do capital das empresas. É importante observar que a experiência brasileira se distingue da norte-americana pelo fato de esta última concentrar-se na participação na propriedade/ações, enquanto a nossa visa a outro patamar, que é a participação na gestão.

Em 1994, já eram 36 as empresas autogestionárias brasileiras, gerando 4 mil empregos diretos e 18 mil indiretos. Objetivando a troca de experiências e maior visibilidade, os responsáveis pelas diversas empresas realizaram, em fevereiro de 1994, o I Encontro Nacional dos Trabalhadores em Empresas de

---

[17] Singer, 1997:11

Autogestão, cujo objetivo principal era "criar uma marca". Esse encontro contou com a participação de 60 pessoas. Entre as suas resoluções, a mais significativa foi a fundação da Anteag. Buscavam a união de esforços, ponderando que o conjunto de empresas teria melhores condições de negociar com órgãos como, por exemplo, o BNDES.

Desde a sua fundação, a Anteag vem-se consolidando e se transformando em referência para a discussão da autogestão no país. Atualmente, congrega empresas de diferentes setores de produção (a maioria de produção industrial), localizadas nos quatro cantos do país.

Tabela 1

Empresas filiadas, por setor de produção

Setor industrial	Número de empresas	Número de trabalhadores
Têxtil	8	1.082
Frutas	1	782
Metalúrgico	5	654
Minas	1	402
Construção naval	1	80
Vidros	1	40
Couro	1	20

Fonte: Anteag.

São empresas de portes distintos e com histórias diversas, cujos problemas exigem respostas diferenciadas.

Tabela 2

Empresas filiadas: faixas por número de trabalhadores

Número de trabalhadores	Número de empresas
Menos de 20	4
Entre 21 e 50	5
de 51 a 100	3
de 101 a 300	2
de 301 a 700	3
Mais de 700	1

Fonte: Anteag.

Um universo assim heterogêneo aponta para uma complexidade de atuação a ser enfrentada cotidianamente. Segundo Marilena Nakano, cada uma das experiências vem "sendo vivida, e é no processo de vivência que a Anteag vai construindo seu próprio caminho".

Tabela 3

Empresas por região geográfica

Região geográfica	Número de empresas	Número de trabalhadores
Norte	1	782
Nordeste	2	617
Sudeste 1 (RJ, MG, ES)	4	634
Sudeste 2 (SP)	6	531
Sul	4	496

Fonte: Anteag.

Na construção dessas propostas, a Anteag baseia-se em três grandes objetivos:

1. Amenizar o problema social. Com a reestruturação industrial e a recessão econômica, milhares de empregos foram eliminados nos últimos anos. O objetivo social primordial do projeto de autogestão é recuperar e manter o emprego.
2. Demonstrar a inteligência e a capacidade dos trabalhadores. A autogestão vem mostrar que os trabalhadores são competentes para administrar suas empresas com transparência, democracia e responsabilidade, com base na inteligência coletiva.
3. Ajudar as empresas autogestionárias a se tornarem lucrativas, pois os projetos produtivos devem ser viáveis do ponto de vista econômico e financeiro. Os trabalhadores decidem coletivamente a destinação de tais recursos, seja no investimento para fortalecimento da empresa, seja no campo social, com a distribuição dos resultados.

Cido Faria identifica três etapas na história da Anteag: a primeira delas foi a do sonho, quando a Anteag era sindicalista, seu presidente, um líder sindical, e seu estatuto, semelhante ao do Dieese. Na segunda etapa, que durou de

1996 a 1998, a entidade transformou-se de associativista em cooperativista. Foi somente em 1999, durante a terceira etapa, que a Anteag deixou de ser paulista e tornou-se uma entidade nacional. Sua sede permaneceu em São Paulo, mas começaram os estudos para a abertura de espaços regionais no Rio de Janeiro, em Belo Horizonte, em Recife, em Porto Alegre e em Natal.

O papel da Anteag

A principal atividade da Anteag é elaborar projetos para a consolidação e o desenvolvimento das empresas autogestionárias. Sua atuação mais significativa ocorre na intermediação entre trabalhadores da administração e do chão das fábricas. Segundo Paul Singer, é a partir da Anteag que se está "forjando uma metodologia de reorganização e reestruturação de empresas, visando a possibilitar sua reabilitação nas mãos dos trabalhadores". Com sua equipe de técnicos, educadores e consultores, a Anteag tem permitido que a experiência acumulada em diferentes situações oriente os trabalhadores na formação de novas cooperativas ou associações capazes de assumir o controle e a responsabilidade das empresas. Há uma ênfase no papel que ela desenvolve no processo de aquisição de confiança por parte dos trabalhadores, para que estes possam assumir a direção dos empreendimentos. Esse apoio e o monitoramento constante permitem que os novos gestores iniciem um processo de auto-aprendizado, a partir do qual os obstáculos e as debilidades são superadas. Momento importante de todo esse processo é o encontro anual da instituição, que já está em sua sexta edição.

Suporte a empresas auto e co-gestionárias

Num primeiro momento — de constituição da empresa autogestionária —, a Anteag discute com os trabalhadores questões relativas à viabilidade do empreendimento. Em termos pedagógicos, essas questões são sintetizadas em quatro tópicos:

a) possível acordo entre as partes envolvidas: proprietário da empresa, trabalhadores e, na maioria das vezes, o sindicato dos trabalhadores;

b) motivação dos trabalhadores, a fim de que acreditem no projeto;

c) rentabilidade do projeto (ou seja, geração de dividendos, de lucros) a médio e longo prazos;

d) reestruturação produtiva e administrativa, do ponto de vista do trabalhador, cortando gorduras, reduzindo custos e aumentando a eficiência operacional.

Algumas empresas filiadas à Anteag

Nome	Município/estado	Produto	Nº de trabalhadores
Coopervest	Aracaju-SE	Calças e camisas (antiga Vila Romana)	495
Hidrophoenix	Votorantim-SP	Macacos hidráulicos (antiga Bestetti)	36
Coopertex	São Paulo-SP	Têxtil (antiga Delta)	91
Coopermambrini	Vespasiano-MG	Carrocerias de caminhão	40
Cooperminas	Criciúma-SC	Extração de carvão mineral (antiga CBCA)	402
Cooperjeans	Avaré-SP	Jeans	280
Frunorte	Vale do Assu-RN	Frutas	784
Coopetex	Moreno-PE	Cobertores (antiga Cobertores Paraíba)	122
Bruscor	Brusque-SC	Cordas e cadarços	16
Navport	Vitória-ES	Manutenção naval e portuária	80
Unicristal	Indaiol-SC	Adornos de cristal	40
Cootenor	Birigüi-SP	Malhas	20
Cooparj	Duque de Caxias-RJ	Parafusos	41
Cooperara	Araraquara-SP	Confecção (antiga divisão das Meias Lupo)	20
Cooper-Ativa	São Paulo-SP	Bolsas	20
Friburguense	Nova Friburgo-RJ	Fechaduras	473

Fonte: Anteag.

A montagem do projeto de autogestão é desenvolvida passo a passo pelos trabalhadores, acompanhados pela equipe designada pela Anteag. Constituída a empresa, a associação continua contribuindo para seu desenvolvimento, de modo que ela se torne viável, buscando-se uma estrutura na qual os trabalhadores participem das decisões. Merece destaque o fato de que a heterogeneidade do ramo das empresas, a região em que se localizam e seu porte representam dificuldades adicionais à elaboração de cada projeto.

Construção de um modelo autogestionário

Um segundo papel da Anteag é contribuir para a construção de um modelo autogestionário por meio da chamada "inteligência coletiva", ou seja, a capacidade dos trabalhadores de criar uma empresa de produção industrial que, mesmo inserida num mercado competitivo, consiga manter internamente relações mais fraternas e solidárias.

Segundo a Anteag, as empresas de autogestão devem valorizar e incentivar a inteligência coletiva. Em seu *folder*, constam os seguintes itens:

- democratizar as tarefas que envolvam raciocínio, dando oportunidade para que o conhecimento chegue ao conjunto dos trabalhadores, tornando-se coletivo;
- eliminar todo e qualquer represamento de conhecimento em prol da partilha do conhecimento;
- buscar envolver o conjunto dos trabalhadores nas áreas de pesquisa e desenvolvimento, aproveitando talentos e estreitando as relações das pessoas com a estratégia da empresa;
- fomentar toda e qualquer atividade no sentido de trabalho em equipe, pois as equipes captam e direcionam os talentos em prol do coletivo;
- transformar a inteligência coletiva no principal patrimônio da empresa e cultivá-la no contexto da ação.

A maior diferença entre as empresas autogestionárias e as administradas de maneira tradicional é que nas primeiras o motor do empreendimento não é a maximização do lucro, mas a realização dos trabalhadores. As empresas adotam várias formas organizacionais, e os pontos comuns são a autonomia de gestão, a democracia interna e a primazia do bem-estar das pessoas sobre o lucro:

> Contribuir para que os trabalhadores produzam uma nova cultura, onde o individualismo desapareça para dar lugar ao companheirismo, à troca, à colaboração, enfim, para que se mostrem capazes de solidarizar-se. E que essa mesma cultura não fique restrita ao interior de cada uma das empresas, mas que ela percorra as relações entre as empresas de autogestão/co-gestão e entre as empresas e a Anteag.[18]

[18] Nakano, 1998:xi.

Consolidação de um novo contexto legal

Assumir uma empresa implica tomar um conjunto de decisões, desde a escolha da melhor alternativa de negociação com fornecedores e clientes até a definição jurídica de como equacionar o passivo da antiga empresa. Em todo esse processo é fundamental o apoio da sociedade civil e do Estado. A autogestão é uma possível alternativa para os trabalhadores, não apenas pela possibilidade de criação de espaços de trabalho numa situação de desemprego como a que vivemos, mas pelo fato de essa nova forma organizativa propor uma nova relação de trabalho, centrada nas pessoas.

O sucesso desses empreendimentos está intrinsecamente vinculado ao apoio da sociedade. Assim, a médio prazo, poderemos definir novos parâmetros para acesso ao crédito e maior sensibilização da sociedade, de modo a construir o cenário no qual esse perfil de empresas poderá desenvolver-se.

Programas desenvolvidos

Apontando elementos da "economia social" no Brasil, Vieitez cita a Anteag e as empresas a ela vinculadas, identificando aí quatro fatores significativos:

- a peculiaridade fabril e urbana dos estabelecimentos;
- o caráter de organização coletiva e produtiva de trabalhadores;
- a motivação autogestionária;
- certo apoio dos sindicatos.

A partir de demandas levantadas por essas empresas, o Plano de Trabalho da Anteag enfatiza os seguintes elementos:

- *Curso de aprendizagem em administração de empresas.* O curso de MBA em autogestão objetiva a capacitação de dirigentes. No final desse curso, os alunos apresentam documento contendo um plano de ação a ser desenvolvido pela sua empresa. Esses cursos mensais propiciam um aprimoramento de seus conhecimentos e a troca de experiências relativas à condução das empresas. Estão previstos cursos regionais.
- *Educação autogestionária.* Trata-se de um conjunto de programas de formação específica, visando a capacitar os trabalhadores envolvidos nos projetos de autogestão. Nessas atividades, prioriza-se a filosofia autogestionária em relação à capacitação técnica. As atividades são desenvolvidas pelo grupo de técnicos da Anteag, contando eventualmente com o apoio de elementos externos.

- *Convênio com a Secretaria Estadual do Emprego e Relações do Trabalho — SP.* Desenvolvimento de cursos de formação em nove municípios paulistas, envolvendo 781 trabalhadores, desde novembro de 1999.
- *Assessoria em áreas específicas.* A Anteag considera que a filosofia autogestionária deve envolver toda a vida dos trabalhadores. Esse princípio leva seu trabalho a extrapolar as empresas e estender-se a ONGs e outras instituições que apóiem os trabalhadores, em especial no que se refere à sua relação familiar, comunitária e educacional.
- *Negociações institucionais.* A Anteag apóia e assessora as empresas em negociações com as agências governamentais de financiamento.
- *Produção de material didático.* A Anteag publicou os seguintes títulos, de caráter pedagógico: *Faturamento e salário*; *O produto*; *Produção e administração*; *Empresa autogestionária e o mundo externo*; *O produto como conhecimento*; *Empresa autogestionária — seus pontos de equilíbrio*; *Empresa autogestionária — novas questões dos trabalhadores*; e *Os trabalhadores das empresas autogestionárias — o trabalho e seu sentido.*
- *Apoio econômico, social e jurídico.* No seu papel de suporte às empresas, a Anteag está presente:

    a) na busca de caminhos de acesso a direitos do trabalhador, como aposentadoria, participação nos resultados e outros;
    b) no incentivo a um fórum de advogados que troca experiências e busca os caminhos jurídicos necessários ao processo autogestionário.
    c) em estudos de viabilidade econômica.

- *Coordenação de encontros nacionais dos trabalhadores em empresas de autogestão.* A Anteag já realizou vários desses encontros.
- *Publicações.* A Anteag publica semanalmente um boletim que é enviado às empresas, ao conselho e a parceiros diversos, como o Ministério do Trabalho. Há uma publicação mensal que interpreta o cenário econômico nacional e outra que trata de temas jurídicos. Além disso, quinzenalmente é publicado o *Perfil Setorial*, com informações sobre autogestão.
- *Assessoria direta às empresas.* A Anteag realiza uma reunião mensal com conselheiros e representantes das empresas para elaboração de estratégias que atendam aos interesses dos trabalhadores das empresas autogestionárias. Dessas reuniões participam o professor Paul Singer/USP, técnicos do BNDES, do Ministério do Trabalho, da Secretaria Especial de Relações

do Trabalho — SP, da Financiadora de Estudos e Projetos e da Fundação Unitrabalho, além de profissionais de outras instituições.

Sustentação financeira da Anteag

Nascida de um sonho coletivo, a Anteag tem contado com o empenho e o apoio daqueles que acreditam em sua luta. O suporte para os primeiros passos foi dado pelos sindicatos envolvidos, que favoreceram a ação dos técnicos, assumindo as despesas de viagem.

O estatuto da Anteag prevê uma taxa associativa cujo valor é aprovado anualmente em assembléia. Esse tipo de contribuição, no entanto, não garante a manutenção de uma entidade com esse perfil. As empresas associadas, em geral, são empresas endividadas, e a inadimplência com a taxa da Anteag, ao contrário de outras dívidas, não traz riscos para as empresas.

Parte importante dos recursos da entidade provém de serviços prestados a empresas associadas, como a elaboração de projetos — análise, negociação, acompanhamento e implantação —, ou a outras que estão em fase de discussão sobre a conveniência de assumir a autogestão. Discute-se a possibilidade de uma contribuição vir a ser paga pelos trabalhadores, mas essa idéia ainda não foi efetivada.

A Anteag também é remunerada a partir dos projetos de acesso a fundos públicos e privados, como os do Ministério do Trabalho, do BNDES, da Finep e outros. Para a montagem de seus escritórios regionais, há uma negociação com governos dos estados onde esses escritórios estão sendo instalados. O resultado dessas negociações são convênios de prestação de assessoria aos estados.

A construção social nas empresas autogestionárias

Desde a sua fundação, a Anteag tem atuado a partir de uma demanda proveniente do movimento sindical. Diversos sindicatos — vinculados ou não às centrais sindicais — têm procurado a Anteag para buscar seu apoio na discussão da viabilidade dos empreendimentos de autogestão.

Segundo Francisco Sales Gabriel Fernandes — o Chiquinho —, presidente do Sindicato dos Trabalhadores nas Indústrias Metalúrgicas, Mecânicas e de Material Elétrico de Mococa e vice-presidente da Federação dos Trabalhadores Metalúrgicos do Estado de São Paulo:

> (...) no ordenamento jurídico da legislação trabalhista do Brasil, se a empresa vai à falência, é fácil para o sindicato: entram na justiça pedindo o arresto de bens. A juíza, obviamente, dá, e eles tocam o processo por seis, oito anos. Nas mãos do trabalhador, esses bens da empresa vão a leilão — geralmente por 60% do seu valor —, e as máquinas, depois de 10 anos fora do mercado, já não valem nada. Os trabalhadores ficam, de imediato, sem emprego, sem uma renda, sem sustentação.

O compromisso da Anteag com os trabalhadores exige ações efetivas como resposta às situações por eles enfrentadas. As respostas, segundo Cido Faria, vieram com a experiência. Houve, no início, alguns erros que foram sanados com o tempo. A entidade preocupava-se em demasia com o trabalhador e abandonava o aspecto capitalista do empreendimento. Nas primeiras experiências, algumas delas demandadas pelo Sindicato dos Mestres e Contramestres, que não é vinculado a nenhuma central sindical, havia grande euforia para resolver o problema dos trabalhadores e deixava-se em segundo plano a discussão do empreendimento. "O problema", diz Cido Faria, "é que a grande preocupação deve ser o produto (...), este deve ser viável; se não, o empreendimento não tem sentido".

Com o tempo, os trabalhadores foram ganhando experiência por meio de conversas com empresários e outros profissionais que atuam no meio industrial.

O primeiro ponto abordado em um novo projeto é a viabilidade da "marca". É importante saber se a marca ainda está viva no mercado, ou seja, se as pessoas estão dispostas a comprá-la. Em seguida, verifica-se o capital de giro e, por último, se a mão-de-obra está disposta a enfrentar o desafio.

Cido Faria lembra uma das primeiras experiências, o caso da Sakai.[19] Ao se analisarem os documentos fornecidos pelo antigo proprietário, constatou-se que havia uma equivalência entre o ativo e o passivo da empresa, o que apontava para a viabilidade do negócio. Mas os trabalhadores não perceberam que o ativo estava sobrevalorizado e que o passivo era, de fato, muito maior do que o declarado. A isso somaram-se dois outros problemas: a fábrica não conseguiu atingir as metas de produção inicialmente previstas, e os fornecedores recusaram-se a

---

[19] A empresa tinha 364 empregados e produzia móveis para cozinha (entre 25 e 45 mil/mês), que eram vendidos a apenas seis clientes, sendo o maior deles o Ponto Frio. A Cooperativa iniciou com 107 cooperados e uma produção de 5 mil peças, que eram vendidas a centenas de pequenas lojas e supermercados.

faturar a matéria-prima, corroendo o pouco capital de giro da empresa. Depois de quatro anos de trabalho árduo, o fechamento foi inevitável.

A importância do acordo inicial

A maioria das experiências de autogestão começa a partir de um pequeno grupo de trabalhadores. O primeiro passo é o autoconvencimento quanto às vantagens e à viabilidade de determinado empreendimento. Nas primeiras experiências, poucas pessoas acreditavam nas empresas de autogestão. Para conseguir um acordo, os trabalhadores tiveram de assumir o passivo das empresas, freqüentemente onerado por desvios de recursos e equipamentos, praticados pelos antigos empresários.

Há várias histórias surpreendentes. Uma delas é a da Cooperminas (Forquilhinha-SC), fundada para assumir a falida CBCA. Apesar das denúncias de fraude e desvio de patrimônio, os trabalhadores não tiveram nenhum apoio do governo, cuja proposta era simplesmente fechar a mina de carvão, deixando sem emprego mais de 500 trabalhadores. Foram sete anos de empenho e luta, que culminaram com a compra das ações da CBCA pelos trabalhadores, os quais assumiram assim o passivo da antiga empresa.[20] Durante 10 anos, a cooperativa está obrigada ao pagamento de um percentual de seu faturamento bruto mensal. Até o final de 1999, esse valor correspondeu a 1,5% (aproximadamente R$22.500), passando a 2,5% ao mês em 2000. Em resumo, o antigo proprietário, que levou a empresa à falência, está recebendo um valor mensal; os bancos estão garantidos pelas propriedades; e os credores esperam *sine die* seu pagamento.

Diferente é a experiência da Coopermambrini, em Vespasiano-MG. Em 1997, os trabalhadores ocuparam a empresa e voltaram a produzir. Negociaram a sua compra e a transformaram numa cooperativa.

Hoje, os trabalhadores estão conseguindo outras condições de negociação. Exemplo disso é o processo que está ocorrendo com os empregados da Nicola Rome de Mococa-SP, assessorados pela Anteag. A Nicola Rome Máquinas e Equipamentos S.A. (NR), empresa familiar com 111 anos de existência, não cumpria suas obrigações com o governo havia cinco anos (ICMS, INSS etc.). Foi à falência, deixando sem emprego 370 trabalhadores. Segundo análise realizada, houve um problema de má administração, agravado por diversos planos econômicos e pelas conseqüências das políticas industriais. A dívida da

---

[20] O passivo da CBCA é enorme; apenas a dívida com o INSS é da ordem de R$20 milhões.

empresa é de R$35 milhões, e seu patrimônio, de R$15 milhões. Uma vantagem competitiva da empresa é ter alcançado o Selo de Qualidade da Caterpillar (1998), o que significa que sua equipe está entre as mais bem preparadas da região. Em 1999, a NR tinha uma carteira de pedidos que garantia a produção até março de 2000, suficiente, no entanto, para garantir apenas 150 empregos.

Os empregados da NR organizaram-se numa cooperativa e iniciaram as negociações, que resultaram no seguinte acordo:

- a cooperativa assume a dívida trabalhista em troca de máquinas, equipamentos, produtos manufaturados e matéria-prima;
- a dívida com o governo será paga com o patrimônio remanescente da NR (prédio, barracão, algum terreno etc.);
- a cooperativa está negociando com os fornecedores e vai honrar os compromissos da NR com aqueles que estão dispostos a continuar fornecendo para a cooperativa (cerca de 50%). Quem assim o preferir, entretanto, poderá esperar o processo de falência da empresa e receber o valor devido diretamente da massa falida;
- principal cliente da NR, a Caterpillar, responsável por quase toda a produção da empresa, continuará comprando da cooperativa.

Chiquinho avalia que, com esse acordo, será possível manter as atividades da nova cooperativa, embora o valor da dívida trabalhista seja da ordem de R$4,2 milhões, e o das máquinas e equipamentos, de apenas R$1,8 milhão. Todos os 370 empregados da NR passaram a ser cooperados. A produção atual, entretanto, exige apenas de 150 a 170 trabalhadores. O processo de discussão de formação da cooperativa também está definindo os critérios que determinarão quais cooperados permanecerão trabalhando e quais serão afastados. As encomendas existentes permitirão um faturamento inicial de R$500 mil (o faturamento médio da empresa era da ordem de R$1,2 milhão).

Há o compromisso, por parte dos que permanecerem, de promover o crescimento da empresa para reabsorver os que estiverem fora. Enquanto isso não for possível, a cooperativa lhes fornecerá uma cesta básica mensal e, talvez, o pagamento de suas contas de água e energia elétrica. A produção continuará sendo realizada no prédio da NR, e para tanto a cooperativa formalizou um contrato de aluguel com o antigo empresário. Para a administração geral foi contratado um executivo, homem de mercado e antigo empregado da NR. No diagnóstico feito sobre a viabilidade do negócio, identificou-se a conveniência de diversificar a produção, por dois motivos. Primeiro, devido à sazonalidade da produção da empresa — a produção é alta entre junho e setembro, mas diminui entre novembro e janeiro.[21] Segundo, pelo fato de grande parte do faturamento depender de um único cliente. Como disse Chiquinho, "se a Caterpillar tiver um resfriado, a NR terá pneumonia dupla".

O operário-patrão

O início de um processo de autogestão ou de co-gestão não se dá, ao contrário do que se possa pensar, quando os funcionários se reúnem para assumir uma empresa. Começa muito antes, quando essa empresa entra em crise e deixa de pagar impostos, fornecedores e funcionários e mesmo de renovar seu parque industrial.

Às vezes, assumir a empresa nem sequer é uma opção dos empregados. Exemplo disso é a Coopertex (São Paulo-SP), surgida da Indústria Têxtil Delta. Segundo depoimento de Paulo Aparecido Bertholin, atual presidente da Coopertex, a idéia não partiu dos funcionários, mas do ex-patrão. Empresa familiar antiga, da década de 1950, ela começou a ter dificuldades em 1993. Em 1996, o empresário impôs, sob coação e ameaças, que os empregados da produção se organizassem numa cooperativa; do contrário, havia o risco de ele fechar a fábrica, deixando todos sem emprego. Foi então criada uma cooperativa para terceirizar a produção. Durante um ano, a Indústria Delta comprou a matéria-prima e comercializou os produtos, enquanto a Coopertex produzia os elásticos e os fios. Depois disso, mais uma vez por imposição do ex-patrão, a Coopertex assumiu a empresa como um todo. Os trabalhadores tinham conhecimento do que estava ocorrendo, mas a opção de não assumir a empresa significava o desemprego de 80 pessoas. Thiago Nogueira, ex-presidente da Anteag,[22] chama essa situação de "autogestão defensiva", ou seja, aquela que objetiva a defesa do emprego.

O caso da Hidrophoenix (Votorantim-SP) é bastante diferente, definido por Thiago como "autogestão propositiva". Em 1993, a Indústria Metalúrgica Bestetti entrou em situação pré-falimentar. Um grupo de 30 ex-empregados montou uma nova empresa, que deu continuidade ao trabalho desenvolvido. Alugaram um galpão, conseguiram a cessão de máquinas antigas que estavam

---

[21] A empresa resolvia esse problema demitindo funcionários a cada período de baixa produção.

[22] Vieitez, 1997:57.

em poder do sindicato e, trazendo apenas o ferramental da Bestetti, iniciaram uma nova empresa, a Hidrophoenix — que renascia das cinzas. Com financiamento do BNDES,[23] construíram um prédio, que hoje abriga a fábrica e os escritórios, e compraram algumas máquinas, avaliando que haviam iniciado com uma defasagem tecnológica de 20 anos. O faturamento mensal, que nos primeiros meses era de R$5 mil, atualmente é da ordem de R$120 mil.

Uma das dificuldades apontadas pela Anteag é trabalhar com o "coletivo tomando decisões", principalmente em empresas com grande número de trabalhadores. Para que as empresas autogestionárias dêem certo, os trabalhadores precisam empenhar-se em assumir o novo papel que esse desenho organizacional propõe. A origem da empresa autogestionária é o ponto de partida para que esses trabalhadores enfrentem seu maior desafio: serem patrões. Segundo Daniel, empregado da Hidrophoenix,

> (...) o pessoal estava acostumado a ter patrão que falava o que tinha que ser feito. No começo o pessoal ficava assim... Tinha que ter um assessor que dissesse para ele fazer isso ou aquilo. Hoje não! Já estão andando por suas próprias pernas. Se estiver parado, já procura o que fazer.

Do depoimento de dirigentes de várias empresas autogeridas, podemos extrair vários aspectos que constituem problemas a serem enfrentados no momento de transição de uma empresa tradicional para uma empresa autogestionária:

- a subordinação que era exigida na situação anterior deixa de existir;
- entre os empregados, havia apenas o conhecimento fragmentado da produção e a falta da visão de conjunto;
- a falta de escolaridade da maioria dos trabalhadores;
- a insuficiência de capital de giro;
- máquinas e equipamentos defasados;
- herança do modelo de gestão da antiga empresa.

Uma das demandas importantes das empresas auto e co-geridas é a educação de base de seus cooperados. As empresas apontam o baixo nível de escolaridade de seus trabalhadores e uma forte consciência da necessidade de formação pessoal e profissional. Essa demanda é atendida pela Anteag.

---

[23] Foram três empréstimos, perfazendo um total de R$800 mil.

Outro aspecto que não pode ser negligenciado é a conquista de espaço no meio empresarial. Segundo o dirigente de uma das cooperativas, numa reunião com o governador do seu estado, um empresário se recusou a sentar-se à mesa com os representantes da cooperativa. Foi necessário que o próprio governador o interpelasse, dizendo que, se a situação brasileira que ora enfrentavam era grave, isso se devia a empresários como ele, e não aos dirigentes daquela cooperativa.

A mudança é lenta, mas aposta-se na transparência, na democracia e na comprovação da eficiência.

Produzir com qualidade

De acordo com a Anteag, a montagem de um projeto de autogestão acontece em seis passos:

1. reunião com as pessoas interessadas;
2. pesquisa com a massa de trabalhadores;
3. discussão com as partes envolvidas e elaboração da carta-compromisso;
4. levantamento da viabilidade econômica e financeira do projeto; essa etapa exige dois pré-requisitos:
    - existência de mercado para o produto (forma do mercado, concorrência, política de preços, segmentação, tendências mercadológicas, vantagens competitivas);
    - custos compatíveis, qualidade e produtividade dos fatores produtivos envolvidos: capital, tecnologia, matéria-prima e mão-de-obra;
5. necessidade de capital a curto, médio e longo prazos;
6. definição da forma organizativa pretendida.

A maioria das cooperativas, ao fazer esse estudo, identifica defasagem tecnológica e insuficiência de capital de giro. Ainda assim, confiando na garra dos trabalhadores, aceita o desafio.

Exemplo desse esforço é a Coopertec (Moreno-PE), fabricante de cobertores que, com um conjunto de teares muito antigos, superou suas dificuldades tecnológicas graças à capacidade criativa de seus 170 cooperados.

Também encontramos situações inversas: a Frunorte (Vale do Assu-RN), sediada na região do semi-árido nordestino, é uma empresa em co-gestão que atua com alta tecnologia em aclimatação e exportação de melões. A Anteag, num esforço para combater a pobreza da região, elaborou o projeto de uma fábrica de polpa. Trata-se do aproveitamento das sobras produzidas pela Frunorte, descartadas por estarem fora dos padrões exigidos para exportação. A partir desse projeto, pretende-se criar uma creche e um Centro de Inteligência para beneficiar 35 famílias (120 pessoas), que reinventarão políticas de sobrevivência a partir de projetos educativos.

A Coppe-UFRJ está realizando uma pesquisa[24] para avaliar a capacidade de integração dessas empresas no tecido industrial brasileiro. Tal estudo pretende deter-se em quatro dimensões: tecnológica, competitiva, organizacional e social, pressupondo que as empresas autogeridas:

- têm de enfrentar o mercado e disputar com as outras empresas;
- representam um novo potencial (novas formas de ação interna e externa);
- partem de problemas de falência ou da necessidade de aporte de capital e passam por traumas financeiros.

Mais do que uma análise tradicional, o trabalho buscará enfatizar a capacidade de reação dessas empresas. O estudo de sua viabilidade implica uma avaliação de sua capacidade de integração no tecido industrial brasileiro. Apesar das dificuldades por que passam, muitas dessas empresas dizem estar conseguindo imprimir a seus produtos uma excelente qualidade. Vejamos alguns exemplos.

A Cooperminas, que recentemente foi autorizada pelo governo federal a ampliar sua produção de oito para 27 toneladas,[25] fornece carvão mineral para a Eletrosul, que o utiliza na produção de energia. Tal fornecimento tem qualidade assegurada, e a Eletrosul, ao contrário do que faz com outros fornecedores, retira o carvão da Cooperminas sem nenhum teste, pois o material nunca apresentou problemas.

A Coopervest (Aracaju-SE), além de continuar a fornecer para a Vila Romana — da qual é originária —, está criando marcas novas, que estão ganhando espaço no mercado. A Coopertex é aceita no mercado como sucessora da Delta, graças à manutenção da qualidade.

---

[24] "A reestruturação produtiva no Brasil e o caso das empresas industriais sob regime de autogestão ou co-gestão" — pesquisa coordenada pelo professor Rogério Valle (Coppe-UFRJ).

[25] Quando a cooperativa assumiu a empresa, sua cota de extração de carvão era de oito toneladas.

Outro bom exemplo é a Hidrophoenix, que conquistou espaço para seus produtos graças à sua qualidade. No ano de 1999, lançou novos produtos, que têm sido muito bem aceitos no mercado. Além de novos tipos de macacos hidráulicos, está produzindo prensas e guinchos hidráulicos. Uma assessoria da Coppe-UFRJ[26] está auxiliando a empresa em diversos aspectos, como a padronização e racionalização de 62 tipos de operação na linha de montagem. Foram estabelecidos novos padrões para sua política comercial, e sua linha de produção está sendo reestruturada. Uma vez identificadas as necessidades, podem-se buscar os parceiros adequados. Podemos dizer que entre a Anteag e a Coppe existe uma relação de complementaridade que é resultado de uma parceria bem planejada.

Os direitos do trabalhador

Os processos vividos pelas empresas de autogestão buscam criar, no mundo do trabalho, relações centradas nas pessoas. Para que esses empreendimentos tenham sucesso, é necessário haver compromisso por parte de todos os trabalhadores envolvidos, pois eles têm de competir no mercado e partem, em geral, de uma situação desvantajosa, considerando-se a insuficiência de capital de giro e a defasagem tecnológica. Além disso, existem outras preocupações, como a de eliminar, a curto prazo, condições de trabalho insalubres e perigosas.

Em muitas dessas situações, em nome de um benefício futuro, os trabalhadores abrem mão de conquistas consolidadas pela classe trabalhadora, de modo que a direção das empresas precisa ter muito cuidado para não contribuir para um processo de auto-exploração.

Remuneração

A remuneração dos trabalhadores envolvidos na produção acompanha, em geral, os salários do mercado, havendo uma discussão sobre a equiparação dos valores recebidos por pessoas que atuam em funções de igual complexidade. Exemplo disso é a Coopervest, que ao ser assumida pelos trabalhadores mantinha 55 faixas salariais, sendo estas reduzidas para cinco ou seis no processo de autogestão. Contrariando a cultura dominante, as cooperativas tendem a privilegiar a remuneração dos trabalhadores da produção, havendo certa defa-

---

[26] A Hidrophoenix recebeu do BNDES recursos a fundo perdido, que estão sendo utilizados para remunerar a Coppe por essa assessoria.

sagem salarial dos trabalhadores administrativos. A Cooperjeans, cooperativa têxtil sediada na cidade de Avaré-SP, fez uma experiência importante, que pode ser estendida a todas as cooperativas assessoradas pela Anteag: trata-se de remunerar o trabalhador não somente pelo seu trabalho, mas também por sua participação comunitária, considerada relevante pelo grupo.

Jornada de trabalho

Freqüentemente, as jornadas de trabalho são oneradas para compensar a defasagem dos equipamentos ou para entregar uma encomenda extra. Nesse caso, os trabalhadores deixam de receber por essas horas adicionais de trabalho, sabendo que seu resultado terá reflexo no lucro dividido anualmente. As cooperativas organizam bancos de horas para dividir o tempo de trabalho entre os cooperados.

Na Nicola Rome está sendo discutida a necessidade de todos os trabalhadores serem treinados para exercer todas as funções. Por essa proposta, cada um mantém sua tarefa específica — na qual deverá ser especialista —, mas com conhecimento que permita o exercício de outras funções. Assim, se um setor da fábrica tiver de trabalhar mais tempo do que os outros, poderá haver um rodízio de todos os trabalhadores sem prejudicar nenhum grupo. É a idéia do *turn-over*, como observou Chiquinho:

> (...) se eu precisar de solda, o setor de solda estará trabalhando dia e noite, mesmo com o revezamento do pessoal da montagem. Acabou aquele trabalhador que diz: sou fresador e daqui não saio. Esse cooperado para nós não serve. Ele tem que ser um ótimo fresador, mas também bom soldador; um bom torneiro mecânico, mas também bom montador.

Na Coopertex, os cooperados chegam a trabalhar até 12 horas diárias sem receber horas-extras, pois sua produção é sazonal, e esse sobretrabalho será compensado por folgas nos meses em que a produção diminui.

Férias, 13º salário e FGTS

Como a legislação que rege as cooperativas é diversa da legislação trabalhista, não há previsão de férias, 13º salário nem Fundo de Garantia do Tempo de Serviço. O estatuto das cooperativas tem definido a criação de fundos para suprir esses direitos. O mesmo mecanismo é utilizado para as licenças de saúde e maternidade.

Aposentadorias

Para o Instituto Nacional de Seguro Social, os trabalhadores das cooperativas são autônomos, devendo ter um registro específico e recolher certa percentagem de seu rendimento mensal. A maioria das cooperativas com as quais fizemos contato informou que a Assembléia de Cooperados definiu que a administração da cooperativa deveria incumbir-se de tal recolhimento, descontando esse valor do salário de cada trabalhador. Numa delas, cada trabalhador faz seu próprio recolhimento, e muitos deles optaram pela previdência privada.

Assistência médica

A assistência médica aos cooperados é feita por intermédio de convênios com empresas privadas de saúde. Há também convênios com farmácias para a compra de medicamentos. A Cooperminas, em parceria com o sindicato, está montando uma farmácia para fornecer remédios a baixo custo a seus cooperados e familiares.

Acidentes do trabalho e doenças profissionais

Segundo informações das cooperativas, acidentes de trabalho em empresas cooperativadas não são reconhecidos pelo Ministério do Trabalho. Muitas das cooperativas têm buscado a contratação de seguros coletivos, por empresas particulares, para poder atender a esses trabalhadores. Em situações de maior periculosidade, como é o caso da Cooperminas, há dificuldade para contratar esse seguro. Além do risco de acidentes na mina, os mineiros podem adquirir uma doença profissional, a pneumoniose, que provoca o endurecimento dos pulmões.

Lições aprendidas

Ao procurar conhecer a experiência da Anteag, fomos introduzidos no universo das empresas de auto e co-gestão. Tais empresas desenvolvem um tipo especial de arquitetura empresarial que modela um determinado tipo de relação social de produção.

O processo que começa pela procura de solução para o desemprego vai aos poucos envolvendo integralmente os cooperados e introduzindo a ética no seu cotidiano, de modo a transformar suas vidas e seu envolvimento com a comunidade.

Um processo dessa envergadura demanda grande investimento em educação, envolvendo inicialmente o trabalhador e, depois, toda a sua família e sua vizinhança.

Baseada na solidariedade e no direito ao trabalho, essa é uma construção que exige o envolvimento de toda a sociedade na qual se inserem os trabalhadores. Nos depoimentos colhidos para este trabalho, pudemos perceber alguns aspectos que, a nosso ver, merecem destaque.

Relação entre os trabalhadores

- na medida em que se estabelece uma relação menos hierárquica, dada a ausência da figura do patrão, os trabalhadores emitem suas opiniões mais livremente, pressionando a direção das cooperativas;
- muitos dos encarregados de serviço têm dificuldade de exercer sua autoridade na configuração mais democrática que se estabelece.

Acidentes de trabalho

- a mina que hoje é administrada pela Cooperminas era campeã em acidentes de trabalho. A partir do momento em que foi assumida pelos cooperados, esses acidentes caíram a um nível considerado baixíssimo (um a cada 40 dias). Os dirigentes da cooperativa atribuem isso à mudança na relação com os mineiros: o mineiro sabe onde é perigoso e só se acidentava porque era obrigado. Agora que ele pode definir sua rotina de trabalho, sofre menos acidentes.

Administração mais eficaz

- as cooperativas escolhem cuidadosamente seus dirigentes, contratando executivos quando julgar necessário;
- os controles de estoque são mais rigorosos;
- a defasagem do maquinário é compensada por mais horas de trabalho, de modo a permitir a concorrência com empresas com parque industrial mais avançado.

Incentivo ao trabalhador

- a maioria das empresas de autogestão incentiva seus cooperados a voltar a estudar. A Coopertex tinha apenas dois trabalhadores com nível universitário; implantou uma política de incentivo ao estudo e conta agora com três novos universitários nos cursos de marketing, química e engenharia têxtil, áreas onde trabalham.

Atuação na sazonalidade

- algumas cooperativas, como a Hidrophoenix, cujo produto é sazonal, estão introduzindo produtos novos na entressafra;
- outras cooperativas, como a Coopertex, tentam controlar sua sazonalidade propondo aos trabalhadores que trabalhem mais nos meses de maior produção (banco de horas), folgando nos meses de entressafra.

O momento atual é de consolidação das propostas formuladas, de modo que existe um grande empenho em constituir uma rede articulando as empresas auto e co-geridas (Anteag Business Network). O objetivo é articular todas as empresas filiadas à Anteag, mas o primeiro passo foi constituir uma rede envolvendo as empresas do setor têxtil. Após um diagnóstico das empresas desse setor que são filiadas à Anteag, foi feita uma proposta que se encontra em andamento.

Negócios

- fornecimento: apesar de as empresas serem muito diferentes entre si, elas compram basicamente dos mesmos grupos econômicos, uma vez que a matéria-prima é bastante oligopolizada. Elas devem apresentar, em conjunto, uma pauta de compras para obter uma negociação privilegiada. Um subproduto que sem dúvida surgirá no desenvolvimento desse processo é o fornecimento entre as próprias empresas autogeridas. No longo prazo, pode-se pensar em responsabilização coletiva pelo crédito;
- marca: discute-se a construção de uma marca, com participação dos profissionais de desenvolvimento de produto e profissionais de estilo e marketing;
- engenharia simultânea: como existe pessoal técnico de grande talento e experiência ligado à produção em diversas empresas, estas podem propor aos fabricantes nacionais de máquinas o desenvolvimento de equipamento nos termos da engenharia simultânea.[27]

---

[27] Metodologia de trabalho que consiste em realizar as várias fases de um projeto interativamente, envolvendo profissionais de diferentes especialidades, desde o início até o final do mesmo. Com isso reduz-se o tempo total de desenvolvimento de um projeto, ao mesmo tempo em que se melhora a qualidade do processo e do produto final.

Área institucional

Somando o número de pessoas envolvidas, o faturamento e a produção das diversas empresas autogeridas, obtêm-se valores bastante significativos. Sabe-se, ainda, que esse número tende a crescer rapidamente. A proposta é que as empresas de autogestão se relacionem com os demais atores sociais como sujeito coletivo, de modo a ter voz ativa nos processos socioeconômicos. Isso significa pleitear assento em fóruns sindicais e empresariais e, ainda, assumir papel significativo na disputa dos fundos públicos. Nesse sentido, é urgente a elaboração de algumas propostas mínimas relativas a condicionantes de empréstimos por órgãos públicos, como o BNDES, por exemplo.[28]

Apoio de gestão

Foi proposta uma estrutura na qual participassem, permanentemente, um associado de cada empresa, um coordenador-geral e uma pessoa da área de administração e atendimento.

Outro subproduto da instalação desse tipo de rede é a troca de serviços entre as empresas. As caldeiras da Coopervest, por exemplo, poderiam ser reformadas e mantidas por técnicos da Nicola Rome.

Existe também uma atuação extra-rede: o apoio a empresas que iniciam o processo de discussão da autogestão. Muitas das cooperativas têm histórias para contar de seu apoio a outras empresas em processo de consolidação em autogestão. Tudo isso é fruto de uma articulação conjunta.

Parcerias

Na análise da Anteag, sob qualquer aspecto examinado, fica evidente que ela nunca teria alcançado o significado que tem hoje, não fosse o envolvimento dos sujeitos individuais e coletivos com os quais atua conjuntamente.

As entidades com as quais a Anteag está envolvida apresentam interfaces comuns, havendo uma identidade muito grande entre as preocupações de seus dirigentes. Nesse sentido, mesmo que sua leitura teórica seja diferente, o espaço da Anteag é um espaço de construção coletiva.

---

[28] Inúmeras são as queixas das empresas autogeridas no que se refere a empréstimos e a pedidos de parcelamento das dívidas herdadas. A partir da existência da dívida, as empresas são inscritas no Cadin, perdendo assim o acesso às linhas de crédito oficiais.

Segundo Marilena Nakano, mais do que parceiros, eles são companheiros. Os acordos geram convênios cruzados, pois assume oficialmente o compromisso quem tem condições de apresentar a contrapartida exigida. Isso ocorre num clima de muita tranqüilidade, porque existe a confiança de que o que foi combinado será cumprido.

Bibliografia

Abramides, Maria Beatriz et alii. *O novo sindicalismo e o serviço social.* São Paulo, Cortez, 1995.

Albuquerque, Paulo Peixoto de. Cooperativas de trabalho: mudanças das relações de produção? *Revista São Paulo em Perspectiva, 12*(1), jan./mar. 1998.

Amato Neto, João. Reestruturação industrial e o cenário para o surgimento de redes de cooperação entre as pequenas e médias empresas. Trabalho apresentado no evento USP fala sobre trabalho. São Paulo, 1999a.

———. Redes de cooperação produtiva das pequenas e médias empresas no estado de São Paulo: oportunidades e obstáculos. Trabalho apresentado no evento USP fala sobre trabalho. São Paulo, 1999b.

Anteag. *Empresa social e globalização — administração autogestionária: uma possibilidade de trabalho permanente.* Anteag, 1998.

Chagas, Adélia et alii. Operário patrão. *Revista Atenção!, 2*(4), 1996.

Cruz, Celso. Preservar o passado, garantir o presente, apostando no futuro. In: *Ossos do ofício — cooperativas populares em cena aberta.* ITCP/UFRJ, 1998.

CUT. Projeto Desenvolvimento Solidário — bases para uma ação estratégica no campo da economia solidária. Jun./dez. 1999.

Dalpasquale, Dejanir. As cooperativas e o desemprego. *Folha de S. Paulo,* 14-3-1998. p. 2-2.

Faria, Cido. Autogestão, emprego a custo zero. *Folha de S. Paulo,* 23-3-1998. p. 2-2.

Gaiger, Luiz Inácio. Significados e tendências da economia solidária. In: *Sindicalismo e economia solidária — reflexões sobre o projeto da CUT.* CUT Nacional, dez. 1999.

Grinbaum, Ricardo. Brasil anda para trás nos anos 90. *Folha de S. Paulo,* 26-12-1999. p. 2-1.

Haddad, Fernando. Paul Singer. *Revista Teoria e Debate, 10*(35), jul./ago./set. 1997.

———. Terceiro setor e economia solidária. *Folha de S. Paulo*, 28-12-1999. p. 1-3.

Mendonça, Sérgio. O mercado de trabalho brasileiro e as possibilidades da economia solidária. In: *Sindicalismo e economia solidária — reflexões sobre o projeto da CUT.* CUT Nacional, dez. 1999.

Moreira, Marcelo. Região do ABC ganha cooperativa. *Folha de S. Paulo*, 20-12-1999. p. 1 (caderno especial).

Nakano, Marilena. Apresentação. In: *Empresa social e globalização.* Anteag, 1998.

Oda, Nilson Tadashi. O Sindicato dos Metalúrgicos do ABC e as questões do emprego: acordo emergencial e cooperativas. Trabalho apresentado no evento USP fala sobre trabalho. São Paulo, 1999.

Peixoto, José Antonio A. et alii. A reestruturação produtiva no Brasil e o caso de empresas industriais sob regime de autogestão ou co-gestão. 1999. mimeog.

Pochmann, Márcio. Desemprego: causas e alternativas de enfrentamento no Brasil. *Unitrabalho Informa, 2*(4), fev. 1998, p. 2.

Seidl, Antonio Carlos. Expansão não vai baixar desemprego. *Folha de S. Paulo*, 26-12-1999. p. 2-3.

Singer, Paul. Desemprego: uma solução não-capitalista. *Revista Teoria e Debate, 9*(32), jul./ago./set. 1996.

———. Economia solidária: geração de renda e alternativa ao liberalismo. *Revista Proposta, 26*(72) mar./maio 1997.

———. Autogestão contra o desemprego. *Folha de S. Paulo*, 22-6-1997. p. 1-3.

———. Cooperativismo e sindicatos no Brasil. In: *Sindicalismo e economia solidária — reflexões sobre o projeto da CUT.* CUT Nacional, dez. 1999.

Souza, Herbert de. Microempresa: única solução. *Folha de S. Paulo*, 27-6-1997. p. 1-3.

Todeschini, Remígio et alii. A CUT e a economia solidária. In: *Sindicalismo e economia solidária — reflexões sobre o projeto da CUT.* CUT Nacional, dez. 1999.

Vieitez, Cândido Giraldez. Empresa sem patrão: temas de autogestão dos trabalhadores. In: *A empresa sem patrão.* Unesp, 1997.

CAPÍTULO 10

A experiência da Câmara Regional do Grande ABC

Pedro Jacobi*

A articulação dos governos e da sociedade civil de sete municípios cria um novo modo de enfrentar os problemas regionais.

Introdução

A constituição de uma câmara regional de desenvolvimento que articule interesses de prefeituras e da comunidade local tem como referência as experiências de desenvolvimento econômico local realizadas nos últimos anos simultaneamente às transformações econômicas mais recentes.

A Câmara Regional do Grande ABC surge como resposta inovadora numa região afetada por uma crise profunda — diminuição significativa da atividade econômica, êxodo de indústrias, obsolescência do parque industrial e crescimento do desemprego.

A crise do ABC está relacionada a dois fatores que afetam intensamente a região: a forma de inserção do país no processo de globalização econômica e seu impacto na estrutura industrial; e uma histórica desvalorização dos espaços públicos e dos recursos naturais, além do esgotamento de parte significativa dos recursos locais.

A região do ABC, conhecida pelo seu dinamismo industrial, gerado a partir de meados dos anos 1950 como espaço privilegiado de implantação da indústria automobilística e das empresas a ela vinculadas, vive um processo acelerado de crise que se reflete no fechamento de indústrias, na retração do

---

* Professor da Faculdade de Educação da USP.

investimento, na diminuição dos empregos industriais e na queda do rendimento médio da população.

A câmara se caracteriza como engenharia institucional inovadora, marcada pelo desafio de consolidar um pacto de governança no plano regional numa perspectiva que reforce o interesse geral e leve em consideração as especificidades de cada município, visando ao resgate de espaços públicos, à preservação de recursos naturais e ao aumento da competitividade da região.

Contexto

A experiência da Câmara configura uma nova premissa de desenvolvimento econômico baseada na valorização da capacidade dos atores locais para alavancar tal desenvolvimento.

Embora tenha havido significativa descentralização dos recursos fiscais da União, essa descentralização esteve associada à ampliação dos governos locais, por conta de uma crescente municipalização dos serviços urbanos. Esse confuso processo de descentralização, entretanto, tem provocado indefinição na distribuição de encargos e receitas. Além disso, existem poucos estímulos para reforçar a cooperação intermunicipal, na medida em que a formação de consórcios intermunicipais encontra entraves na legislação.

Vale também mencionar o impacto do processo de globalização e o surgimento de ilhas de competitividade no mercado mundial, o que afeta a esfera local, e o impacto perverso da disputa competitiva por capitais, que gera uma guerra fiscal entre estados e entre municípios.

Nesse contexto, a Câmara Regional do Grande ABC assume um papel catalisador e dinamizador, reunindo atores representativos para viabilizar um processo de integração essencial para mudar qualitativamente o quadro econômico e social da região.

A região do Grande ABC: dinâmica político-institucional e caracterização socioeconômica atual

A região do Grande ABC, formada pelos municípios de São Bernardo do Campo, Santo André, São Caetano do Sul, Diadema, Mauá, Ribeirão Pires e Rio Grande da Serra, situa-se no sudeste da Grande São Paulo e constitui o centro econômico mais dinâmico da região metropolitana.

A população residente na região do Grande ABC é de 2.225 mil habitantes,[1] e a taxa de crescimento anual é de 1,66%, com significativas variações entre municípios — 3,06% em Mauá e 1,33% em São Caetano do Sul.

A região também foi o nascedouro de um movimento sindical vigoroso, a partir do final dos anos 1970, denominado "novo sindicalismo". Nesse período se fortaleceram também movimentos sociais que possibilitaram uma articulação entre bairro e fábrica e a emergência de atores sociais que teriam um papel fundamental nos rumos da vida política e social da região. Os anos 1970 e 80 tornaram o ABC muito conhecido pela repercussão das greves e das lutas contra o autoritarismo na disputa por melhores condições de trabalho. Nesse sentido, cabe destacar na história política da região a importância do nascimento do PT como resultado da força do movimento social. Diadema foi a primeira prefeitura a ser governada por um partido de esquerda (PT), em 1982. A esse primeiro seguiram-se outros prefeitos progressistas, notadamente do PT. No período entre 1989 e 1992, foram eleitos outros três prefeitos de esquerda em São Bernardo do Campo, Diadema e Santo André, compondo o que então se denominou o cinturão vermelho da região metropolitana, possibilitando a articulação de novos atores sociais.

O ABC constitui uma sociedade civil bastante organizada e articulada, fruto de um longo processo de resistência e luta que se mantém ao longo dos anos.

O desenvolvimento do perfil industrial dessa região ocorreu a partir da instalação de um parque industrial automotivo e de outras atividades econômicas que dinamizaram a região. Em 1996, o setor industrial era responsável por 41% de todo o emprego no ABC, concentrado em três setores: automotivo, químico e metalúrgico, nessa ordem de importância.

O ABC, que era o núcleo motor de uma economia ascendente, tendo como carro-chefe a indústria automobilística instalada na região nos anos 1960, conheceu a partir do início da década de 1980 um acelerado processo de crise, com o fechamento de unidades produtivas e a transferência de unidades para outras regiões, além de retração do investimento, diminuição do volume de emprego, queda do rendimento médio da população e redução da sua participação no PIB industrial brasileiro.

---

[1] Dados do IBGE, 1996.

O volume total de emprego diminuiu aproximadamente 35% entre 1987 e 1996 nos sete municípios do ABC. A taxa de desemprego atingiu praticamente 21% em 1999, e a participação da região no PIB industrial brasileiro mostrou uma queda de 9% em 1980 para 8% em 1995.

Um conjunto de fatores pode ser associado a essa crise. A descentralização geográfica da produção, a busca de novas vantagens locais, a guerra fiscal entre estados e entre municípios e a presença de um sindicalismo combativo geraram uma convicção entre as empresas de que a região estaria impondo altos custos à produção. Essa convicção é resumida pela expressão "o custo ABC", que se tornou cada vez mais usual. Esse quadro acabou sendo responsável não só pela diminuição do investimento na produção industrial, como também pelo relativo esvaziamento da indústria local e o surgimento da crise atual.

Antecedentes

Embora o movimento popular tenha sofrido um refluxo desde meados dos anos 1980, as lutas sindicais da região do ABC configuram um exemplo de articulação e constituição de espaços de interlocução e negociação entre empresários e sindicatos ao longo da década. Isso gerou um amadurecimento dos atores sociais, que reconheceram a necessidade de interlocução com representantes de interesses diferenciados.

O salto de qualidade ocorreu em 1992 com a criação da Câmara Setorial Automotiva, uma forma de enfrentar a grave crise que se abatera sobre o setor como conseqüência da política econômica adotada pelo governo federal desde o início de 1990. Os acordos assinados no âmbito da Câmara Setorial em 1992 e 1993 não só garantiram expressivos resultados econômicos ao setor, como trouxeram a semente de uma nova contratualidade, com base em relações sociais mais modernas.

Lembremos que nesse contexto de registro das engenharias institucionais, duas instâncias ocupam lugar privilegiado: o Fórum da Cidadania e o Consórcio do Grande ABC. O primeiro, constituído como ONG em 1994 e englobando mais de 100 entidades da sociedade civil da região, buscava articular interesses numa perspectiva regional. O segundo, representando um esforço de articulação de diversos municípios para melhorar o gerenciamento ambiental, teve origem na criação do Consórcio Intermunicipal das Bacias do Alto

Tamanduateí e Billings, em dezembro de 1990, congregando os sete municípios da região.

O Fórum da Cidadania representa importante referencial de agregação de capital social: desde 1994, congrega mais de 100 entidades da sociedade civil representada em toda a sua diversidade — associações de moradores, associações empresariais, sindicatos de trabalhadores, movimento ambientalista etc. Todas as experiências que se reúnem nesse processo têm como principal referência um denominador comum — a capacidade de negociação, que abre importantes espaços para propor ações centradas numa interlocução responsável com esferas de governo e outros atores sociais. O Fórum da Cidadania representa um avanço na capacidade da região de articular atores que, apesar de sua origem diferenciada, buscam formas conjuntas de atenuar os problemas regionais.

Por seu lado, o consórcio foi criado com o objetivo de representar os sete municípios que o integram, seja na busca de soluções para problemas regionais urgentes, em virtude da inexistência de uma política metropolitana efetiva, seja perante quaisquer outras entidades de direito público e privado, nacionais e internacionais. Cabe ao consórcio planejar, adotar e executar projetos, obras e outras medidas referentes a abastecimento de água, saneamento básico, resíduos sólidos e infra-estrutura física da região; bem como promover formas articuladas de planejamento do desenvolvimento regional, criando mecanismos conjuntos para consultas, estudos, execução, fiscalização e controle de atividades. O foco central é, portanto, o desenvolvimento de ações regionalizadas de interesse dos municípios integrantes.

A atuação do consórcio mudou as práticas predominantes da política local e incentivou uma interlocução responsável com outras esferas de governo e com outros atores sociais. O objetivo era tornar a região mais integrada, rompendo o círculo vicioso das práticas clientelistas e da troca de favores no nível intergovernamental. Tendo essa base de sustentação, o consórcio definiu como campo de atuação um amplo leque de questões, abrangendo desde o gerenciamento ambiental até o desenvolvimento regional, encaminhando temas relativos aos interesses que agregam os municípios envolvidos.

Embora o consórcio tenha viabilizado algumas iniciativas importantes voltadas para a região, a descontinuidade administrativa nas prefeituras provocou um significativo esvaziamento entre 1993 e 1996.

Nesse contexto social, marcado por forte institucionalidade e pela constituição de diversos atores, surge em março de 1997 a Câmara Regional.

Descrição da Câmara Regional

A câmara compõe-se de atores representativos do Estado (governo estadual, prefeituras da região, deputados estaduais e federais da região e vereadores) e da sociedade civil (sindicatos patronais e trabalhadores, organizações comunitárias).

A justificativa para a ação foi a necessidade que os atores integrantes dessa articulação sentiram de enfrentar a crise que afeta a região como um todo e de elaborar políticas públicas para problemas sociais, econômicos, ambientais, físico-territoriais e de circulação e transportes da região, visando ao desenvolvimento econômico.

Origem

Em 1996, o governo do estado de São Paulo lançou publicamente a idéia de criar uma Câmara Regional para o Grande ABC com participação dos governos municipais e da comunidade local, visando a estimular o desenvolvimento econômico regional. Com a eleição dos sete novos prefeitos, os governos locais passam a considerar a abordagem das questões intermunicipais fundamental para o futuro de seus próprios municípios. De início, retomou-se o projeto do Consórcio Intermunicipal, antes mesmo da posse dos novos governos, no início do ano de 1997. Posteriormente, elaborou-se em conjunto o estatuto de funcionamento da Câmara Regional do Grande ABC, cujo lançamento ocorreu em São Bernardo, em 12 de março de 1997.

A Câmara Regional foi fortemente inspirada na experiência da Câmara Setorial Automotiva, na medida em que baseia sua dinâmica de atuação no conceito de cadeia produtiva e na construção de um espaço público de expressão e negociação de diferentes interesses.

A câmara articula simultaneamente duas dinâmicas de atuação fundamentais para a região: de um lado, alternativas para a crise no setor produtivo, por meio de respostas que fortaleçam as cadeias produtivas e a qualificação da força de trabalho; de outro, a necessidade de requalificar e valorizar áreas públicas, concentrando-se em ações que tenham impacto efetivo na qualidade de vida da região. Um dos grandes desafios é a recuperação de áreas degradadas, buscando a articulação de ações numa perspectiva regional e rompendo o círculo vicioso de soluções geralmente pautadas por uma lógica bairrista e de troca de favores políticos.

Trata-se de iniciativa que requer muito apoio e legitimidade social e institucional, de modo que implica significativas mudanças visando a fortalecer a gestão regional, no intuito de coordenar ações de estímulo ao investimento na região, atrair novos projetos e desenvolver um modelo de atuação intermunicipal que fortaleça uma interlocução mais substantiva entre o poder público e a sociedade civil.

Os eixos estruturantes — agrupamentos temáticos de programas e ações que compõem o planejamento regional e estratégico desenhado para os próximos 10 anos — estão voltados para:

- educação e tecnologia;
- sustentabilidade das áreas de mananciais;
- acessibilidade e infra-estrutura;
- diversificação e fortalecimento das cadeias produtivas;
- qualidade do ambiente urbano;
- identidade regional e estruturas institucionais;
- inclusão social.

Objetivos

Seu objetivo prioritário é integrar a atuação do poder público nos dois níveis — estadual e municipal — e a participação da sociedade civil, articulando iniciativas e encampando propostas advindas de todos os setores para equacionar soluções abrangentes nas diversas áreas de atuação.

A câmara busca aglutinar forças governamentais e da sociedade civil na definição e na implementação de ações regionais que promovam, de modo integrado, o desenvolvimento econômico e social da região, congregando, além das prefeituras dos municípios do Grande ABC, o governo do estado de São Paulo, o conjunto dos parlamentares da região nos níveis municipal, estadual e federal, o Fórum da Cidadania do Grande ABC, entidades empresariais, entidades de trabalhadores e entidades civis organizadas.

Estrutura e dinâmica

A câmara representa uma interessante inovação, reforçando o papel da esfera regional e articulando-a com os governos locais. Apóia-se na constituição de uma vontade coletiva regional, a qual, como explica um de seus principais idealizadores, o atual prefeito de Santo André:

> Envolve um salto de qualidade indispensável para o enfrentamento dos desafios postos pela economia regional, expresso na criação de um arranjo institucional de novo tipo, fruto de uma coalizão ampla que integre, num mesmo espaço público não puramente estatal, os poderes públicos e a sociedade civil locais.[2]

A câmara é constituída de: a) Conselho Deliberativo; b) Coordenação Executiva; e c) grupos temáticos, dando-se o processo decisório por meio de consenso entre os membros.

A Coordenação Executiva é uma instância que coordena as ações da câmara, propondo temas ao Conselho Deliberativo, gerenciando e acompanhando os trabalhos temáticos, viabilizando sua integração, divulgação e apoio logístico. Compõe-se de um representante do governo estadual, por intermédio da Secretaria de Ciência, Tecnologia e Desenvolvimento Econômico, e de representantes das prefeituras, dos empresários, dos trabalhadores e do Fórum da Cidadania. Também é responsável pela designação dos coordenadores dos grupos temáticos, seguindo o princípio das afinidades dos temas com as entidades representadas nos respectivos grupos, e pela sistematização dos diagnósticos submetidos ao Conselho Deliberativo.

O Conselho Deliberativo é formado por 67 membros, representando todos os parceiros; uma Coordenação Executiva (CE), constituída de 25 membros indicados pelo Conselho Deliberativo; e quatro grupos de trabalho (GTs): — Desenvolvimento Econômico e Emprego; Planejamento Urbano e Meio Ambiente; Desenvolvimento Social; e Temas Administrativos e Financeiros —, divididos em mais de 20 subgrupos encarregados de tratar de temas específicos. As reuniões de trabalho dos GTs são quinzenais, e seus resultados são encaminhados para análise e deliberação da Coordenação Executiva. A partir das proposições aprovadas pela Coordenação Executiva, formulam-se termos de acordos a serem aprovados nas reuniões do Conselho Deliberativo. É a instância superior de decisões da câmara, formada pelo governo do estado (por intermédio do próprio governador e dos secretários de Estado mais diretamente ligados aos temas regionais), pelos sete prefeitos municipais, pelos cinco deputados estaduais e quatro deputados federais da região, pelos sete presidentes das câmaras de vereadores e por cinco representantes dos empresários, cinco dos trabalhadores e cinco do Fórum da Cidadania.

---

[2] Daniel, 1996:4.

Os grupos temáticos abrangem muitos temas relacionados à problemática do desenvolvimento econômico da região. São interdisciplinares e interinstitucionais. Sua composição é aberta aos interessados, especialmente aos representantes de entidades comunitárias, trabalhadores, empresários, prefeituras e governo estadual. É sua atribuição elaborar diagnósticos e recomendar ações e políticas para o desenvolvimento econômico da região, observando-se o princípio da sustentabilidade. Os grupos temáticos estão divididos em três grandes áreas: desenvolvimento econômico e emprego; desenvolvimento social; e desenvolvimento físico-territorial. Os subgrupos ora em funcionamento são:

1. Agência de Desenvolvimento Econômico;
2. Aumento da Competitividade das Cadeias Produtivas;
3. Formação Profissional e Observatório da Situação de Emprego;
4. Pólo Tecnológico;
5. Setor Petroquímico;
6. Setor Moveleiro;
7. Setor Automotivo;
8. Jornada de Trabalho;
9. Atividade Comercial;
10. Macrodrenagem;
11. Efluentes Hídricos Industriais;
12. Defesa Civil;
13. Turismo Regional;
14. Habitação;
15. Saúde;
16. Criança Prioridade 1;
17. Movimento Regional de Alfabetização de Adultos;
18. Transportes;
19. Obras Viárias;
20. Sistema Viário e Tráfego;
21. Transporte Coletivo Regional.

A seleção específica dos beneficiários decorre de cada frente de ação e do respectivo grupo de trabalho. As ações são muito abrangentes e o público-alvo, portanto, bastante diversificado, mas no que tange a medidas de combate à desigualdade e à pobreza existe um público-alvo bem definido e que está obtendo reais benefícios.

Atividades desenvolvidas

A câmara tem promovido seminários, *workshops*, estudos socioeconômicos e diagnósticos sobre as diferentes cadeias produtivas.

Esse conjunto de estudos, debates e negociações chegou a levantar aproximadamente 100 aspectos, dos quais 30 foram considerados prioritários. Tal processo deu origem a dois grandes acordos: o primeiro no final de 1997 e o segundo em meados de 1998.

O primeiro Acordo Regional celebrado entre o estado de São Paulo, municípios do Grande ABC, parlamentares da região e entidades representativas dos diversos setores da sociedade civil consiste em oito termos de compromisso para promover o desenvolvimento sustentável do Grande ABC, no intuito de viabilizar algumas iniciativas estratégicas:

- constituir a Agência de Desenvolvimento Econômico do Grande ABC com a missão de concentrar as informações socioeconômicas da região, conduzindo as ações de marketing regional e coordenando ações técnico-financeiras de apoio e fomento às empresas, tendo em vista o desenvolvimento econômico regional sustentado;
- implantar sistemas de retenção de águas pluviais nos municípios do Grande ABC inseridos na bacia hidrográfica do Alto Tamanduateí, com o objetivo de combater as enchentes na região;
- executar obras no sistema viário do Grande ABC, abrangendo o sistema Anchieta-Imigrantes e a rodovia Índio Tibiriçá;
- propiciar a revisão da Lei nº 9.472/96, de modo a possibilitar o desenvolvimento de atividades industriais não-poluentes, compatíveis com a proteção aos mananciais. Esse grupo foi extinto porque cumpriu sua meta;
- promover a modernização tecnológica das micro, pequenas e médias empresas, numa visão setorial em consonância com as vocações tradicionais e novas da região do ABC, por meio da viabilização de financiamento a juros baixos e da implementação de programas de apoio à difusão tecnológica e à qualificação profissional. Esse conjunto de atividades implica diversas fases de implementação: a) obtenção de recursos financeiros; b) mobilização e

planejamento; c) execução; e visa a fortalecer as diversas cadeias produtivas do ABC, desde a cadeia industrial, de comércio e de serviços existentes até novas cadeias industriais vinculadas à rede de comunicações e às novas alternativas criadas pelas transformações tecnológicas de comércio e serviços, inaugurando frentes pouco desenvolvidas e inovadoras, como turismo de negócios, turismo de lazer e entretenimento, turismo ecológico etc.

- formular e executar um plano regional de qualificação profissional para 235 mil trabalhadores até 2000 e implementar o Observatório Permanente da Situação de Emprego;
- estabelecer cooperação técnica, objetivando o planejamento integral e integrado, envolvendo elaboração, implementação e acompanhamento de programas e projetos (regional e municipal), bem como pesquisa e intercâmbio de informações e dados para fomento de atividades turísticas e culturais na região do Grande ABC;
- integrar a Câmara do Grande ABC ao movimento regional Criança Prioridade 1, que visa a garantir a criação e o fortalecimento dos instrumentos de captação de recursos, objetivando uma rede de serviços em prol da criança e do adolescente na região do Grande ABC;
- Movimento de Alfabetização Regional de Jovens e Adultos — Mova Regional.

Os acordos celebrados em novembro de 1997 representam um significativo esforço de articulação e agregação de atores sociais dispostos a negociar acordos que tragam benefícios para a região como um todo. Os objetivos centrais dessa complexa engenharia institucional são: criar novas estratégias para garantir uma reconversão econômica que garanta competitividade à região; desenhar e implementar alternativas de reconversão urbana.

Embora existam condicionantes externos a serem considerados, o grande desafio está na agregação de interesses em nível regional, na busca de um modelo de governança regional que rompa os entraves historicamente acumulados para transformar a qualidade de vida. Assim, apesar da assinatura das cláusulas, nem todas têm sido efetivas.

Em 31 de agosto de 1998, foi assinada uma segunda rodada de acordos visando a conjugar esforços para possibilitar um avanço a partir das propostas definidas em novembro de 1997. Enfatiza-se o fortalecimento das cadeias produtivas por meio dos seguintes instrumentos:

- implementação do Pólo Tecnológico do Grande ABC, com o objetivo de aumentar a competitividade dos setores automotivo e petroquímico (por meio da criação de centros de pesquisa e desenvolvimento articulados com as universidades da região) e de outros que seriam, num primeiro momento, objeto de programas de apoio e difusão tecnológica (plástico, química, manufatura mecânica, moveleiro e meio ambiente);
- aumento da competitividade das cadeias produtivas por meio de um amplo processo de sensibilização das micro e pequenas empresas, no sentido de promover sua modernização tecnológica, e da implementação de um fundo de aval com o objetivo de ampliar e agilizar as fontes de financiamento dirigidas a esse setor;
- qualificação e requalificação de mão-de-obra para o setor petroquímico, com o objetivo de incentivar a atração de empresas plásticas de terceira geração;
- revitalização do setor moveleiro, por meio da incorporação de novos modelos de gestão que contemplem o desenvolvimento científico e tecnológico, a qualificação profissional e o marketing industrial, propiciando a criação de um centro de desenvolvimento de *design* com o objetivo de aumentar a qualidade e a competitividade do setor.

Também foram assinados acordos visando aos seguintes objetivos:

- aumentar a competitividade e a produtividade da atividade comercial da região ampliando a oferta de empregos no comércio (por meio da garantia de condições adequadas para o seu funcionamento aos domingos);
- incrementar qualitativamente o transporte coletivo regional (por meio de melhorias no trem metropolitano, do desenvolvimento de projetos visando à instalação de um metrô de superfície e também da vinculação ao Programa Integrado de Transportes Urbanos do governo do estado de São Paulo);
- articular soluções de saneamento básico por meio do tratamento de efluentes industriais e da ampliação do sistema de controle e drenagem de águas pluviais;
- ampliação da oferta habitacional da região;
- implementação de um hospital regional de referência;
- fortalecimento do movimento regional Criança Prioridade 1.

Resultados alcançados até o final de 1999

Iniciativas mais avançadas

A implementação de uma engenharia institucional com a complexidade da Câmara Regional não permite utilizar um critério de avaliação convencional. Assim, a partir da leitura de documentos e entrevistas, torna-se possível desenhar um perfil dos resultados alcançados e de seus ainda incipientes impactos na região. Cabe destacar:

- A criação da Agência de Desenvolvimento Econômico do Grande ABC, em março de 1999, apoiada numa estrutura mínima composta de um coordenador para cada área (marketing, banco de dados e informações sobre a região e apoio e fomento às empresas), representa importante salto qualitativo. A agência tem sede própria e, a partir de convênio com o BID, já está desenvolvendo atividades estruturadas por dois consultores internacionais, visando a elaborar estudos e a produzir dados indispensáveis à definição de estratégias para promover mudanças na atividade econômica da região. As atividades iniciais objetivam uma avaliação das perspectivas da região para uso industrial e de serviços, bem como seu impacto sobre o meio ambiente. Foi constituída como uma ONG, tendo como associados os agentes que assumiram a garantia de seu custeio.
- A implantação de sistemas de retenção de águas pluviais, ação extremamente importante para a região, tendo em vista a freqüência com que é assolada por inundações e alagamentos na época das chuvas. Foram construídos seis sistemas de retenção de água (piscinões): três em São Bernardo do Campo, um em Santo André, um em Diadema e um em Mauá. Essas obras reduziram significativamente o problema das inundações. Se complementadas com a construção de outros tantos sistemas, já previstos, o problema das enchentes pode ser equacionado num prazo não muito longo. A proposta de construção dos piscinões não foi elaborada pela câmara, mas por uma articulação entre a Secretaria de Recursos Hídricos do governo estadual e as sete prefeituras, por intermédio do Consórcio do Grande ABC, no início de 1997. Mas a proposta foi encaminhada para a câmara, que apóia essa ação socioambiental fundamental para a região.
- As obras no sistema viário, a partir de ações bilaterais que também envolveram as prefeituras e o governo do estado e que foram debatidas e aprovadas pela câmara. Trata-se de duas obras muito importantes para o transporte da região: a reestruturação dos trevos da via Anchieta (decisiva para a ligação

da região com a capital e a Baixada Santista) e a recuperação do leito carroçável do sistema viário da avenida do Estado (fundamental para a ligação com várias partes da capital). A primeira delas ainda se encontra em processo de complementação, e a segunda já está concluída. Além disso, a proposta da Secretaria Estadual de Transportes Metropolitanos de promover a expansão do metrô para a região do ABC, a partir das discussões da câmara, é considerada um importante avanço para a região, embora ainda não exista definição dos trajetos.

- A revisão da Lei dos Mananciais representa importante avanço para o ABC, pois 56% da área total da região localizam-se em área de mananciais. A mudança da legislação existente — excessivamente restritiva — abre a possibilidade de implantação de atividades do setor secundário e terciário não-poluentes, em especial atividades tecnologicamente avançadas. A nova lei estadual já foi aprovada, aguardando no momento a regulamentação por leis específicas.
- O progresso mais significativo dentro do Plano Regional de Qualificação Profissional ocorre no setor de plásticos. Foi elaborado o Projeto Alquimia, que prevê a formação profissional de 12 mil trabalhadores do setor num período de 24 meses em cursos de habilidades básicas e específicas. Os cursos estão voltados não só para a mão-de-obra empregada, mas também para os desempregados. Para entrar em funcionamento, eles dependem apenas da liberação da verba do Fundo de Amparo ao Trabalhador.
- As iniciativas do movimento Criança Prioridade 1 também se fazem sentir tanto no plano das articulações sociais quanto na consecução de metas, notadamente na expansão do atendimento a crianças e adolescentes em situação de risco, estimulando a mobilização social como agente de prevenção e mudança. Isso também se observa nos aspectos relacionados ao estímulo ao protagonismo juvenil.
- Articulação das ações de saúde entre os municípios da região, com ênfase na criação de leitos hospitalares e no fortalecimento de parcerias das prefeituras com o governo do estado, SUS e instituições universitárias para o desenvolvimento de atividades múltiplas.
- O Programa Mova Regional representa um esforço de articulação das diversas prefeituras para combater o analfabetismo na região. Essa experiência procura repetir os resultados significativos obtidos na primeira gestão do prefeito Celso Daniel à frente da prefeitura de Santo André, entre 1979 e 1982, com a implantação do Serviço de Educação para Jovens e

Adultos (Seja). As atividades do Mova Regional também representam um salto qualitativo importante, na medida em que cinco dos sete municípios cedem espaço para que instituições da sociedade civil e prefeituras desenvolvam suas atividades. O impacto qualitativo dessa ação de inclusão social modifica as práticas predominantes e estende à região ações desenvolvidas por apenas algumas prefeituras, promovendo assim economia de escala e incremento do número de alunos beneficiados. O Mova racionaliza esforços e possibilita que a região reduza sua taxa de analfabetismo, a partir de um esforço de todas as prefeituras e atores envolvidos em prover condições adequadas para alfabetizar jovens e adultos. Aproximadamente 5 mil alunos são beneficiados por esse programa na região, em seis das sete prefeituras.

Destaques por eixo estruturante

Podemos constatar avanços significativos decorrentes do trabalho da Câmara do ABC quando analisamos algumas ações em cada um dos sete eixos estruturantes dessa experiência de gestão pública compartilhada por sete municípios.

No eixo estruturante Educação e Tecnologia, várias iniciativas estão em fase de implementação, com destaque para a ação de vários parceiros da Câmara do ABC. Um bom exemplo é a implantação do Centro de Pesquisa e Desenvolvimento do Pólo Petroquímico, que estará consolidado até 2001 e terá como objetivos mais importantes o aumento da produtividade desse setor em 10% no período de três anos e a diminuição do impacto negativo que essas indústrias vêm causando ao meio ambiente local. Entre os parceiros que estarão à frente da iniciativa destacam-se a Escola Politécnica da USP e Centros de Pesquisas de Faculdades da Região do ABC. Os recursos para o Centro Tecnológico virão do governo do estado, por intermédio da Fundação de Amparo à Pesquisa do Estado de São Paulo (Fapesp), das prefeituras e da Agência Nacional de Petróleo.

No eixo estruturante Sustentabilidade das Áreas de Mananciais, o Projeto Billings, que visa à recuperação de áreas contaminadas/degradadas dessa importante represa, já vem apresentando resultados concretos no tocante à melhoria da qualidade de vida dos moradores da área, por meio da criação de programas de habitação social e da implementação de uma política de educação ambiental. O desafio é não só garantir a qualidade das águas para consumo humano retiradas desse manancial, como também aumentar sua capacidade de produção. Para tanto já está em curso a elaboração de programas de fiscalização e monitoramento ambiental do entorno da Billings. São muitos os parceiros dessa iniciativa, que envolve importantes atores sociais, como universidades, ONGs, empresas, o Ministério Público etc.

No eixo estruturante Acessibilidade e Infra-estrutura, destaca-se a busca de soluções para um problema que afeta não só o ABC, mas todas as regiões de grande concentração populacional do mundo: o destino dos resíduos sólidos. A Câmara do ABC vem discutindo uma gestão integrada envolvendo as sete cidades que compõem a região, propondo quatro opções principais para solucionar esse problema: o apoio a programas de tratamento de resíduos industriais; o incentivo a programas de inclusão social, como a organização de catadores; o apoio ao programa do Unicef Crianças no Lixo Nunca Mais; e o desenvolvimento de programas de reciclagem de lixo, o que já vem ocorrendo em algumas cidades da região. Um salto de qualidade nessa discussão ocorreu com a realização do seminário Lixo e Cidadania, no final de 1999. Entre os vários resultados positivos desse evento, destaca-se o fato de que as sete cidades se comprometeram a utilizar conjuntamente dois aterros sanitários existentes na região, partindo assim para uma gestão compartilhada. Até então, cada uma buscava empurrar o problema para o território da outra. O Programa de Resíduos Sólidos tem aglutinado parceiros como o BNDES, o governo do estado, universidades e iniciativa privada.

No eixo estruturante Diversificação e Fortalecimento das Cadeias Produtivas, destaca-se a preocupação em desenvolver um Programa de Apoio ao Turismo Regional. A importância desse programa reside não só na busca de uma alternativa de desenvolvimento econômico para além do histórico processo de industrialização, mas também na sua articulação com um amplo projeto de preservação e recuperação de áreas naturais degradadas e com um forte investimento em iniciativas de qualificação profissional, o que possibilitará novas alternativas de emprego para a população local. A iniciativa envolve diversas parcerias: com o Sebrae, a Polícia Militar, o setor privado, o governo do estado e diversos outros órgãos públicos e privados.

No eixo estruturante Ambiente Urbano e Qualidade de Vida, o plano, já em desenvolvimento, de requalificar as áreas de empreendimentos privados subutilizadas ou desocupadas representa um importante marco para a recuperação econômica da região. Além de reativar as indústrias que paralisaram suas atividades, essa iniciativa visa também a criar novas formas de empreendimentos na região. Para isso aposta numa requalificação do ambiente urbano. São diversos os parceiros que se agregam nessa iniciativa, cabendo destacar o Sindicato das Empresas de Construção e Venda de Imóveis (Secovi), a Secretaria de Estado da Cultura, a Secretaria de Estado do Meio Ambiente, associações comerciais e a Universidade do ABC.

No eixo estruturante Identidade Regional e Estruturas Institucionais, a redefinição das estruturas tributárias dos municípios, com o objetivo de recuperar sua capacidade de investimento apostando na ação conjunta, pode apontar novos caminhos para regiões brasileiras que enfrentam a mesma dificuldade. Nesse caso, busca-se uma ação que se traduza numa política tributária comum aos municípios da Câmara do ABC, melhorando com isso sua capacidade de atrair investimentos para a região. Essa iniciativa conta com o apoio do governo estadual e de pesquisadores de diversas universidades.

O eixo estruturante Inclusão Social apresenta iniciativas que já se traduzem em importantes resultados para toda a região. Na área de geração de trabalho e renda, diversas experiências de requalificação profissional, em parceria com os sindicatos, vêm possibilitando uma pequena redução dos índices de desemprego local. Além disso, a criação de Bancos de Crédito Popular, também conhecidos como Bancos do Povo, representa um grande passo rumo à inclusão social, ao beneficiar pessoas excluídas do mercado formal de crédito. Outras iniciativas que lidam diretamente com habitação, infância e juventude, moradores de rua, mulher, população idosa, portadores de deficiência, saúde pública e segurança também estão sendo executadas em ritmo acelerado e vêm contribuindo para melhorar a qualidade de vida da população.

A última pesquisa de emprego e desemprego (PED) realizada pela Fundação Seade apontou uma ligeira redução do desemprego na região do ABC:

	Taxa de desemprego (%)		
Região	**Fev. 1999**	**Jan. 2000**	**Fev. 2000**
RMSP	18,7	17,7	17,7
Município de São Paulo	17,7	16,1	15,9
Região do ABC	20,6	20,4	20,0

Fonte: Fundação Seade. PED. mar. 2000.

Em janeiro de 2000, segundo a mesma pesquisa, a média salarial diminuiu 1,4% para os ocupados e 2,5% para os assalariados. O salário médio na região é de R$778.

Outras iniciativas

Além disso, a câmara tem dedicado particular atenção aos acordos especificados a seguir:

- Aumento da competitividade das cadeias produtivas, a ser obtido principalmente pela modernização tecnológica das micro, pequenas e médias empresas, por meio do acesso a financiamento a juros baixos e de programas de apoio e qualificação profissional que já estão em andamento. O principal instrumento desenhado é um fundo de aval para viabilizar o acesso das micro e pequenas empresas aos recursos do BNDES. Esse fundo de aval servirá como garantia de empréstimos bancários e para financiar a modernização da cadeia fornecedora da indústria, com o objetivo de atrair novos investimentos para a região. A premissa da proposta é a cooperação e a complementaridade das empresas em quaisquer dos setores — automobilístico, químico, petroquímico e outros.
- Plano Regional de Qualificação Profissional, que tem como principais metas: a) qualificar 235 mil trabalhadores até o ano 2000; b) instalar centros públicos de formação profissional; c) criar seis postos de Atenção ao Trabalhador; d) desenvolver a empregabilidade dos trabalhadores mediante iniciativas voltadas para o aumento da escolaridade média da população; e) melhorar a qualidade dos programas existentes de formação profissional, adaptando-os às novas necessidades da região e aos setores de nítida vocação regional; f) desenvolver programas de formação profissional para os setores emergentes da região; g) preservar e melhorar as escolas técnicas da região; e h) contribuir com a formação para a cidadania. Esse conjunto de ações visa a garantir formação geral e a acompanhar as mudanças culturais e tecnológicas em curso, e vem ao encontro da necessidade de maior qualificação dos profissionais, levando em conta a vocação regional.
- Existe também a preocupação de articular planejamento urbano e planejamento ambiental dentro de uma estratégia de desenvolvimento sustentado do Grande ABC. O objetivo é criar novas sinergias interinstitucionais que permitam compatibilizar alternativas de desenvolvimento e manejo sustentável baseadas em atividades industriais não-poluentes, atividades esportivas e atividades turísticas compatíveis com a preservação dos mananciais.

- Dois dos setores estratégicos para o desenvolvimento econômico da região — o automobilístico e o petroquímico — mereceram um engajamento efetivo da câmara. No caso da indústria automobilística, o esforço concentrou-se na assinatura de um conjunto de acordos, mas os sobressaltos da economia brasileira em 1998 e 1999 dificultaram a definição de ações concretas. No entanto, a capacidade da região de encontrar alternativas, propondo a definição de novos produtos como forma de manter o investimento na região, abriu um interessante espaço de interlocução com algumas montadoras, que estão revendo suas estratégias de investimento.

  No caso do setor petroquímico, constata-se que a baixa produtividade da Petroquímica União influencia toda a competitividade da indústria química da região. Nessa área, a economia de escala é fundamental para a competitividade, especialmente nas empresas de primeira ou segunda geração. Complica o quadro a desarticulação entre as várias empresas do setor — sobretudo as de terceira geração (setor de plástico) —, composto de quase 600 empresas. Assim, a câmara elaborou duas propostas. A primeira visa a duplicar a capacidade produtiva da Petroquímica União, de forma a aumentar o fornecimento de matéria-prima para toda a cadeia e permitir a expansão do pólo em seu conjunto. Os entendimentos sobre uma decisão técnica que permita uma primeira ampliação, de aproximadamente 20% da capacidade produtiva do pólo, estão em fase avançada. A segunda proposta inclui diversos projetos para incrementar a capacidade industrial existente, visando a criar na região um centro de excelência do setor de plástico. Eis as principais ações:

  a) criação do pólo de moldes, voltado para o apoio e a difusão tecnológica, buscando novos nichos de mercado para as empresas e alternativas para o aumento da competitividade, além de interação com as universidades da região para garantir apoio técnico ao pólo;
  b) criação de um grupo voltado para a discussão de propostas de cooperação entre as empresas nas áreas de refeição, manutenção, serviços, logística, assistência médica;
  c) implementação de cursos de formação profissional na área de plástico — Projeto Alquimia;
  d) estão em discussão propostas para a implementação de uma central de compras que possibilite a aquisição de grandes volumes de produtos por conjuntos de empresas, para economizar custos, e outras formas de cooperação que permitam a utilização de equipamentos por mais de uma empresa, além da reciclagem conjunta de sobras de material de várias empresas.

- Existe também uma grande preocupação com a redução do "custo ABC", não apenas com relação aos custos do trabalho, mas também de maneira mais sistêmica, incluindo medidas para flexibilização de impostos, investimentos no sistema viário e na infra-estrutura e outras estratégias que impliquem incremento nas economias de escala em nível regional e, conseqüentemente, menores custos para investir na região.

A bancada ABC, composta de sete deputados estaduais que representam a região, de todos os partidos, teve importante contribuição no processo que homogeneizou a alíquota do ISS e criou benefícios fiscais em todos os municípios, com exceção de São Caetano, que não aderiu à proposta.

Também se assinaram acordos sobre o sistema viário com o governo do estado, consolidados no âmbito da Câmara Regional, que representam importante avanço na solução de problema que se arrastava há anos, permitindo revigorar as vias de transporte da região. Segundo o prefeito de Santo André, Celso Daniel, esses acordos representam um estimulante espaço para fortalecer um conceito abrangente para a região.

Outros acordos têm favorecido a implantação de programas regionais voltados para meninos e meninas em situação de risco social. Os programas de inclusão social têm contado com amplo apoio de instituições da sociedade civil por meio do Fórum da Cidadania.

Dificuldades encontradas

As principais dificuldades estão associadas, segundo depoimento de atores relevantes no processo, à falta de uma prática efetiva de busca de sinergia. Até recentemente, a participação era escassa e heterogênea. São parceiros na câmara entidades com postura histórica diametralmente opostas e cuja mudança implica um processo gradual de encontros e afinação de diálogo. A noção de tempo é estratégica para definir esse processo.

A Câmara Regional precisa de tempo para consolidar-se como *locus* que reforce sinergias. Isso representa um grande esforço na articulação de atores que, geralmente movidos por suas especificidades, devem buscar de forma articulada e orgânica a requalificação e a potencialização de um ambiente capaz de produzir a infra-estrutura necessária à expansão dos setores econômicos avançados e especialmente as medidas sociais e político-institucionais destinadas a promover e assegurar a eqüidade social e a sustentação socioambiental.

Em alguns setores, os resultados têm sido limitados em virtude do impacto da crise econômica, como é caso do setor automobilístico. No setor moveleiro, hoje muito fragilizado, as iniciativas de fomento têm sido muito atomizadas, devido às dificuldades para articulação do setor dentro de uma perspectiva regional.

As dificuldades concentram-se essencialmente na falta de uma perspectiva de cooperação em alguns setores, e freqüentemente os empresários não se dispõem a participar, principalmente porque muitos deles ainda se pautam por uma perspectiva individualista e competitiva.

As maiores dificuldades provavelmente estão no nível das iniciativas municipais de caráter mais abrangente, necessárias à qualificação dos espaços públicos urbanos. A perda da qualidade de vida urbana não é percebida da mesma maneira pelas autoridades municipais, o que torna muito complexa a convergência para ações simultâneas e articuladas.

Dessa maneira, um dos grandes desafios ainda não superados é buscar uma definição de interesse regional em que cada um dos sete municípios se sinta contemplado, levando em conta vocações que sejam complementares.

Dificuldades superadas e perspectivas

O grande desafio é manter a participação dos diversos setores envolvidos. Um resultado muito estimulante tem sido a coesão da bancada ABC, a qual, mesmo sendo composta de parlamentares de diferentes partidos, vem obtendo importantes conquistas na Assembléia Legislativa ao conseguir recursos no orçamento estadual para projetos da região.

A superação das dificuldades vem-se dando por meio de uma articulação entre os atores engajados nesse processo desafiador. Trata-se do esforço de concretizar ações num plano mais imediato, agregando o interesse regional para negociar dívidas de prefeituras, discutir segurança, implementar cursos de qualificação e negociar recursos para investimentos estratégicos, a fim de garantir melhoria nos serviços públicos e proteger a região contra enchentes num futuro o mais próximo possível.

A engenharia institucional concebida — a Câmara Regional — se fortalece pela importância que adquirem as lideranças da região — como o prefeito de Santo André —, que reconhecidamente exercem um papel articulador e agregador na busca de soluções de cooperação entre municípios e entre atores regionais relevantes. A experiência prévia do consórcio, desenvolvida no período de 1989 a 1992, quando Celso Daniel também era prefeito de Santo André, mostra a importância de algumas lideranças que transcendem seu universo de atuação e transformam-se em catalisadores de propostas de complexa engenharia para superar os impasses regionais, numa perspectiva que reforça a cooperação e a interdependência.

O Consórcio Intermunicipal rompe com uma tradição de resolução individual dos problemas e aumenta a possibilidade — na medida do possível e da realidade do quadro político-institucional — de concretizar ações de planejamento regional integrado em áreas estratégicas para melhorar a qualidade de vida e as condições socioambientais de todo o Grande ABC.

A constituição da Agência de Desenvolvimento Econômico amplia a capacidade de superar entraves, tanto políticos quanto institucionais, possibilitando uma agregação de interesses diversificados para buscar novas respostas às dificuldades enfrentadas pela região. O grande benefício que a agência proporciona é fortalecer estruturas independentes da ação de interesses localizados, agindo em prol de interesses regionais múltiplos.

Já está em pauta, inclusive, a criação de uma agência ambiental na região, pois a potencialidade do turismo regional está sendo vista como um dos importantes vetores de ampliação de atividade econômica.

A experiência mostra que quanto maior for o nível de cooperação entre os diversos atores engajados, maior será a capacidade de reagir à crise. As perspectivas futuras estão associadas à possibilidade de os sete municípios se sentirem contemplados quanto à definição de prioridades.

O grande desafio é cultural e depende do fortalecimento de práticas de cooperação interinstitucional e intersetorial.

Parcerias

Histórico de inserção, dinâmicas e articulação

As parcerias assumem, nesse contexto, um papel central e catalisador. De fato, a câmara pode ser considerada um exemplo adequado para explicitar alcances e limites das parcerias. Todo o processo está baseado na constituição de arranjos interinstitucionais com base e sustentação numa multiplicidade de atores públicos, econômicos e de entidades representativas da sociedade civil. A inserção dos parceiros ocorre desde o início do processo, com a definição de duas instâncias: a Coordenadoria Executiva e o Conselho Deliberativo. Nessas instâncias de gestão estão representados os diversos setores: organizações empresariais, de trabalhadores, o governo do estado, o Consórcio Intermunicipal do ABC (sete prefeituras), o Fórum da Cidadania do ABC, parlamentares da região, organizações representativas de setores econômicos e organizações representativas de trabalhadores.

Cabe registrar igualmente a importância da articulação preexistente entre os atores na região: Fórum da Cidadania, Associação de Prefeitos, atividades sindicais conjuntas, câmaras setoriais dos metalúrgicos. Tal articulação contribuiu para o fortalecimento dessa nova engenharia que se nutre da capacidade articuladora e negociadora engendrada previamente.

A articulação ocorre por intermédio dos grupos de trabalho, aos quais compete elaborar diagnósticos e recomendar ações e políticas vinculadas às três grandes áreas: desenvolvimento econômico e emprego; desenvolvimento social; e desenvolvimento físico-territorial. O princípio norteador é a valorização das afinidades do tema com as entidades representadas nos respectivos grupos de trabalho.

Todas as ações propostas pelos grupos baseiam-se em parcerias entre atores públicos e privados, em toda a sua diversidade. Assim, do conjunto de ações definidas em meados de 1999, tanto as propostas no plano econômico, que abrange a indústria e o setor terciário, quanto as propostas no plano do planejamento urbano e ambiental têm como premissa fundamental o fortalecimento de parcerias.

A identificação dos parceiros depende de inúmeros fatores; de acordo com as características das ações propostas, configuram-se ações compartilhadas entre atores públicos, atores econômicos diversificados ou atores de diversos setores da sociedade civil, como universidades, centros de pesquisa, sindicatos e ONGs.

O grande salto qualitativo é a socialização do diagnóstico e da formulação das estratégias, bem como a incorporação de novos protagonistas.

Exemplo interessante de estruturação dessas parcerias pode ser visto no caso do combate aos problemas ambientais comuns a várias empresas do pólo petroquímico da região: água, efluentes hídricos e lixo industrial. O problema da água constitui um dos mais preocupantes, em virtude do impacto das práticas predatórias predominantes até recentemente e que provocaram tanto a seca como a contaminação da quase totalidade das fontes hídricas da região. Essa situação acarreta significativa perda de competitividade das empresas pelo alto custo da água na região. O problema vem sendo debatido publicamente e com o governo do estado e as companhias distribuidoras de água dos municípios. Além disso, vêm sendo desenvolvidos estudos para avaliar o preço da captação de água em outros rios e para sugerir medidas de racionalização do uso da água e sua reutilização mediante formas diferenciadas de tratamento.

Quanto ao problema dos efluentes hídricos, estudam-se medidas para diminuir a contaminação dos rios provocada pela descarga de água das empresas. Já o problema do lixo industrial vem sendo atacado de forma conjunta, buscando-se alternativas de descarte que preservem o meio ambiente a um custo menor.

Sinergia e complexidade da ação conjunta: resultados observados

As soluções diversificadas estão mostrando a criatividade dos diferentes atores engajados na busca de soluções, assim como sua predisposição para ações baseadas na complementaridade e no consenso. A necessidade de baratear o custo da água industrial apresenta-se como desafio não apenas para os atores governamentais, mas também para os atores públicos e privados.

Também é importante registrar que uma engenharia institucional como a Câmara Regional coincide totalmente com as premissas dos organismos internacionais quanto à necessidade de imprimir maior racionalidade à gestão governamental.

As parcerias, no que tange aos desafios a serem enfrentados no plano regional e metropolitano, inauguram um estimulante espaço para pôr em prática metodologias que redesenham a região em termos político-institucionais, a partir da definição de prioridades acordadas regionalmente. Para tanto a câmara deve superar conflitos partidários que freqüentemente geram não só disfuncionalidades, como também uma dinâmica autofágica.

Os limites da ação conjunta são dados principalmente pelo tempo envolvido na negociação em busca de consensos, mas também pelas contradições que emergem entre municípios e entre partidos. Esse último aspecto é estratégico, e as mudanças observadas desde 1997 refletem um amadurecimento na relação entre os atores que se consubstancia nos acordos assinados e na complexidade que lhes é implícita. Em 1999, como resultado do Planejamento Estratégico, determinaram-se eixos estruturantes, que definem as ações prioritárias, obtendo-se uma homogeneidade na visão dos diversos agentes e uma perspectiva de futuro na resolução de alguns problemas.

Quando assume o papel de articulador e de formulador de políticas públicas, o Estado parte de premissas diferentes das que são assumidas pela câmara, cujas diretrizes emanam da Coordenação Executiva.

Cabe também destacar que, a partir da câmara, fortaleceu-se a articulação de uma bancada regional suprapartidária que vota em bloco na deliberação de assuntos de interesse da região, tendo conseguido aprovar suas proposições, apesar do reduzido número de representantes (sete deputados estaduais e quatro federais).

Conclusões

A câmara representa uma nova forma de planejamento regional em que o Estado tem a possibilidade concreta de atender demandas regionais. Também representa um dado inovador — a capacidade de explicitar que há vontade política de integrar iniciativas. Os maiores avanços aconteceram na área de infra-estrutura. Quanto às atividades de desenvolvimento econômico, o processo ocorre mais lentamente, em virtude da inexistência de instrumentos financeiros. Para contornar alguns desses problemas, estabelecendo metas e instrumentos específicos para enfrentá-los, foi criada a Agência de Desenvolvimento, a qual, entre outros objetivos, procura contornar a impossibilidade legal de obtenção de empréstimos junto a organismos internacionais de fomento por parte dos consórcios municipais. Também se destaca a lei de incentivos seletivos aos investimentos, concebida como forma de aplacar a guerra fiscal entre os municípios da região.

Quanto à política de inserção do país no processo de globalização, os problemas são mais difíceis de contornar. A inexistência de uma política industrial regional voltada para a reconversão econômica de áreas industriais em crise, o regime automotivo e seu impacto negativo sobre a indústria de autopeças, a falta de uma política nacional que crie condições de uma retomada sustentada do desenvolvimento econômico, tudo isso dificulta o desempenho das empresas da região como um todo.

Os entraves, embora dificultem os avanços sugeridos pela Câmara Regional, não têm impedido a formulação de propostas inovadoras. Os avanços explicitam a consolidação de propostas de desenvolvimento econômico local, e a implementação de tais propostas já tem gerado benefícios e melhorias na qualidade de vida da região.

Os resultados positivos devem ser atribuídos a um somatório de fatores vinculados à existência de atores sociais que compõem uma articulada e complexa malha institucional, tendo como premissa fortalecer práticas de cidadania ativa e de democracia participativa. A Câmara Regional do Grande ABC representa a possibilidade de constituir um espaço público como instância geradora de decisões coletivas que propicia simultaneidade quanto aos mecanismos de participação e representação. Assim, a câmara representa um processo de institucionalização de uma estratégia que potencializa concomitantemente um incremento da legitimidade política dos governos locais e dos diversos atores sociais engajados nessa complexa e desafiadora engenharia institucional.

A câmara tem revelado persistência, mesmo sem obter resultados positivos no início. Em 1999, consolidaram-se diversas propostas, graças à sinergia obtida, o que a transforma num modelo tanto para a Região Metropolitana de São Paulo como para o Brasil.

A definição dessa proposta de desenvolvimento econômico local centra-se na necessidade de uma reconversão econômica e territorial urbana. Seu objetivo é uma mudança qualitativa, visando à transformação da região num pólo tecnológico de pesquisa e desenvolvimento, baseado na produção e no trabalho qualificado, bem como na formação de uma rede estruturada de pequenas e médias empresas que complemente as atividades das grandes indústrias. Também pressupõe a dinamização do setor terciário, por meio da consolidação de um centro avançado de produção de serviços, notadamente nos setores associados a turismo, lazer e cultura.

A câmara está consolidando um conjunto de ações fortemente centradas na questão da inclusão social, no combate às desigualdades de acesso aos bens públicos, no combate à pobreza e à exclusão social. Tais ações têm diversos focos de atuação, e, por meio do Mova Regional, está-se definindo uma nova dinâmica regional em que se enfrentam os problemas do analfabetismo de forma mais orgânica, sistemática e articulada, mediante ações conjuntas e parcerias. O Programa Criança Prioridade 1 também está respondendo de forma articulada aos problemas de meninos e meninas em situação de risco social. Diversas iniciativas têm sido implementadas. O principal problema é a captação de recursos para o desenvolvimento de programas. Há muita resistência das empresas a aderir a programas centrados na ação social, o que leva a concentrar grande parte das responsabilidades em instituições da sociedade civil e nos governos locais. Existe grande preocupação de proporcionar aos meninos e meninas em situação de risco social, que perambulam pelos corredores de transporte público intermunicipais, alternativas de proteção e de retorno à família e, se possível, à escola. Definem-se também ações de apoio sociofamiliar baseadas na articulação com serviços de geração de trabalho e renda por intermédio de diversos programas e numa articulação regional para possibilitar o melhor aproveitamento de recursos que garantam a inserção social. Cabe citar também, entre as ações de inclusão social, a ampliação de leitos hospitalares e programas de requalificação profissional e treinamento para jovens.

A problemática do combate à pobreza está no cerne do conjunto das ações desenhadas: eis o grande desafio a ser enfrentado por parcerias e articulações entre atores sociais. Os problemas dizem respeito, de um lado, à necessidade de incluir; de outro, ao desafio de não excluir. As iniciativas de requalificação e treinamento se orientam nesse sentido, uma vez que buscam, por meio do amplo espectro de iniciativas, evitar o aprofundamento das desigualdades sociais e regionais e garantir qualidade de vida, conjugando o planejamento urbano ambiental a ações centradas na valorização do potencial turístico da região.

Lições aprendidas

A principal conquista da câmara está na criação de um sentimento regional, na constatação de que certas questões só podem ser abordadas e equacionadas no nível regional, e que sua solução passa pelo envolvimento de diferentes atores sociais. Embora existam dificuldades para garantir que todos os atores se envolvam na tarefa com a mesma intensidade e reciprocidade, também existe a compreensão de que são fundamentais a participação dos agentes sociais, a negociação de consensos e a busca de parcerias.

Surgem assim respostas dos diferentes agentes sociais às dificuldades e desafios com que se defronta a região. Há, por outro lado, o receio de que a região caminhe a passos largos para um quadro de decadência, fixando-se numa posição de periferia urbana e econômica. Porém, novas formas de organização dentro do setor produtivo, como é o caso da indústria do plástico, podem inverter a tendência de crescimento do desemprego, pois geram vantagens competitivas para um número significativo de empresas de pequeno ou médio porte cuja sobrevivência está em risco. A crença na existência de um elevado "custo ABC" está-se desvanecendo, e as iniciativas em andamento refletem a convicção, por parte dos empresários, de que as vantagens comparativas da região são maiores do que as dificuldades.

A obtenção de ganhos de escala no tocante aos instrumentos financeiros, à qualificação profissional e ao apoio tecnológico por órgãos estaduais abre um campo muito favorável para responder aos desafios de forma mais integrada. Assim, a assinatura de acordos nos setores econômicos e a consolidação de ações de cooperação entre empresas para garantir modernização, melhorias tecnológicas e redução de custos representam iniciativas que, mesmo sendo difíceis de pôr em prática, têm gerado resultados muito importantes para valorizar as atividades da câmara e seu alcance regional.

A experiência da Câmara Regional também mostra a importância de os atores assumirem como premissa de sua atuação a capacidade de negociar. Essa engenharia institucional se apóia num forte componente interativo dos atores e numa compreensão mais abrangente de região. A elaboração de consensos por meio de processos baseados na negociação entre atores muito diferentes mostra o enorme potencial que existe para se chegar a resultados muito mais significativos.

Aspectos a serem replicados: em busca de uma nova governabilidade

A câmara se configura como uma engenharia institucional que representa a formulação de instrumentos de regulação social ágeis, flexíveis e participativos. Esses instrumentos favorecem a elaboração de consensos mediante articulação e negociação dos interesses em jogo, incluindo um vasto conjunto de atores sociais relevantes, organizados e propensos a uma inserção numa lógica inovadora de gestão pública, visando a garantir um desenvolvimento equilibrado socialmente e sustentável do ponto de vista ambiental.

A câmara abre um novo espaço de governabilidade, assentado não só em novas relações sociais que apontam para uma sociedade mais justa, equilibrada e democrática, mas também na ampliação do conceito de cidadania. Para tanto é necessário que surjam, na sociedade civil organizada, atores relevantes e motivados a participar de processos decisórios, além de engajados ativamente na definição consensual de prioridades e na formulação de políticas.

A iniciativa representa um novo modelo de governança regional baseado na formação de redes de caráter horizontal, "inspirado por diversas iniciativas de agentes locais — governos locais e comunidades da região —, também elas marcadas por articulações horizontais",[3] o que potencializa mudanças substantivas na operação, no alcance, no impacto, na produção, na gestão, na disseminação e na internalização dos resultados do plano sociocultural e institucional. A lógica da cooperação é essencial para a consolidação de um processo

---

[3] Daniel, 1997:11.

que também requer uma agenda muito precisa de metas e prazos, conforme definido no Plano Estratégico.

Finalmente, um aspecto a ser destacado e divulgado é a importância de se criar uma metodologia de gestão pública que permita uma efetiva democratização das decisões políticas. A negociação e o consenso entre poder público e distintos atores da sociedade civil são a marca determinante do sucesso desse ainda incipiente porém promissor processo de participação da sociedade civil na constituição de um espaço público.

Trata-se de uma iniciativa recente, e os resultados, ainda pouco mensuráveis quantitativamente, apontam para significativos avanços qualitativos, já que um processo como esse requer confiabilidade entre os atores, consenso quantos aos principais objetivos e sensibilização da sociedade em geral para sua importância estratégica.

A câmara mostra que existe um imenso caminho a ser percorrido, e que o novo paradigma abre um importante espaço para que atores diferentes se articulem e se mobilizem para desenvolver iniciativas de interesse geral, centradas no fortalecimento do interesse público. Trata-se de um laboratório institucional, em que iniciativas multipartidárias de cooperação entre os setores público e o privado estão gerando um inovador arranjo interorganizacional na busca de respostas criativas para a retomada econômica , com qualidade de vida e geração de empregos.

Os desafios de uma crise que afeta todos os municípios, embora com impactos diferenciados, mostram que há muitos caminhos abertos à experimentação e quão importante é inovar no desenho de propostas. O planejamento estratégico elaborado em 1999, dando ênfase ao desenvolvimento de iniciativas que levam em conta as particularidades da região (56% de sua área, por exemplo, se encontram em zona de proteção de mananciais), potencializa as atividades que valorizam os recursos naturais, os quais, por sua vez, dependem de mão-de-obra qualificada.

Portanto, todas as novas atividades deverão, cada vez mais, criar condições para a inclusão social de atores sociais tradicionalmente excluídos. A questão-chave é constituir uma nova rede de relações, de modo a gerar novas competências num processo simultâneo de requalificação daquelas já existentes.

As respostas dadas em todas as esferas mostram a importância de integrar a problemática da inclusão social e, portanto, das parcerias no combate à pobreza numa perspectiva mais global de desenvolvimento econômico e social da região. A reconversão econômica e urbana a partir de uma perspectiva regional leva em conta o enfrentamento das grandes iniqüidades e exclusões e a busca de respostas baseadas na cooperação entre atores públicos e privados.

A ampliação das atividades da câmara poderá dinamizar o debate em torno de uma política regional de turismo que valorize os recursos naturais da região, articulando fluxo turístico e preservação do meio ambiente. Essa proposta torna-se essencial porque pelo menos um município — Ribeirão Pires — se situa quase totalmente em áreas de mananciais e tenta consolidar alternativas que permitam gerar um efetivo benefício econômico, social e ambiental, superando limitações e abrindo novas possibilidades de geração de emprego e renda.

A Câmara Regional configura, em primeiro lugar, uma nova engenharia institucional. Sua capacidade de gerar resultados, portanto, é bastante diferente daquelas relacionadas com o governo local. Mostra, igualmente, o enorme desafio que é estimular a participação mais ativa da sociedade civil na elaboração e implementação de políticas visando a modificar um quadro regional de crise, em consonância com os governos locais. O combate à pobreza e a superação das desigualdades numa perspectiva regional tornam-se mais factíveis a partir de uma cooperação entre as partes interessadas, possibilitando um intercâmbio criador de novas competências visando a superar diversidades e contradições que, em geral, levam à paralisia e à descontinuidade das políticas públicas. Eis a maior contribuição que a experiência da Câmara Regional do ABC nos apresenta até o momento.

Bibliografia

Conceição, J. ABC: região em mudança. *Teoria e Debate.* São Paulo (37), fev./mar./abr. 1998.

Daniel, C. Uma estratégia econômica para o Grande ABC. Brasília, 17-4-1996. (Discurso proferido na Câmara dos Deputados.)

———. A Câmara Regional do Grande ABC: desenvolvimento econômico com participação da comunidade. Santo André, 1997. mimeog.

Documentos consultados

Câmara do Grande ABC. Documento preliminar para discussão. Uma breve leitura do Grande ABC. 1999. mimeog.

———. Documentos de prioridades.

———. Planejamento estratégico — aprovado em 2-8-1999.

———.Termos de acordos. 1997-98.

Entrevistas

Celso Daniel, prefeito de Santo André: nov. 1999.

Maria Inês Soares Freire, prefeita de Ribeirão Pires e coordenadora executiva da Câmara do Grande ABC em exercício: nov. 1999.

Armando Antonio Maria Laganá, professor da Escola Politécnica — USP, representante da Secretaria de Estado de Ciência e Tecnologia na Câmara Regional do ABC e coordenador do Pólo Tecnológico: nov. 1999.

COLEÇÃO FGV PRÁTICA

(Títulos já publicados)

Como Fazer Monografia na Prática (6ª ed. rev. ampl.)
Takeshy Tachizawa e Gildásio Mendes
140p.

Como Organizar e Administrar uma Cooperativa: uma Alternativa para o Desemprego
Helnon de Oliveira Crúzio
156p.

Economia em Compras
Vicente Lentini Plantullo
172p.

Gestão de Instituições de Ensino
Takeshy Tachizawa e Rui Otávio B. de Andrade
280p.

Gestão de ONGs — Principais Funções Gerenciais (5ª edição)
Fernando G. Tenório (org.)
140p.

Gestão Social: Metodologia e Casos (2ª edição)
Fernando G. Tenório (coord.)
100p.

Manual de ONGs — Guia Prático de Orientação Jurídica
Maria Nazaré Lins Barbosa e Carolina Felippe de Oliveira
180p.

Novas Experiências de Gestão Pública e Cidadania
Marta Ferreira S. Farah e Helio Batista Barboza (orgs.)
296p.

Parcerias e Pobreza: Soluções Locais na Construção de Relações Sócio-Econômicas
Ilka Camarotti e Peter Spink (orgs.)
152p.

Parcerias e Pobreza: Soluções Locais na Implementação de Políticas Sociais
Ilka Camarotti e Peter Spink (orgs.)
156p.

Sistemas Eleitorais: uma Introdução (2ª edição)
Jairo Marconi Nicolau
80p.

---

impresso nas oficinas
da Imprinta Gráfica e Editora Ltda.,
à Rua João Romariz, 285 - Rio de Janeiro.